영원한 평화

대우고전총서 034
Daewoo Classical Library

한국어 칸트전집 11
The Korean Edition of
the Works of Immanuel Kant

영원한 평화

Zum ewigen Frieden

Ein philosophischer Entwurf

임마누엘 칸트 | 백종현 옮김

아카넷

1791년의 칸트. G. Doeppler의 초상화

칼리닌그라드의 임마누엘 칸트 대학 정원에 있는 칸트 동상

칸트의 묘소(쾨니히스베르크 교회 후면)

칸트의 석곽묘(쾨니히스베르크 교회 특별 묘소 내부)

IMMANUEL
KANT

1724 * † 1804

Zwei Dinge erfüllen das Gemüt
mit immer neuer und zunehmender
Bewunderung und Ehrfurcht,
je öfter und anhaltender sich das
Nachdenken damit beschäftigt: Der
bestirnte Himmel über mir und das
moralische Gesetz in mir.

Две вещи наполняют душу все
новым и растущим восхищением
и благоговением по мере того, как
задумываешься над ними, все
глубже и дольше: звёздное небо
надо мной и моральный закон
во мне.

쾨니히스베르크(칼리닌그라드) 성곽 모서리에 있는 칸트의 기념 동판. "그에 대해서 자주 그리고 계속해서 숙고하면 할수록, 점점 더 큰 감탄과 외경으로 마음을 채우는 두 가지 것이 있다. 그것은 내 위의 별이 빛나는 하늘과 내 안의 도덕 법칙이다"라는 『실천이성 비판』맺음말의 첫 구절이 새겨져 있다.

《한국어 칸트전집》 간행에 부처

    칸트(Immanuel Kant, 1724~1804)의 철학에 대한 한국인의 연구 효시를 이정직(李定稷, 1841~1910)의 「康氏哲學說大略」(1903~1910년경)으로 본다면, 한국에서의 칸트 연구는 칸트 사후 100년쯤부터 시작된 것인데, 그 시점은 대략 서양철학이 한국에 유입된 시점과 같다. 서양철학 사상 중에서도 칸트철학에 대한 한국인의 관심은 이렇게 시기적으로 가장 빨랐을 뿐만 아니라 가장 많은 연구 논저의 결실로도 나타났다. 그 일차적인 이유는 19세기 말에서 20세기 초의 동아시아 정치 상황에서 찾을 수 있겠지만, 사상 교류의 특성상 칸트철학의 한국인과의 친화성 또한 그 몫이 적지 않을 것이다.

    칸트는 생전 57년(1746~1803)에 걸쳐 70편의 논저를 발표하였고, 그 외에 다대한 서간문, 조각글, 미출판 원고, 강의록을 남겨 그의 저작 모음은 독일 베를린 학술원판 전집 기준 현재까지 발간된 것만 해도 총 29권 37책이다. 《한국어 칸트전집》은 이 중에서 그가 생전에 발표한 전체 저술과 이 저술들을 발간하는 중에 지인들과 나눈 서간들, 그리고 미발간 원고 중 그의 말년 사상을 포괄적으로 담고 있는 유작(Opus postumum)을 포함한다. 칸트 논저들의 번역 대본은 칸트 생전 원본이고, 서간과 유작은 베를린 학술원판 전집 중 제10~12권과 제21~22권이다.(이 한국어 번역의 베를린 학술원판 대본에 관해서는 저작권자인 출판사 Walter de Gruyter에서 한국어번역판권을 취득하였다.)

한 철학적 저작은 저자가 일정한 문화 환경 안에서 그에게 다가온 문제를 보편적 시각으로 통찰한 결실을 담고 있되, 그가 사용하는 언어로 기술한 것이다. 이러한 저작을 번역한다는 것은 그것을 다른 언어로 옮긴다는 것이고, 언어가 한 문화의 응축인 한에서 번역은 두 문화를 소통시키는 일이다. 그래서 좋은 번역을 위해서는 번역자가 원저자의 사상 및 원저의 기저를 이루고 있는 문화 배경에 대해 충분한 이해를 가질 것과 아울러 원저의 언어와 번역 언어에 대한 상당한 구사력을 가질 것이 요구된다.

18세기 후반 독일에서 칸트는 독일어와 라틴어로 저술했거니와, 이러한 저작을 한국어로 옮김에 있어 그 전혀 다른 언어 구조로 인해서 그리고 칸트가 저술한 반세기 동안의 독일어의 어휘 변화와 칸트 자신의 사상과 용어 사용법의 변화로 인해서 여러 번역자가 나서서 제아무리 애를 쓴다 해도 한국어로의 일대일 대응 번역은 어렵다. 심지어 핵심적인 용어조차도 문맥에 따라서는 일관되게 옮기기가 쉽지 않다. 게다가 한 저자의 저술을 여러 번역자가 나누어 옮기는 경우에는 번역자마다 가질 수밖에 없는 관점과 이해 정도의 차이에 따라 동일한 원어가 다소간에 상이한 번역어를 얻게 되는 것은 불가피한 일이다. 이러한 제한과 유보 아래서 이 《한국어 칸트전집》을 간행한다.

당초에 대우재단과 한국학술협의회가 지원하고 출판사 아카넷이 발간한 '대우고전총서'의 일환으로 2002년부터 칸트 주요 저작들의 한국어 역주서가 원고 완성 순서대로 다른 사상가의 저술들과 섞여서 출간되었던바, 이것이 열 권에 이른 2014년에 이것들을 포함해서 전 24권의 《한국어 칸트전집》을 새롭게 기획하여 속간하는 바이다. 이 전집 발간 초기에는 해당 각 권의 사사에서 표하고 있듯이 이 작업을 위해 대우재단/한국학술협의회, 한국연구재단, 서울대학교 인문대학, 서울대학교 인문학연구원이 상당한 역주 연구비를 지원하였고, 대우재단/한국학술협의회는 출판비의 일부까지 지원하였다. 그러나 중반 이후 출판사 아카넷은 모든 과정을 독자적으로 수행하면서, 제책에 장인 정신과 미감 그리고 최고 학술서 발간의 자부심을 더해주었다. 권권에 배어 있는 여러 분들의 정성을 상기하면서, 여러 공익기관과 학술인들이 합심 협력하여 펴내는 이 《한국어 칸트전집》이 한국어를 사용하는 이들의 지성 형성에 지속적인 자양분이 될 것을 기대한다.

《한국어 칸트전집》 편찬자 백 종 현

참된 지혜를 추구하고 그에 이른 이들을 철인(哲人) 또는 현자(賢者)라고 일컬을 때 그들에게 사람들이 최종적으로 기대한 것은 경국제세(經國濟世)의 정치였다. 공자, 맹자, 소크라테스, 플라톤, 키케로, 마르쿠스 아우렐리우스, 이퇴계, 이율곡은 그런 시절의 성인(聖人) 군자(君子)들이었다. 인간사가 복잡다단해지고, 분야마다 '전문가'가 생겨나면서 '참된 지혜'를 추구하고 실천하는 방식도 여럿이 되자, '학문'과 동일어로 통용되던 '철학'도 뭇 학문들 중의 한 가지로 그 위상이 정해지고, 그 전문가를 '철학자'라고 일컫기 시작했다. 그리고 그때쯤 해서 '정치'와 '철학'은 서로 다른 분야로 치부되었다. 이로써 '정치가'와 '철학자'의 하는 일이 구별되었다. 정치가가 '실천가'라면 이제 철학자는 '이론가'로서 책을 쓰고, 논문을 발표하고, 강의를 함으로써 자기의 직분을 수행한다. 생각하고, 말하고, 쓰는 일이 전문 직업이 된 것이다. 철학의 이러한 행위 방식과 위상 변화의 단적인 예를 보여준 철학자가 칸트(Immanuel Kant, 1724~1804)이다.

칸트는 인긴 삶의 현실과 현금의 정치 상황을 예의주시하되, 대의원이 되려 하거나 대학 밖의 어떤 관직을 맡은 바 없이, 오로지 글과 말로써 정치에 관여했다. 그의 사상을 대표하는 3비판서 『순수이성비판』(1781, ²1787) · 『실천이성비판』(1788) · 『판단력비판』(1790)은 18세기 계몽주의 운동의 철학적 결정판이며, 당시의 군주에 의해 발행금지 처분을 받은 그의 『이성의 한계 안에서의 종교』(1793, ²1794)는 현세적 삶에서 타락하기 십상인 사람들에게 개심(改心)의 공동체인 참교회 건설의 길을 제시한 것이다. 지금 역주하여 펴내는 이 책 『영원한 평화를 위하여. 한 철학적 기획(*Zum ewigen Frieden. Ein philosophischer Entwurf*)』(Königsberg 1795, ²1796)(약칭: 『영원한 평화』(*ZeF*))은 정치가가 아니라 철학자인 칸트의 대표적 정치철학 논설이다.

『영원한 평화』에서 칸트는 권력의지에 싸여 갖가지 방식으로 자기 통제 아래의 국가를 확장하고자 하는 지배 세력과 자국의 당장의 이득에 경도되어 그에 휩쓸리는 다수 국민들의 국가 팽창주의가 국제평화를 깨뜨리는 화근임을 지적하면서, 오로지 그 위에서만 인류가, 그러니까 인간이 인간으로서의 존엄성을 가지고서 살 수 있는 '영원한 평화'의 실현 원리를 제시한다. 그것은 세계만방의 인류를 향한 충언이지만, 또한 모국 프로이센의 팽창주의에 대한 고언이다.

프로이센은 당시에 대혁명(1789)을 겪으면서 대외 영향력이 약화된 프랑스와의 '바젤 화약'(1795. 4. 5)을 통해 서부 국경을 안정시킨 뒤, 1795년 10월 24일에는 이미 그해 1월 3일 협상을 마친 오스트리아, 러시아와 협약하여 인접 국가 폴란드를 분할 합병함으로써 독립국가 폴란드를 지도상에서 소멸시켰다. (이미 앞서 1772년과 1793년 두 차례에 걸쳐 삼국에 의해 분할 병탄당한 폴란드는 이로써 제1차 세계대전 후 1919년 베르사유 조약에 의해 공화국으로 재출발할 때까지 주권국 지위를 상실했다.) 이러한 유럽 열강의 자국 팽창주의의 와중에서 프로이센 신민 칸트는 개인과 마찬가지로 국가도 크든 작든, 약하든 강하든 독립적 인격체로서 존중되어야 한다는 기본 사상 위에서, 어떤 국가도 어떤 명분에서도 타국을 합병할 권리가 없음을 역설했다. 『영원한 평화』는 국제평화의 기반 위에서만 인류의 지속적인 번영을 기할 수 있다는 '철학적' 구상일 뿐만 아니라, 프로이센의 부당한 국제정치적 세력 행사에 대한 프로이센의 한 노인 철학자의 비판이다. 이 책을 칸트는 폴란드 합병이 임박한 시점인 1795년 9월 29일에 출간하였다. (자국 중심주의자들이 보기에는 칸트는 필시 이적 행위자일 것이다.) 연전에 출판한 그의 『종교』가 판금 처분을 받은 상황에서도 칸트는 다시금 과감한 정치적 발언을 한 것이다.

"어떠한 국가도 다른 국가의 〔헌정〕체제와 통치〔정부〕에 폭력으로 간섭해서는 안 된다."(*ZeF*, AB12=VIII346)

"어떠한 국가도 다른 국가와의 전쟁 중에 장래의 평화 시에 상호 신뢰를 불가능하게 만들 것이 틀림없는 그러한 적대 행위들, 예컨대 암살자(暗殺者)나 독살자(毒殺者)의 고용, 항복 협정의 파기, 적국에서의 반역(反逆) 선동 등을 자행해서는 안 된다."(*ZeF*, AB12=VIII346)

이 같은 원칙들을 포함하는 칸트의 평화 사상은 국가를 하나의 인격체로 보는 데서 출발하거니와, 바로 그렇기 때문에 그것은 인권 내지 인간의 존엄성에 근거해 있다. 인간은 행위에서 좋음을 추구하거니와, 좋음이란 반드시 누구인가에게 좋음이다. 나에게 좋음과 우리 가족에게 좋음이 상충할 경우, 우리 가족에게 좋음과 우리나라에게 좋음이 상충할 경우, 우리나라에게 좋음과 인류 사회 전체에게 좋음이 상충할 경우, 인간은 (설령 그리하고 싶지 않을지라도) 마땅히 더 많은 사람에게 좋음을, 궁극적으로는 인간성(Menschheit) 자체에게, 곧 인류(Menschheit)에게 좋음을 추구해야 한다. 인간성에게 좋음, 곧 인격적 가치만이 진정으로 도덕적인 것이기 때문이다. 그래서 칸트는 자기 모국에게 좋은 것, 조국의 팽창이 아니라 세계에, 곧 인류에게 좋은 것을 설파한다. 인류 세계의 영원한 평화 말이다.

이를 표현해낸 칸트의 『영원한 평화』는 주지하는 바대로 제1차 세계대전이라는 인류사 최대의 참화를 겪은 사람들이 국제평화의 기틀을 마련하고자 창설한 '국제연맹(League of Nations)'의 토대 사상을 제공한 책이다.

"체약국은, 전쟁에 호소하지 않을 의무를 수락하고, 각 국가 간의 공명정대한 관계를 규율하며, 각국 정부 간의 행위를 규율하는 현실의 규준으로서 국제법의 원칙을 확립하며, 조직된 인민들 상호 간의 교섭에 있어 정의를 보지하며 또한 엄연히 모든 조약상의 의무를 존중하며, 이로써 국제협력을 촉진하며 또한 각 국가 간의 평화와 안전을 달성하기 위하여, 이에 국제연맹규약을 협정한다."(「국제연맹 규약」, 서문, 1919. 6. 28)

칸트가 주창했고, 미국 대통령 윌슨(Th. W. Wilson, 1856~1924)에 의해 1918년 초 재천명됨으로써 바야흐로 시대정신이 된 민족자결의 원칙에 따라 그간 열강에 병탄당했던 다수의 국가들이 세계대전의 종식(1918. 11. 11)과 함께 속속 독립국 지위를 회복했다. 제1차 세계대전에서 일본은 승전국이었지만, 1910년 일본에 합병당한 한국에서도 여러 방식의 독립운동이 활기를 얻었다. 1919(己

未)년 3월 1일에 시작된 대한독립 만세운동은 그 대표적인 사례인
바, 그 정신을 만방에 알린 '선언서'는 민족 자주의 원칙을 바탕으
로 한 만민 평등·세계 평화주의를 선언함과 함께 근대적 시민 윤
리 덕목인 자유·정의·인도의 정신을 천명하고 있다. 기미독립선
언서의 정신은 칸트의 『영원한 평화』의 주의주장과 그대로 맞닿
아 있으며, 국제연맹의 정신과도 합치하는 것이다. 이러한 연고
로 당대의 한국인들은 칸트의 『영원한 평화』 사상에 일찍부터 관
심을 보였거니와, 전병훈(全秉薰, 1860~?)이 1918/19년간에 탈고
하여 1920년 베이징(北京: 精神哲學社)에서 출판한 것으로 전해오
는 『精神哲學通編』(復刊: 明文堂, 1983)은 그 좋은 예이다. 철학을
근본 원리의 학으로 파악한 전병훈은 고대 철학자로서는 플라톤
을, 근대 철학자로서는 칸트를 제일인자로 꼽았으며, 특히 칸트
의 영원한 평화 사상을 요약하면서 전 세계가 화합하여 하나의 자
유로운 선의지의 민주국가를 건설하는 것이 좋다는 의견을 피력
했다. 책의 말미에는 가칭 '세계 일통 공화정부 헌법(世界一統共和
政府憲法)' 9개 조를 제시했는데, 각국이 독립 평등한 자격으로 '세
계 대통령(世界大統領)'을 선출하여 통일 중앙 정부를 세워 인도(人
道) 정치를 펴야 한다는 것이 그 골자이며, 이런 생각은 단지 그의
소견이 아니라 "東에서는 孔子가 말하고 西에서는 칸트가 이미 논
한 이상론"(전병훈, 『精神哲學通編』, 下編 卷六, 제37장)이라고 말하
고 있다.

칸트는 '영원한 평화' 위에서만 인간의 존엄성이 보편적으로 고양될 수 있다고 보아 이를 "최고의 정치적 선"(*RL*, A235=B265 이하=VI355)이라 규정했거니와, 그렇기 때문에 이러한 그의 사려가 담겨 있는 작은 책 『영원한 평화』는 한낱 관심 있는 이들의 읽을거리에 그치지 않고, 최초의 세계평화기구인 '국제연맹'과 그 뒤를 이어 창설된 '국제연합(United Nations)'의 기본정신이 되어 인류 문화사에 적지 않은 영향을 미치고 있다. 게다가 제2차 세계대전의 종식 후에 독립국이 된 대한민국이 침략당함으로써 발발한 6.25전쟁(1950~1953)에 '국제연합'의 기치를 들고 다수 국가의 평화군이 참전함으로써 한국 현대사는 칸트의 세계 평화 사상과 다시금 그 맥을 함께했다. 여전히 전쟁의 위험이 상존하고 있는 한국은 세계에서도 민족의 생존과 평화가 가장 위협받고 있는 나라이니, 인류 평화와 공동 번영의 방안 모색이 한국에서는 더욱이나 절실하지 않을 수 없다. 그러한 의의로 인해 칸트의 평화론은 그간 여러 연구가들에 의해 수차례 한국어로도 옮겨졌고, 그 역서들이 지금도 독자들의 애호를 받고 있다.

서동익 역, 「永遠한 平和를 위하여」, 수록: 『世界의 大思想 6: 칸트』, 徽文出版社, 1972.

이한구 역, 『영원한 평화를 위하여』, 서광사, 1992.
= 『영구 평화론』, 서광사, 2008〔개정판〕.

오진석 역, 『영원한 평화를 위하여』, 도서출판b, 2011.

박환덕·박열 역, 『영구 평화론』, 범우사, 2012.

여주자이 새 책은 이상 기존의 한국어 번역서들을 참고하는 한편, 칸트의 정치·법철학 사상에 대한 최근의 국내외 연구 성과를 참조하고, 여타 칸트 주요 저작과의 관계를 살펴서 칸트 『영원한 평화』의 제1판과 제2판을 한국어로 역주한 것에다 관련 문헌과 사료를 묶어서 펴낸 것이다. (역사적 의의를 고려하여 부속물을 추가하다 보니 칸트 본문보다 첨가물이 더 많은 책자가 만들어졌다.)

번역의 대본은 칸트 자신이 출간한 원판본이고, 원문 대조 및 주해에는 아래의 칸트 사후 편집본을 이용했으며, 역주는 그 아래의 영어 번역본에서도 적지 않은 도움을 얻었다.

Zum ewigen Frieden. Ein philosophischer Entwurf von Immanuel Kant. Königsberg bey Friedrich Nicolovius, 1795 〔Nachdruck: Erlangen 1984〕.

Zum ewigen Frieden. Neue vermehrte Auflage. Königsberg 1796.

Kant's gesammelte Schriften. hrsg. von der Kgl. Preußischen Akademie der Wissenschaften, Bd. VIII, Berlin

1912(²1923), S. 341~386 + 504~511.

Immanuel Kant: Werke in sechs Bänden. hrsg. von Wilhelm
Weischedel. Bd. 6. Wiesbaden 1954, S. 191~251.

*Immanuel Kant: Über den Gemeinspruch // Zum ewigen
Frieden.* hrsg. von Heiner F. Klemme, Hamburg
1992(PhB 443).

Immanuel Kant / Ted Humphrey(transl.), To Perpetual
Peace. A Philosophical Sketch(1795), 수록: *Perpetual
Peace and Other Essays*, Indianapolis·Cambridge:
Hackett Publisching Co., 1983, pp. 107~143.

Immanuel Kant / Mary J. Gregor(transl. & ed.), Toward
perpetual peace. A philosophical project, 수록:
Practical philosophy, Cambridge University Press,
1996, pp. 315~351 + 633~634.

책의 후반부에는 칸트의 『영원한 평화』가 인류의 화합 내지 세
계 평화와 관련하여 갖는 역사적 의의를 되새겨볼 다음의 자료를
덧붙여 놓았다.

〔덧붙임 1〕「기미 독립 〈선언서〉」(1919. 3. 1)
〔덧붙임 2-1〕「국제연맹 규약」·Covenant of the League of

Nations(1919. 6. 28)

〔덧붙임 2-2〕「국제연합 헌장」· The Charter of the United
Nations(1945. 6. 26)

이 작은 책자를 엮어내는 데도 가까이 있는 분들의 적지 않은 도움을 받았다. 뮌헨대학의 이정환 선생님은 큰 수고로움에도 불구하고 칸트 원전 증보신판을 구해 보내주었다. 유상미 선생님은 원고 입력 과정에서 어려움이 있을 때마다 한결같은 친절로 신속하게 해결해주었고, 노현정 선생님은 참고문헌 목록 작성에 상당한 시간을 할애해주었으며, 성창기·윤영광 선생님은 관련 사료 조사를 맡아 도움을 주었고, 김철 선생님은 찾아보기를 만들어주었다. 김일수 부장님을 위시로 아카넷 편집부는 산만한 원고를 정연하게 편집하여 이 책이 모양을 갖추게끔 만들어주었다. 이 자리를 빌려 여러분들에게 깊은 사의를 표한다. 여러분들의 도움에도 불구하고 원고 자체의 부족함에서 비롯한 이 책의 흠결이 없지 않을 것인즉, 그러한 점들은 너그러운 독자의 질정에 힘입어 수정이 될 것을 희망하며, 미리 용서를 구함과 함께 감사의 인사를 드린다.

2013년 6월
정경재(靜敬齋)에서
백 종 현

전체 목차

제2부 『영원한 평화』 역주

『영원한 평화』

덧붙임

찾아보기

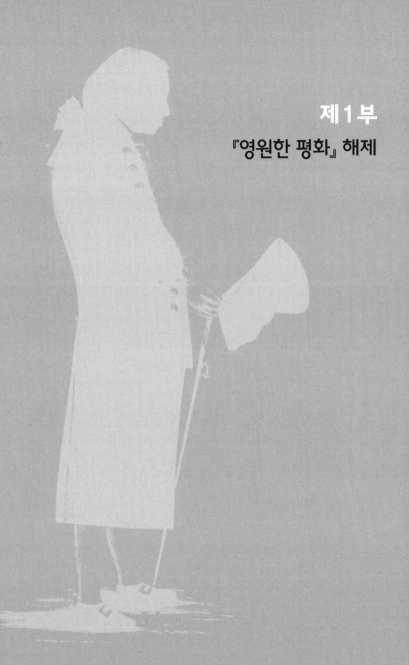

제1부

『영원한 평화』해제

영원한 평화를 위한 칸트의 철학적 기획

평화, 화평, 화합, 조화, 화해, 화음. ― 이와 같은 '화(和)'의 가치는 일반적으로 궁극의 가치로 꼽히는 진(眞)·선(善)·미(美)·성(聖)의 가치보다도 '인간'에게는 오히려 상위의 가치가 아닌가 싶다. 저 네 가지 가치는 사람이 혼자서도 성취할 수 있는 것이라면, '화'의 가치는 사람이 이웃사람과 더불어서만 성취할 수 있는, 그리하여 인류가 존립할 수 있는 기반이 되는 가치이기 때문이다. 그래서 '영원한 평화'를 칸트(Immanuel Kant, 1724~1804)는 '정치적 최고선'이라고 보았거니와, 그것은 '이성적 동물'의 가장 현실적인 표상이 '정치적 동물'이고, 그렇기 때문에 '정치적 최고선'은 곧바로 이성적 동물로서 '인간의 최고선'을 함축하는 것이기 때문일 것이다.

칸트는 그의 지식론에서 진(眞)의 원리를, 윤리학에서 선(善)의 원리를, 미학에서 미(美)의 원리를, 종교론에서 성(聖)의 원리를 천착한 다음에, 정치철학에서 본격적으로 '화(和)'의 원리 탐구에 집중한다. 그 결실이 그의 책자 『영원한 평화〔를 위하여, 한 철학적 기획〕(*Zum ewigen Frieden. Ein philosophischer Entwurf〔ZeF〕*)』(Königsberg 1795, ²1796)(AA VIII, 341~386)에 남겨 있다.

칸트는 인류의 화합과 세계의 '영원한 평화'에 대한 구상을 앞선 논고 「이론과 실천(Über den Gemeinspruch: Das mag in der Theorie richtig sein, taugt aber nicht für die Praxis〔TP〕)」(Berlin 1793), III(AA VIII, 307~313)을 통해 소략하게 밝힌 바 있는데, 『영원한 평화』는 그에서 더 나아가 국제법상의 평화조약을 가능하게 하는 '초월적 원리'를 밝혀 설명하고, 이후에 다시 한 번 그 법이론적 이념을 『법이론의 형이상학적 기초원리(*Metaphysische Anfangsgründe der Rechtslehre〔RL〕*)』(Königsberg 1797)의 '국제법'과 '세계시민법'의 체제 안에서(*Die Metaphysik der Sitten〔MS〕*, RL, A215=B343=VI343~A234 =B266=VI355) 해설한다. 그리고 칸트는 말년의 저술 『학부들의 싸움(*Der Streit der Fakultäten〔SF〕*)』(Königsberg 1798), 제2절의 종결부 (AA VII, 90~94)에서 '인간의 권리' 보증과 인간의 진보는 영원한 평화 위에서만 기대될 수 있는 것임을 재삼 역설한다.

칸트가 『순수이성비판』에서 과학적 지식의 가능 원리를 탐구 제시했다면, 『영원한 평화』에서는 인류 공존공영의 기반인 '영원한 평화'를 가능하게 하는 원리를 논구한다. 이 책은 칸트의 "영원한 평화를 위한〔향한〕 철학적 기획"을 내용으로 담고 있는 것이다. 이 '기획(Entwurf)'은 현실적인 평화조약의 초안이라기보다는 '화약(和約)'들이 진정한 화약이기 위해서 반드시 기초해야 할 철학적 원리, 즉 "초월적 개념"(*ZeF*, A92=B98=VIII381) 내지 "초월적 원리"(*ZeF*, A103=B110=VIII386 참조)이다. 여기서 '초월적 원리'란, 지식의 초월적 원리가 그 자신은 인간의 순수 이성에 근원을 둔 선험적인 것이면서 경험적인 지식을 가능하게 하는 원리이듯이, 그 자신 순수한 인간 이성에서 발원한 도덕적 원칙이면서 현실의 정치를 정치답게 ― 政이란 正이니 ― 만드는 원리, 곧 "정치의 도덕과의 일치"(*ZeF*, A92=B98=VIII381)를 가능하게 하는 원리를 말한다.

『영원한 평화』에서의 '기획'은 근본적으로 『순수이성비판』에서의 "이성의 기획"과 똑같은 성격을 가지며, 그렇기 때문에 칸트 자신 이를 "철학적"이라고 일컬었다.

"이성은 단지 그 자신이 그 자신의 기획에 따라서 산출한 것만을 통찰〔하니〕, 곧 이성은 그의 판단의 원리들을 가지고 항구적인 법칙에 따라 앞서 나가면서 자연으로 하여금 그의 물음들에 답하도록 시〔킨다. 이성은〕 이를테면 아기가 걸음마 줄을 따라서 걷듯 오로지 자연이 시키는 대로 걷는 것이 아니〔……〕다. 왜냐하면 그렇지 않으면, 우연적인, 이전에 기획된 어떠한 계획에 따라 수행된 것이 아닌 관찰들은 이성이 그토록 추구하고 필요로 하는 어떠한 필연적인 법칙과도 연결되지 않으니 말이다. 이성은 한 손에는 그에 따라서만 일치하는 현상들이 법칙들에 타당할 수 있는 그 자신의 원리들을 가지고 다른 손에는 저 원리들에 따라서 고안된 실험을 가지고 자연으로 나갈 수밖에 없다. 그것도 이성은, 교사가 원하는 것을 모두 진술하게 되는 학생의 자격으로서가 아니라, 증인으로 하여금 그가 제기하는 물음들에 답하도록 강요하는 임명된 재판관의 자격으로 자연으로부터 배우기 위해서 그렇게 한다. 그렇게 해서 심지어 물리학도 그렇게나 유용한 사고방식의 혁명을 오로지 그런 착상에, 곧 이성 자신이 자연 안에 집어넣은 것에 따라서 그가 자연 안에서 배워야 할 것을, 그러니까 자기 혼자서는 아무것도 배우지 못했을 것을 — 꾸며내 자연에 뒤집어씌우지 않고 — 자연에서 찾는다는 착상에 힘입고 있다. 이로써 자연과학은 비로소 학문의 안전한 길에 들어섰다. 그때까지 자연과학은 수 세기 동안 단지 더듬거리며 헤매고 있었던 것이다.”(*KrV*, BXIII 이하)

이 구절은 『순수이성비판』이 담고 있는 이성의 초월적 활동의 의의를 밝힌 것이거니와, 여기서 ‘자연’을 ‘정치’로, ‘물리학’ 또는 ‘자연과학’을 ‘정치학’ 내지 ‘국제정치학’으로 바꿔 읽으면, 그것은 바로 칸트가 『영원한 평화』에 “한 철학적 기획”이라는 부제를 붙인 까닭에 대한 설명이 된다. 칸트의 구상 ‘영원한 평화’는 인간의 순수한 실천이성이 현실 정치에 던져 넣는 것, 기투(企投)이며, 그런 의미에서 '기획'이고, 이 기투로 인하여 정치가 정치다워지는 것이니, 그것은 바로 초월적인, 말하자면 철학적 기획이다.

칸트 평화론의 의의

칸트의 세계평화론은 세계정치사적으로 매우 중요한 의의를 갖는다. 그것은 인류 역사상 최초로 진정한 의미에서 '세계 평화'를 진지하게 숙고한 결실이다. 이전에도 국제적 평화가 거론되지 않은 것은 아니다. 그러나 '로마에 의한 평화(Pax Romana)'·'중국에 의한 평화(Pax Sinica)'·'대영제국에 의한 평화(Pax Britanica)'·'미국에 의한 평화(Pax Americana)'의 사례에서 보듯, 보통 '평화'란 하나의 중심 국가에 의해 주변 국가들이 통제됨으로써 전쟁이 방지되고 평온이 유지되는 수준의 것이었다. 칸트는 이런 것은 "자유의 묘지에서의"(ZeF, A63=B64/5=VIII367) '평화'로서 진정한 평화일 수 없음을 갈파하면서, 동등한 독립국가 간의 평화를 주창하고 있다. 개인들이 전쟁상태를 종식시키기 위해 사회계약을 통해 '시민국가'를 수립하는 것과 꼭 마찬가지로, 국가들 또한 전쟁상태를 종식시키기 위해 평화조약(foedus pacificum)에 의거한 "국제연맹(Völkerbund)"(ZeF, AB30=VIII354) 내지는 "보편적인 국가연합

(Staatenverein)"(*MS, RL,* A227=B257=VI350)을 이루는 것이 마땅한 일이라는 것이다.

칸트의 세계평화론이 제시된 지 1세기가 지나 제1차 세계대전의 참상을 겪고 난 후 창설된 국제연맹(League of Nations)은 그의 구상을 부분적으로 실행에 옮긴 사례이며, 그 정신은 오늘날의 국제연합(United Nations)에 일정 부분 승계되고 있지만, 그 평화 유지 방식은 여전히 강대국의 주도와 정치적 이해타산에 따른 조정에 의한 것이다.

칸트는 인간의 세계평화에 대한 노력을 인간의 의무 가운데 하나로 본다. 세계평화는 한낱 정치적 이해관계의 산물이 아니라, 인간이 인간답게 사는 필수 조건인 것이다.

'영원한 평화'의 이념과 실현 원리

"우리 안에 있는 도덕적–실천적 이성이 **'어떠한 전쟁도 있어서는 안 된다'**고 저항할 수 없는 거부권을 표명한다. 자연상태에서의 나와 너 사이의 전쟁도, 비록 내적으로는 법칙의 상태이나 외적으로는 (서로에 대한 관계에서) 법칙 없는 상태에 있는 국가들인 우리 사이의 전쟁도 있어서는 안 된다. ─ 왜냐하면 그것은 각자가자기의 권리를 찾아야 하는 방식이 아니기 때문이다. 그러므로 과연 영원한 평화가 실재적인 무엇인가 아니면 아무것도 아닌가, 그리고 우리가 영원한 평화를 실재하는 무엇이라고 상정할 때 우리는 우리의 이론적 판단에서 우리를 속이는 것이 아닌가 하는 것은 더 이상 문젯거리가 아니다. 오히려 우리는 어쩌면 있지 않을 그러한 것이 실재하는 것처럼 행위하지 않으면 안 된다. 우리는 영원한 평화의 확립과, 그를 유도하기 위해 그리고 이제까지 모든 국가들이 예외 없이 그것을 주목적으로 삼아 그들의 내부 조직을 정비했던, 불치의 전쟁 수행을 종식시키기 위해, 가장 적절한 것으로 우리에게 보이는 그러한 체제 ― 아마도 모든 국가들의 공화제, 전체적으로든 분리해서든 ― 를 향해 노력해야만 하는 것이다. 그리고 설령 이러한 의도의 완성에 관한 최종적인 것이 언제나 경건한 소망에 머물러 있다 해도, 우리는 확실히 그를 향해 간단없이 노력한다는 준칙을 받아들임으로써 우리를 기만하는 것이 아니다. 왜냐하면 이러한 준칙을 받아들임은 의무이기 때문이다. 그러나 우리 안에 있는 도덕법칙 자체를 기만적인 것이라고 받아들임은 차라리 일체의 이성을 벗어나, 자기를 자기의 원칙에 따라 여타의 동물류들과 함께 자연의 동일한 기제에 던져져 있는 것으로 보는, 혐오를 불러일으키는 소망을 만들어내는 것이겠다."(*MS, RL,* A233=B264=VI354 이하)

"이러한 보편적이고 지속적인 평화 설립은 순전한 이성의 한계 안에서의 법이론의 일부를 이룰 뿐만 아니라, 전체적인 궁극목적을 이룬다"(*RL*, A234=B265=VI355). 보편적인 "국가연합"을 통해서나 확정적이 될 "영원한 평화(der ewige Friede)"는 "국제법의 최종 목표"이기는 하지만 "확실히 하나의 실현될 수 없는 이념"(*RL*, A227=B257=VI350)이다. 그러나 이러한 "이념만이, 만약 그것이 비약, 다시 말해 기존의 결함 있는 체제의 폭력적인 전복에 의해 혁명적으로가 아니라, ― (왜냐하면 그럴 경우에는 중간에 일체의 법적 상태가 폐기되는 순간이 생길 것이기 때문에) 오히려 확고한 원칙들에 따라서 점진적인 개혁을 통해 시도되고 수행된다면, 최고의 정치적 선, 즉 영원한 평화로의 연속적인 접근을 이끌 수 있다."(*RL*, A235=B265 이하=VI355) 그래서 **영원한 평화**는 공허한 이념이 아니라, 오히려 차츰차츰 해결되어, (똑같은 진보가 일어나는 시간이 아마도 점점 더 짧아져갈 것이기 때문에) 그 목표에 끊임없이 더 가까이 다가서는 하나의 과제이다."(*ZeF*, A104=B112=VIII386)

현실적인 국가 관계

1) 국가 간의 외적인 관계는 본성상 비-법적인 상태이다.
2) 이러한 상태는 전쟁의 상태로, 그 자체로 불법적인 것이므로, 이웃해 있는 국가들은 이 상태에서 벗어나야 할 책무가 있다.

3) 외부의 공격에 대한 방위를 위해 근원적인 사회계약의 이념에 따라 하나의 국제연맹(Völkerbund)이 필요하다. (이는 서로 타국의 국내 불화에 개입하기 위한 것은 아니다.)

4) 이 결합체는 주권적 권력을 갖는 것이 아니라, 단지 동료관계(Genossenschaft)로서, 언제든 해체 갱신될 수 있어야 한다.(RL, §54)

국가 간의 권리와 의무

1. 한 국가는 타국의 능동적 침해가 있을 때 가능한 모든 수단을 동원하여 대응할, 곧 **전쟁의 권리**를 갖는다.(RL, §56)

2. 그러나 국가들의 전쟁은 징벌전쟁, 섬멸전쟁, 정복전쟁이어서는 안 된다.

   국가들 간에 도덕적 우월성을 갖는 국가란 있을 수 없기 때문이다.

   그러므로 권리 있는 전쟁은 방어 전쟁뿐이다. 그러나 방어 전쟁의 경우도 장래의 지속적인 평화의 확립에 필요한 신뢰를 파기할 터인 교활한 수단(간첩 파견, 암살, 독살, 거짓 정보의 유포 등)을 이용해서는 안 된다.(RL, §57)

3. 전쟁 후에 패전국 또는 패전국의 국민은 식민지나 노예가 되

어서는 안 된다.(*RL*, §58)

4. 국가들은 **평화의 권리**를 갖는다.(*RL*, §59)

    1) 중립의 권리

    2) 보증의 권리

    3) 방어 목적의 동맹의 권리

영원한 평화를 위한 기획안

이러한 원칙 아래 『영원한 평화』에서 제시된 세계 평화를 위한 칸트의 기획안은 "국가 간의 영원한 평화를 위한 예비 조항", "국가 간의 영원한 평화를 위한 확정 조항", 그리고 "추가" 사항을 담고 있다.

예비 조항

"1. 장래의 전쟁 소재를 암암리에 유보한 채로 맺어진 어떠한 조약도 평화조약으로 간주되어서는 안 된다."(*ZeF*, AB5=VIII343)

장차 분쟁의 소지를 감춘 책략적인 조약은 평화조약이 아니라, 임시적인 휴전조약에 불과하다.

"2. 어떠한 독립국가도 (작든 크든 상관없이) 어떤 다른 국가에 의해 상속, 교환, 매매 또는 증여를 통해 취득될 수 있어서는 안 된

다."(*ZeF*, AB7=VIII344)

국가는 물건이 아니라 "그에 대해 누구도 지시명령하거나 처분해서는 안 되는 하나의 인간 사회"로서 그 자신 "하나의 도덕적 인격"이다. 국가는 결코 어떤 방식으로도 합병될 수 없다.

"3. 상비군(常備軍)은 점차 완전히 폐지되어야 한다."(*ZeF*, AB8=VIII345)

상비군은 결국 전쟁을 위한 것으로, 사람으로 하여금 사람을 죽이도록 훈련시킨다는 것은 사람을 도구로 간주하는 것으로, 그것은 인격으로서 "인간임의 권리"와 합일하지 않는다. 또한 군대를 위한 재화의 축적도 같은 결과를 낳는다.

"4. 대외적인 국가분규와 관련하여 어떠한 국가부채도 져서는 안 된다."(*ZeF*, AB9=VIII345)

국내 경제를 위해 국가 안에서 또는 밖에서 어떤 도움을 찾는 것은 있을 수 있다. 그러나 국가 간의 전쟁을 수행하기 위해 국민의 조세 부담 능력 이상으로 경비를 끌어다 쓰는 것은 결국 국가의 파산을 초래할 것이고, 또한 영원한 평화에 커다란 장애가 된다.

"5. 어떠한 국가도 다른 국가의 〔헌정〕체제와 통치〔정부〕에 폭력으로 간섭해서는 안 된다."(*ZeF*, AB11=VIII346)

어떤 국가도 다른 국가의 내정에 간섭할 권리는 없다. 그것은 어떤 자유인도 다른 자유인을 폭력으로 통제할 수 없는 것과 마찬가지의 이치이다. 다만, 어떤 국가가 내부 반란에 의해 둘로 쪼개져 각각이 독립국가로서 전체를 통괄하고자 할 때는 경우가 다르다. 이 경우에는 어느 한편을 지원하는 것이 내정 간섭은 아니다. 그때 그 국가는 무정부상태에 있는 것으로 보아야 하기 때문이다.

"6. 어떠한 국가도 다른 국가와의 전쟁 중에 장래의 평화 시에 상호 신뢰를 불가능하게 만들 것이 틀림없는 그러한 적대 행위들, 예컨대 암살자(暗殺者)나 독살자(毒殺者)의 고용, 항복 협정의 파기, 적국에서의 반역(叛逆) 선동 등을 자행해서는 안 된다."(*ZeF*, AB12=VIII346) 이러한 극악무도한 수단의 사용은 그 자체로 비열하고, 국가 간의 신뢰를 조금도 남겨놓지 않음으로써 결국 섬멸전으로 치닫게 할 뿐만 아니라, 일단 이러한 파렴치한 수단이 동원되면 그것은 전쟁 동안뿐만 아니라, 평화 시에도 지속적으로 사용되어 영원한 평화를 불가능하게 만든다.

이상의 여섯 조항 가운데서도 1, 5, 6항은 아무런 준비가 필요 없으므로 즉각 시행되어야 할 엄격한 법칙(leges strictae)들이다.

확정 조항

① 영원한 평화를 위한 제1 확정 조항:

"각 국가에서 시민적 〔헌정〕체제는 공화적이어야 한다."(*ZeF*, AB20=VIII349)

"첫째로 (인간으로서) 사회 구성원의 **자유**의 원리들에 따라서, 둘째로 (신민으로서) 만인의 유일한 공동의 법칙수립에 대한 **의존성**의 원칙들에 따라서, 그리고 셋째로 (국가시민으로서) 그들의 **평등**의 법칙에 따라서 세워진 〔헌정〕체제는 ― 근원적 계약의 이념에서 나오고, 한 국민의 모든 법적인 법칙수립이 그에 기초해 있을 수밖에 없는 유일한 체제는 ― **공화적** 체제이다."(*ZeF*, AB20=VIII349/50)

여기서 칸트가 말하는 공화체제(Republikanism)는 전제체제(Despotism)와 대립하는 것으로, 전제체제에서는 지배자 자신의 "사적 의지"가 공적 의지로 간주된다면, 공화체제는 국가권력이 국민들의 근원적 계약에 기초하고, 입법부로부터 집행권이 분리되어 있는 정체를 말한다.(*ZeF*, AB25=VIII352 참조) 이 체제에서는 전쟁을 할 것인지 말 것인지를 국민들이 스스로 정해야 하고, 전쟁수행의 모든 부담 또한 국민 스스로 떠맡아야 하기 때문에, 전쟁을 선포하는 데 매우 신중해지지 않을 수 없다. 그렇기 때문에 공화체제만이 영원한 평화에 대한 "전망"(*ZeF*, AB23=VIII351)을 준다.

② 영원한 평화를 위한 제2 확정 조항:

"국제법은 자유로운 국가들의 **연방제〔연방주의〕**에 기초해 있어야만 한다."(*ZeF*, AB30=VIII354)

개별 국가들의 독립성을 유지하면서도 항구적인 국제평화

를 담보할 수 있는 것은 "국제연맹(Völkerbund)이겠다."(*ZeF*, AB30=VIII354) 이 연맹은 모든 전쟁의 종식을 추구하는 진정한 "평화연맹(平和聯盟)(Friedensbund: foedus pacificum)"으로서, "오로지 한 국가 그 자신과 동시에 다른 연맹 국가들의 자유를 유지 보장"(*ZeF*, AB35=VIII356)함을 지향한다.

이상적으로는 개인들이 원시적 자유를 포기하고 스스로 공법적 규제에 복종함으로써 국가를 수립하듯이, 국가들이 하나의 "국제국가(國際國家)(Völkerstaat: civitas gentium)"를 수립하는 것이 좋겠지만, "그러나 국가들은 그들의 국제법의 이념에 따라서 결코 이것을 의욕하지 않을 것이므로", 칸트는 "세계공화국(Weltrepublik)"이라는 적극적인 이념 대신에 "소극적인 대용물"로서 연맹을 구성하는 것이 전쟁을 막는 유일한 현실적인 방안이라고 본다.(*ZeF*, AB38=VIII357 참조) 그러니까 국가들 사이의 영원한 평화의 관계는 개인들 사이의 관계에 비유하면 군자(君子)들의 "화이부동(和而不同)"(『論語』, 子路 23: "君子 和而不同 小人 同而不和" 참조), 아니 오히려 '부동이화(不同而和)', 즉 각기 주체로서 독자성을 유지하면서 어울리면 화합하는 상태라 하겠다. 개인이 화합하여 하나의 국가를 이룰 때나, 국가들이 화합하여 하나의 세계를 이룰 때, 그 '하나'를 이루는 목소리는 "화음(συμφωνία)"이어야지 "단음(單音: ὁμοφωνία)"이어서는 안 된다는 것이다.(Aristoteles, *Politica*, 1263b 참조)

③ 영원한 평화를 위한 제3 확정 조항:

"세계시민법은 보편적 우호의 조건들에 국한되어 있어야만 한다."(*ZeF*, AB40=VIII357)

"우호"란 손님 대접을 하면서 우대함을 뜻한다. 국가는 외국인 방문객을, 그가 평화적으로 처신하는 한, 적대적으로 다루어서는 안 된다. 인간은 지구 표면을 공동으로 소유하고 있는 만큼, 어디든 최소한 일시적으로는 방문할 권리를 갖는다. 그러나 누구도 외국의 땅을 침탈할 권리는 없으므로, 외국인이 영속적인 방문자의 권리를 주장할 수는 없다. "우호의 권리, 다시 말해 외국 이주민들의 권한은 원주민들과의 교제를 시도해볼 수 있는 가능성의 조건들 이상으로 확장되지는 못한다. ― 이런 방식으로 멀리 떨어져 있는 세계 지역들이 서로 평화적으로 관계 맺고, 이러한 관계들이 마침내 공법화되고, 그렇게 해서 인류는 마침내 세계시민적 체제에 점점 가까이 다가설 수 있다."(*ZeF*, AB42=VIII358)

추가 사항

: 영원한 평화를 위한 보증

이러한 영원한 평화를 "**보증**해주는 것은 다른 것이 아니라 위대한 기예가인 **자연**(事物들의 案出者인 自然)이다. 자연의 기계적 운행에는 인간의 의지에 반하고라도 인간의 불화를 통해서 일치를 생장시켜내려는 합목적성이 명백히 나타나 있다.”(*ZeF,* AB47=VIII360) 우리에게 알려지지 않은 작용법칙들에 따른 자연의 강요는 “숙명”이며, 세계 행정에서의 자연의 합목적성을 고려할 때 그것은 “섭리”라 할 것이다. 섭리란 “보다 상위의, 인류의 객관적인 궁극목적을 지향해 있고, 이 세계 운행을 예정하는 어떤 원인의 심오한 지혜”(*ZeF,* AB47=VIII361)이다.

영원한 평화를 위한 예비적 설계로서 “자연은 1) 인간이 지상의 모든 지역에서 살 수 있도록 배려했다; — 2) 전쟁을 통해 모든 곳에, 극히 황량한 지역에까지 인간을 쫓아 보내 그곳에 거주하도록 했다; 3) — 또한 바로 그 전쟁을 통해 인간을 크든 작든 법〔칙〕적 관계에 들어서도록 강요했다.”(*ZeF,* AB52=VIII363) “자연은 인간이 지상의 어디에서나 살 **수 있**도록 배려함과 동시에 인간이 자신들의 경향성에 반해서라도 어디서나 살아**야만 한다**는 것을 전제적으로 욕구했다.”(*ZeF,* A55=B55 이하=VIII364) 자연은 인간이 의욕하지 않더라도 인간이 마땅히 행해야 할 여건을 만들어간다. 세네카의 말마따나 “운명은 의욕하는 자는 이끌고, 의욕하지 않는 자는 질질 끌고 간다.”(*ZeF,* A58=B59=VIII365)

한 국민은 내부적 불화에 의해 그렇게 할 필요가 없게 되었을지라도 외부로부터 전쟁이 발발하면 부득이 공법에 복종하지 않을 수 없게 된다. 공법을 준수하는 것은 공화체제 유지의 근간으로서 시민의 제일의 의무이다. 이렇게 해서 "인간은 비록 도덕적으로-좋은 사람은 아닐지라도 좋은 시민이 되지 않을 수 없는 것이다."(*ZeF*, A60=B61=VIII366) 의무 때문에 그렇게 하는 것은 아니지만, 공법을 준수하는 것은 의무에 맞는 일이니 말이다.

자연의 의도는 국제 관계도 합목적적으로 이끌고 있다. "국제법의 이념은 상호 독립적인 이웃해 있는 수많은 국가들의 분리를 전제로 한다. 설령 이러한 상태가 〔……〕 그 자체로 이미 하나의 전쟁 상태라 하더라도, 이 상태만으로도, 이성의 이념에서 볼 때, 다른 국가들을 제압하여 하나의 보편 왕국으로 나아가는 강국에 의해 여러 나라들이 합방되는 것보다는 좋다."(*ZeF*, A62=B63=VIII367) 통치의 범위가 확대되면 될수록 법률의 위력은 약화되고, 법의 정신이 사라짐과 함께 신의 싹도 절멸되어 미침내 "영혼 없는 전제"(*ZeF*, A62=B63=VIII367)가 출현하기 마련이기 때문이다. "그럼에도 불구하고 모든 국가(또는 그 수령)가 갈망하는 바는 이런 식으로, 자신이 가능한 한 전 세계를 지배하는, 지속적인 평화상태로 이행해가는 것이다. 그러나 **자연**은 이와는 다르게 **의욕한다.** ― 자연은 **언어**와 **종교들**의 상이성이라는 두 수단을 이용하여 민족들이 서로 섞이는 것을 막고, 그들을 분리시킨다. 언어와 종교들의 상이성은 서로 상대방을 증오하는 성벽과 전쟁의 구실을 동반하기도 하지만, 그럼에도 문화가 성장해가고 인간이 원리에 있어서의 보다 큰 일치로 점진적으로 접근해감으로써 평화에 대한 동의를 이끌어간다. 이 평화는 (자유의 묘지에서의) 저 전제에서처럼, 모든 힘들의 약화에 의한 것이 아니라, 모든 힘들의 활기찬 경쟁 속에서의 균형에 의해 만들어내지고 보장되는 것이다." (*ZeF*, A62 이하=B64 이하=VIII367)

또한 그 자연은 세계시민법의 개념으로써는 폭력과 전쟁에 대항하여 보장할 수 없었을 여러 민족들을 "상호적 사익(私益)을 통해" 통합시킨다. 상업적 정신은 전쟁과 양립할 수 없는 것인데, 금력이야말로 국가 권력에 종속되어 있는 모든 권력(수단)들 가운데서도 가장 믿을 만한 것이기 때문에, "국가들은 (물론 도덕성의 동기에서는 아니겠지만) 고귀한 평화를 촉진하지 않을 수 없게 되며, 그리고 전쟁 발발의 위협이 있는 곳이 어디든지 간에, 중재를 통해 전쟁을 막지 않을 수 없게 된다."(*ZeF*, A64=B65=VIII368) "이러한 방식으로 자연은 인간의 경향성들 자체에 있는 기제를 통해 영원한 평화를 보증한다."(*ZeF*, A64 이하=B66=VIII368)

'영원한 평화'는 공법적 기반 위에서만 가능하다

화약(和約)이 영원한 평화의 기반이 되기 위해서는 근본적으로는 "공법화(公法化)"되어야 한다. 그러므로 화약의 모든 조항은 "공법의 초월적 정식(定式)"에 부합하지 않으면 안 된다.

"타인의 권리에 관계되면서, 그 준칙이 공개성과 화합되지 않는, 모든 행위는 옳지 않다/부당하다/불법적이다."(*ZeF*, A93=B99=VIII381)

인간의 권리 내지 법에 상관하는 준칙과 그에 따른 정치 행위는 공적이어야 하며, 그런 만큼 모두 "공개성의 원칙"에 맞아야 한다. 그에 기초한 정치만이 보편적 도덕 원리에 합치할 수 있다. 비록 인간의 현실이 그 이념과 큰 차이를 보이고 있다 해도, 정치와 도덕은 합치되어야 하고, 그때라야 '영원한 평화' 또한 성취될 수 있다. 영원한 평화는 "비록 단지 무한히 진보하면서 접근할 수밖에 없다 할지라도" 인간이 마침내 해결해낼 "과제"이다.(*ZeF*, A104=B111 이하=VIII386 참조)

※ 해제와 주해에서 우리말 제목을 사용한 칸트 원논저 제목〔약호〕,
이를 수록한 베를린 학술원판 전집〔AA〕 권수〔와 인용 역본〕

Kant's gesammelte Schriften〔베를린 학술원판 전집: AA〕, hrsg. v.
　　der Kgl. Preußischen Akademie der Wissenschaft // v. der
　　Deutschen Akademie der Wissenschaft zu Berlin // v. der
　　Akademie der Wissenschaften zu Göttingen // v. der Berlin-
　　Brandenburgischen Akademie der Wissenschaften, Bde. 1~29,
　　Berlin 1900~2009.

『영원한 평화』: *Zum ewigen Frieden*〔ZeF〕, AA VIII.
『윤리형이상학』: *Die Metaphysik der Sitten*〔MS〕, AA VI(백종현 역, 아카
　　넷, 2012).
『법이론의 형이상학적 기초원리』/『법이론』
　　　: *Metaphysische Anfangsgründe der Rechtslehre*〔RL〕.
『덕이론의 형이상학적 기초원리』/『덕이론』
　　　: *Metaphysische Anfangsgründe der Tugendlehre*〔TL〕.
「이론과 실천」: Über den Gemeinspruch: Das mag in der Theorie
　　richtig sein, taugt aber nicht für die Praxis〔TP〕, AA VIII.
『학부들의 다툼』: *Der Streit der Fakultäten*〔SF〕, AA VII.

『순수이성비판』: *Kritik der reinen Vernunft*〔KrV〕, AA III~IV(백종현 역,

아카넷, 2006).

『형이상학 서설』: *Prolegomena zu einer jeden künftigen Metaphysik, die als Wissenschaft wird auftreten können*(*Prol*), AA IV.

『실천이성비판』: *Kritik der praktischen Vernunft*(*KpV*), AA V(백종현 역, 아카넷, 개정판2009).

『윤리형이상학 정초』: *Grundlegung zur Metaphysik der Sitten*(*GMS*), AA IV(백종현 역, 아카넷, 2005).

『(순전한) 이성의 한계(들) 안에서의 종교』: *Die Religion innerhalb der Grenzen der bloßen Vernunft*(*RGV*), AA VI(백종현 역, 아카넷, 2011).

「거짓말」: Über ein vermeintes Recht aus Menschenliebe zu lügen(VRML), AA VIII.

「도덕철학 강의」: (V−Mo), AA XXVII.

「윤리형이상학 강의」: Metaphysik der Sitten Vigilantius(V−MS/Vigil), AA XXVII.

「자연법 강의」: Naturrecht Feyerabend(V−NR/Feyerabend), AA XXVII.

『판단력비판』: *Kritik der Urteilskraft*(*KU*), AA V(백종현, 아카넷, 2009).

「판단력비판 제1서론」: Erste Einleitung in die Kritik der Urteilskraft (EEKU), AA XX(백종현, 아카넷, 2009).

「형이상학 강의」: (V−MP), AA XXVIII.

「종교론 강의」: Philosophische Religionslehre nach Pölitz(V−Phil−Th/Pölitz), AA XXVIII.

『자연과학의 형이상학적 기초원리』: *Metaphysische Anfangsgründe der Naturwissenschaft*(*MAN*), AA IV.

『교육학』: *Immanuel Kant über Pädagogik*(*Päd*), AA IX.

『인간학』: *Anthropologie in pragmatischer Hinsicht*(*Anth*), AA VII.

「인간학 강의」: (V−Anth), AA XXV.

「조각글」: Reflexionen(Refl), AA XIV–XIX.

『지리학』: *Immanuel Kants Physische Geographie(PG)*, AA IX.

『미와 숭고의 감정에 관한 고찰』: *Beobachtungen über das Gefühl des Schönen und Erhabenen(GSE)*, AA II.

「목적론적 원리들의 사용」: Über den Gebrauch teleologischer Principien in der Philosophie(ÜGTP), AA VIII.

『논리학』: *Immanuel Kant's Logik. Ein Handbuch zu Vorlesungen (Log)*, AA IX.

「논리학 강의」: (V–Log), AA XXIV.

『감성세계와 예지세계의 형식과 원리들〔교수취임논고〕』: *De mundi sensibilis atque intelligibilis forma et principiis(MSI)*, AA II.

『형이상학의 진보』: *Welches sind die wirklichen Fortschritte, die die Metaphysik seit Leibnizens und Wolf's Zeiten in Deutschland gemacht hat?(FM)*, AA XX.

『유일 가능한 신의 현존 증명근거』: *Der einzig mögliche Beweisgrund zu einer Demonstration des Daseins Gottes(BDG)*, AA II.

「(형이상학적 인식의 제1원리들에 대한) 신해명」: Principiorum primorum cognitionis metaphysicae nova dilucidatio(PND), AA I.

『시령자의 꿈』: *Träume eines Geistersehers, erläutert durch die Träume der Metaphysik(TG)*, AA II.

「발견」: Über eine Entdeckung, nach der alle neue Kritik der reinen Vernunft durch eine ältere entbehrlich gemacht werden soll(ÜE), AA VIII.

「보편사의 이념」: Idee zu einer allgemeinen Geschichte in weltbürgerlicher Absicht(IaG), AA VIII.

「인간 역사」: Mutmaßlicher Anfang der Menschengeschichte(MAM), AA VIII.

「천체 일반 자연사와 이론」: *Allgemeine Naturgeschichte und Theorie des Himmels*(NTH), AA I.

「자연신학과 도덕」: Untersuchung über die Deutlichkeit der Grundsätze der natürlichen Theologie und der Moral(nThM), AA II.

「계몽이란 무엇인가」: Beantwortung der Frage: Was ist Aufklärung?(WA), AA VIII.

「사고에서 정위란 무엇을 말하는가?」: Was heißt, sich im Denken orientiren?(WDO), AA VIII.

「만물의 종말」: Das Ende aller Dinge(EAD), AA VIII.

〔유작〕: Opus Postumum(OP), AA XXI−XXII.

『영원한 평화』 관련 주요 문헌

1. 원전의 주요 판본

1) 칸트의 원판본

*Zum ewigen Frieden. Ein philosophischer Entwurf von
    Immanuel Kant.* 〔=A〕. Königsberg, bey Friedrich
    Nicolovius. 1795. 〔104면〕.

*Zum ewigen Frieden. Ein philosophischer Entwurf von
    Immanuel Kant.* Neue vermehrte Auflage〔=B〕.
    Königsberg, bey Friedrich Nicolovius. 1796. 〔112면〕.

2) 칸트 사후 주요 편집본

*Zum ewigen Frieden. Ein philosophischer Entwurf von
    Immanuel Kant. hrsg. von Karl Kehrbach*, Leipzig 1881.

Zum ewigen Frieden. Ein philosophischer Entwurf von
    Immanuel Kant. 수록: *Kants gesammelte Schriften*〔AA〕.

hrsg. v. der Königlich Preußischen Akademie der Wissenschaften. Bd. 8: Abhandlungen nach 1781(Hrsg.: Heinrich Maier), Berlin 1912, 341~386. (Paperback-Nachdruck: Berlin 1968.)

Immanuel Kant: *Zum ewigen Frieden*. Mit Ergänzungen aus Kants übrigen Schriften und einer ausführlichen Einleitung über die Entwicklung des Friedensgedankens. hrsg. von Karl Vorländer, Leipzig 1919.

Zum ewigen Frieden. Ein philosophischer Entwurf von Immanuel Kant. 수록: *Werke in sechs Bänden*, hrsg. v. Wilhelm Weischedel, Wiesbaden 1954, Bd. 6, 191~251.(이 전집은 후에 수차례에 걸쳐 Darmstadt와 Frankfurt/M. 등지에서 12권 또는 10권으로 분책되어 발간됨.)

Immanuel Kant: *Zum ewigen Frieden*. Mit Texten zur Rezeption 1796~1800. hrsg. v. Manfred Buhr / Steffen Dietzsch, Leipzig 1984.

Immanuel Kant: *Zum ewigen Frieden. Ein philosophischer Entwurf*. hrsg. v. Rudolf Malter, Stuttgart 1984.

Immanuel Kant: *Über den Gemeinspruch: Das mag in der Theorie richtig sein, taugt aber nicht für die Praxis // Zum ewigen Frieden. Ein philosophischer Entwurf*, hrsg.

v. Heiner F. Klemme, Hamburg 1992.

3) 평화사상과 관련 있는 칸트의 여타 저술들

Idee zu einer allgemeinen Geschichte in weltbürgerlicher
   Absicht(1784), 제7명제와 제8명제. (AA VIII, 24~28).

Mutmaßlicher Anfang der Menschengeschichte(1786). (AA VIII,
   107~123).

Kritik der Urteilskraft(1790), §83. (AA V, 429~434).

Die Religion innerhalb der Grenzen der bloßen Vernunft(1793).
   (AA VI, 34).

Über den Gemeinspruch: Das mag in der Theorie richtig
   sein, taugt aber nicht für die Praxis(1793), III. (AA VIII,
   307~313).

Verkündigung des nahen Abschlusses eines Traktats zum
   ewigen Frieden in der Philosophie(1796). (AA VIII,
   411~422).

*Die Metaphysik der Sitten: Metaphysische Anfangsgründe der
   Rechtslehre*(1797), §§53~62과 맺음말. (AA VI, 343~355).

Der Streit der Fakultäten(1798), 2. Abs. (AA VII, 77~94).

2. 칸트 이전 주요 평화사상 문헌

Platon, *Politeia*, II, 369b~372c.

_____, *Nomoi*, I, 626a~628e.

Aristoteles, *Politica*, VII, 1334a~1335b.

Augustinus, *De civitate dei*, XIX.

Desiderius Erasmus Roterodamus, *Querela Pacis undique gentium ejactae profligataeque*(1517).

Hugo Grotius, *De jure belli ac pacis libri tres*(1625).

Johann Amos Comenius, *Angelus pacis*(1667).

Samuel von Pufendorf, *De iure naturae et gentium libri octo*(1672).

William Penn, *An Essay towards the Present and Future Peace of Europe by the Establishment of European Dyet, Parliament or Estates*(1693).

John Bellers, *Some Reasons for an European State*(1710).

Charles-Irénée Castel de Saint-Pierre, *Projet pour rendre la paix perpétuelleen Europe*(1712/1717).

Giambattista Vico, *De universi iuris uno principio et fine uno*(1720).

Jean-Jacques Rousseau, *Principes du droit de la guerre. Ècrits sur la paix per pétuelle*(1758).

Emmerich de Vattel, *Le droit des gens*(1758).

Voltaire, *De la paix perpétuelle*(1769).

3. 칸트 평화 이론에 관한 주요 논저

Azouvi, François / Bourel, Dominique, *De Königsberg à Paris. La réception de Kant en France(1788~1804)*, Paris 1991.

Baumann, Hans, *Kants Stellung zu dem Problem von Krieg und Frieden. Eine rechts- und geschichtsphilosophische Studie*, 〔Diss.〕, München 1950.

Bayerer, Wolfgang G., "Das Königsberger Schlußblatt des Entwurfs *Zum ewigen Frieden*". 수록: *Kant-Studien*〔*KS*〕 79(1988), 293~317.

Berghahn, Klaus L., "Utopie und Verantwortung in Kants Schrift *Zum ewigen Frieden*". 수록: W. Wittkowski 편, *Zur Literatur der Goethe-Zeit*, Tübingen 1988, 164~189.

Bohman, James / Lutz-Bachmann, Mattias 편, *Perpetual Peace — Essays on Kant's Cosmopolitan Ideal*, Cambrige (Mass.)·London 1997.

Brandt, Reinhard, "Historisch-kritische Beobachtungen zu Kants Friedensschrift". 수록: *Politisches Denken. Jahrbuch 1994*, Stuttgart·Weimar 1994.

Brown, Clifford W. Jr., *Hobbes and Kant on Peace and War*. Harvard University 1970.

Bruns, Thomas, *Kant et l'Europe. Etude critique de l'interprétation et de l'influence de la pensée internationaliste kantienne*, (Diss.), Saarbrücken 1973.

Buhr, Manfred / Dietzsch, Steffen 편, *Immanuel Kant: Zum ewigen Frieden. Mit Texten zur Rezeption 1796~1800*, Leipzig 1984.

Carson, Thomas, "Perpetual Peace: What Kant Should Have Said". 수록: *Social Theory and Practice* 14(1988), 173~214.

Cavallar, Georg, *Pax Kantiana. Systematisch-historische Undersuchung des Entwurfs Zum ewigen Frieden(1795) von Immanuel Kant*, Wien·Köln·Weimar 1992.

Datschew, Georgi, *Das Problem Krieg-Frieden in der deutschen Philosophie — S. Franck, I. Kant*, (Diss.), Berlin 1968.

Deggau, Hans-Georg, *Die Aporien der Rechtslehre Kants*, Stuttgart Bad Cannstatt 1983.

Denker, Rolf, "Kants Theorie des dreifachen Weges zum Weltfrieden oder: Die Absichten der Natur in der Geschichte". 수록: E. Gerresheim 편, *Immanuel Kant 1724/1974. Kant als politischer Denker*, Bonn-Bad Godesberg 1974, 5~16.

Dietze, Anita / Dietze, Walter 편, *Ewiger Friede? Dokumente einer deutschen Diskussion um 1800*, Leipzig·Weimar 1989.

Dietzsch, Steffen, "Geschichte und Politik beim späten Kant: der Frieden in der Gesellschaft und die Souveränität der kritischen Vernunft". 수록: *Dimensionen der Transzendentalphilosophie. Studien zur Entwicklung der klassischen bürgerlichen deutschen Philosophie 1780~1810*, Berlin 1990, 59~83.

Doyle, Michael W., "Kant, Liberal Legacies, and Foreign Affairs". 수록: *Philosophy and Public Affairs* 12(1983), 205~235 + 323~353.

Ebbinghaus, Julius, "Kants Lehre vom ewigen Frieden und die Kriegsschuldfrage"(1929). 재수록: *Gesammelte Schriften*, Bd. 1, H. Oberer / G. Geismann 편, Bonn 1986, 1~34.

_____, "Die christliche und die kantische Lehre vom

Weltfrieden"(1957). 재수록: *Gesammelte Schriften*, Bd. 2,
G. Geismann / H. Oberer 편, Bonn 1988, 23~34.

Falk, Heinrich W. K., *Kant's Conception of Eternal Peace
and its Influence during the Nineteenth Century*, 〔Diss.〕,
University of Southern California 1952.

Ferdinand, Hans-Michael, *Einhelligkeit von Moral und Politik.
Zu Kants kritischer Bestimmung des Friedens*, 〔Diss.〕,
Tübingen 1987.

Höffe, Otfried 편, *Immanuel Kant: Zum ewigen Frieden*,
Berlin 1995.

Freudenberg, Günter, "Kants Lehre vom ewigen Frieden und
ihre Bedeutung für die Friedensforschung". 수록: G.
Picht / H. E. Tödt 편, *Studien zur Friedensforschung*,
Bd. 1, Stuttgart 1969, 178~208.

Friedrich, Carl Joachim, "L'essai sur la paix. Sa position
centrale dans la philosophie morale de Kant". 수록:
Annales de philosophie politique, Bd. 4: *La philosophie
politique de Kant*, Paris 1962, 139~161.

_____, "Die Ideen der Charta der Vereinten Nationen und
die Friedensphilosophie von Immanuel Kant". 수
록: *Zur Theorie und Praxis der Verfassungsordnung*,

Ausgewählte Aufsätze. Heidelberg 1963, 69~83.

Gallie, Walter B., *Philosophers of Peace and War. Kant, Clausewitz, Marx, Engels and Tolstoy*. Cambridge 1978.

Gerhardt, Volker, "Selbstbestimmug". 수록: D. Henrich / R.-P. Horstmann 편, *Metaphysik nach Kant?*, Stuttgart 1988, 671~688.

_____, *Eine Theorie der Politik. Immanuel Kants Entwurf Zum ewigen Frieden*. Darmstadt 1995.

Geismann, Georg, "Kants Rechtslehre vom Weltfrieden". 수록: *Zeitschrift für philosophische Forschung* 37(1983), 363~388.

Gerwin, Edgar, "Kant and the Idea of the Society of Nations". 수록: P. Laberge 외 편, *Actes du Congrès d'Ottawa sur Kant dans les traditions anglo-américaine et continentale*, Ottawa 1976, 525~541.

Goyard-Fabre, Simone, "Kant et l'idée de 'Société des Nationes'". 수록: *Dialogue* 21(1982), 693~712.

Habermas, Jürgen, "Publizität als Prinzip der Vermittlung von Politik und Moral (Kant)". 수록: *Strukturwandel der Öffentlichkeit. Untersuchungen zu einer Kategorie der bürgerlichen Gesellschaft*. Neuaufl., Frankfurt/M. 1990,

178~195.

Hancock, Roger Nelson, "Kant on War and Peace". 수록: G. Funke 편, *Akten des 4. Internationalen Kant-Kongresses*, Bd. 2.2, Berlin·New York 1974, 668~674.

Hendel, Charles W., "Freedom, Democracy, and Peace". 수록: *The Philosophy of Kant and our Modern World*, New York 1957, 93~126.

Henningfeld, Jochen, "Der Friede als philosophisches Problem. Kants Schrift *Zum ewigen Frieden*". 수록: *Allgemeine Zeitschrift für Philosophie* 8(1983), Heft 2, 23~37.

Höffe, Otfried, "Die Republik freier verbündeter Völker". 수록: *Kategorische Rechtsprinzipien. Ein Kontrapunkt der Monderne.* Frankfurt/M. 1990, 249~279.

Hoffmeister, Johannes, *Die Problematik des Völkerbundes bei Kant und Hegel*, Tübingen 1934.

Hurrell, Andrew, "Kant and the Kantian Paradigm in International Relations". 수록: *Review of International Studies* 16(1990), 183~205.

Jaspers, Karl, "Kants *Zum ewigen Frieden*"(1957). 재수록: H. Saner 편, *Aneignung und Polemik*, München 1968,

205~232.

_____, "Kants Schrift *Zum ewigen Frieden*". 재수록: H. Saner 편, *Aneignung und Polemik*, München 1968, 233~241.

Kaulbach, Friedrich, *Studien zur späten Rechtsphilosophie Kants und ihrer transzendentalen Methode*. Würzburg 1982.

Kersting, Wolfgang, "Pax Kantiana". 수록: *Wohlgeordnete Freiheit. Immanuel Kant Rechts- und Staatsphilosophie*. Neuaufl., Frankfurt/M. 1993, 67~87.

Kraus, Herbert, "Das Problem internationaler Ordnung bei Immanuel Kant"(1931). 재수록: *Internationale Gegenwartsfragen. Völkerrecht, Staatenethik, Internationalpolitik. Ausgewählte kleine Schriften*. Würzburg 1963, 158~229.

Laberge, Pierre, "Kant et la Paix". 수록: G. Funke 편, *Akten des 7. Internationalen Kant-Kongresses*. Bd. 1. Bonn · Berlin 1991, 190~212.

_____, "Das radikale Böse und der Völkerzustand". 수록: F. Ricken / F. Marty 편, *Kant über Religion*. Stuttgart · Berlin · Köln 1992, 112~123.

Langer, Claudia, *Reform nach Prinzipien. Untersuchungen*

zur politischen Theorie Immanuel Kants, Stuttgart 1986.

Lehmann, Gerhard, "Ein Reinschriftfragment zu Kants Abhandlung zum ewigen Frieden"(1955). 재수록: *Beiträge zur Geschichte und Interpretation der Philosophie Kant*, Berlin 1969, 51~66.

Losurdo, Domenico, *Immanuel Kant. Freiheit, Recht und Revolution*, Köln 1987.

Mertens, Thomas, "Zweckmäßigkeit der Natur und politische Philosophie bei Kant". 수록: *Zeitschrift für philosophische Forschung* 49(1955).

Müller, Wilhelm, *Kant und der Friede*, Düsseldorf 1962.

Mulholland, Leslie A., "Kant on War and International Justice". 수록: *KS* 78(1987), 25~41.

_____, *Kant's System of Rights*, New York 1990.

Nagl-Docekal, Herta, "Immanuel Kants Philosophie des Friedens und was die Friedensbewegung daraus gewinnen könnte". 수록: G. Heiss / H. Lutz 편, *Friedensbewegungen: Bedingungen und Wirkungen*. Wien 1984, 55~74.

Natorp, Paul, *Kant über Krieg und Frieden. Ein geschichts-philosophischer Essay*, Erlangen 1924.

Nieschmidt, Gerd-Peter, *Praktische Vernunft und ewiger Friede. Eine Untersuchung zum Freiheitsbegriff in der Philosophie Kants*, (Diss.), München 1965.

Nipkow, Karl Ernst, *Der schwere Weg zum Frieden*, München 2007. Kp. 6.

Philonenko, Alexis, Kant et le problème de la paix. 수록: *Essais sur la philosophie de la guerre*, Paris 1976, 4~42.

Picht, Georg, "Kants transzendentale Grundlegung des Völkerrechts. Ein Beitrag zur Friedensforschung". 수록: *Aufrisse. Almanach des Ernst Klett Verlages 1946~1971*, Stuttgart 1971, 223~279.

Psychopedis, Kosmas, *Undersuchungen zur politischen Theorie von Immanuel Kant*, Göttingen 1980.

Raumer, Kurt v., *Ewiger Friede. Friedensrufe und Friedenspläne seit der Renaissance*, Freiburg/Br. 1953.

Riley, Patrick, *Kant's Political Philosophy*, Totowa, New Jersey 1983.

Ruiz, Alain, "A l'aube du kantisme en France. Sieyès, Karl Friedrich Reinhard et le traité Vers la paix perpétuelle". 수록: *Cahiers d'Études Germaniques* 4(1980), 147~193.

Saner, Hans, *Kants Weg vom Krieg zum Frieden*. Bd. 1:

Widerstreit und Einheit. Wege zu Kants politischem Denken. München 1967.

Sassenbach, Ulrich, *Der Begriff des Politischen bei Immanuel Kant*, Würzburg 1992.

Schilpp, Paul A., "Kant and the Problem of World Peace". 수록: J. W. Davis 편, *Value and Valuation. Axiological Studies in Honor of Robert S. Hartman*, Knoxville 1972, 167~181.

Schmidt, Hajo, "Durch Reform zu Republik und Frieden? Zur politischen Philosophie Immanuel Kants". 수록: *Archiv für Rechts- und Sozialphilosophie* 71(1985), 297~318.

Schneiders, Werner, "Philosophenkönige und königliche Völker. Modelle philosophischer Politik bei Platon und Kant". 수록: *Filosofia Oggi* 2(1981), 165~175.

Schwarz, Wolfgang, *Principles of Lawful Politics: Immanuel Kant's Philosophic Draft Toward Eternal Peace*, Aalen 1988.

Shell, Susan M., *The Rights of Reason. A Study of Kant's Philosophy and Politics*, Toronto · Buffalo · London 1980.

Timm, Hermann, "Wer garantiert den Frieden? Über Kants Schrift *Zum ewigen Frieden*". 수록: G. Picht / H. Tödt

편, *Studien zur Friedensforschung*, Bd. 1, Stuttgart 1969, 209~239.

Toyama, Yoshitaka, *Kants praktische Philosophie mit Rücksicht auf eine Theorie des Friedens*, Hamburg 1973.

Verosta, Stephan, "Krieg und Angriffskrieg im Denken Kants". 수록: *Österreichische Zeitschrift für öffentliches Recht und Völkerrecht* 31(1980), 247~264.

Vlachos, Georges, *La pensée politique de Kant. Métaphysique de l'ordre et dialectique du progrès*, Paris 1962.

Vorländer, Karl, *Kant und der Gedanke des Völkerbundes. Mit einem Anhang: Kant und Wilson*, Leipzig 1919.

Williams, Howard, *Kant's Political Philosophy*, Oxford 1983.

Zahn, Manfred, "Kants Theorie des Friedens und die Schwerpunkte der jüngeren Diskussion über sie". 수록: *Deutsche Zeitschrift für Philosophie* 38(1990), 508~520.

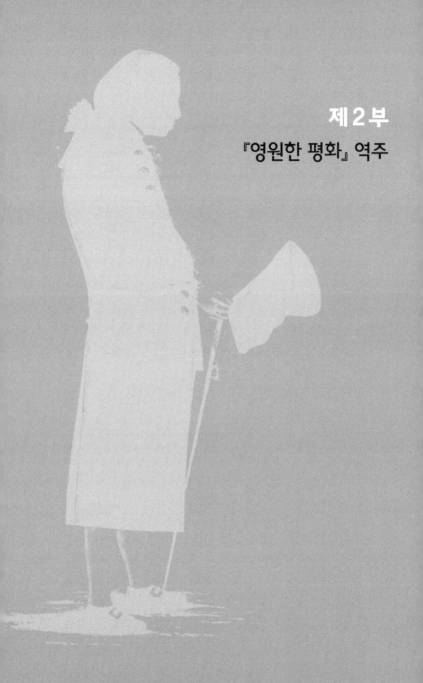

제 2 부
『영원한 평화』 역주

| 역주의 원칙 |

1. 『영원한 평화』 번역 대본은 칸트의 원본 제1판(=A. 1795) 과 제2판(=B. 1796)이며, 베를린 학술원판 전집 제8권(Berlin 1923. Akademie-Ausgabe Bd. VIII, S. 341~386＋504~511)과 W. Weischedel 판 전집 제6권(Wiesbaden 1954. S. 191~251), 그리고 Heiner F. Klemme 판(Felix Meiner Verlag/Hamburg 1992 〔PhB 443〕)을 대조 참고한다. 칸트 원본 제1판〔A〕과 제2판〔B〕 사이에 어긋나는 부분은 글자체를 산돌제비체로 바꿔 표시하되, 그 상위점이 한국어로 옮겼을 때 무의미해지는 경우에는 굳이 밝히지 않는다.

2. 원문과 번역문의 대조 편의를 위해 본서는 칸트의 원본 제1판 을 "A"로, 제2판을 "B"로, 베를린 학술원판 제8권을 "VIII"로 표시한 후 이어서 면수를 밝힌다. 다만, 독일어와 한국어의 어순이 다른 경우가 많으므로 원문과 번역문의 면수에 약간 의 차이가 있음은 양해한다.

3. 번역은 학술적 엄밀성을 염두에 두어 직역을 원칙으로 삼고, 가능한 한 원문의 문체, 어투, 문단 나누기 등도 보존하여, 칸트의 글쓰기 스타일을 그대로 보이도록 한다. 현대적 글쓰기에 맞지 않은 부분이나 문단들이라도 의미 전달이 아주 어렵지 않은 경우라면 그대로 둔다.

4. 독일어는 철저히 한글말로 옮겨 쓰되, 필요한 경우에는 한글에 이어 〔 〕 안에 한자어를 병기한다. 그러나 원문이 라틴어나 그리스어일 경우에 그에 상응하는 한자말이 있을 때는 한자를 노출시켜 쓴다.

5. 칸트의 다른 저작 또는 다른 구절을 한국어로 옮길 때를 고려하여, 다소 어색함이 있다 하더라도, 칸트의 동일한 용어에는 되도록 동일한 한국어 낱말을 대응시킨다. 용어가 아닌 보통 낱말들에도 가능하면 하나의 번역어를 대응시키지만, 그러나 이런 낱말들의 경우에는 문맥에 따라 유사한 여러 번역어들을 적절히 바꿔 쓰고, 또한 풀어쓰기도 한다.

6. 유사한 또는 동일한 뜻을 가진 낱말이라 하더라도 칸트 자신이 번갈아 가면서 쓰는 말은 가능한 한 한국어로도 번갈아 쓴다.

7. 번역 본문에서는 한글과 한자만을 쓰며, 군이 서양말 원어를 밝힐 필요가 있을 때는 각주에 적는다. 그러나 각주 설명문에는 원어를 자유롭게 섞어 쓴다.

8. 대명사의 번역에 있어서는 지시하는 명사가 명백할 때는 한국어 문맥상 필요할 경우에 본래의 명사를 반복하여 써주되, 이미 해석이 개입할 여지가 있을 때는 '그것', '이것', '저것' 등이라고 그대로 옮겨 쓰고, 역자의 해석은 각주에 밝힌다.

9. 직역이 어려워 불가피하게 원문에 없는 말을 끼워 넣어야 할 대목에서는 끼워 넣는 말은 〔 〕 안에 쓴다. 또한 하나의 번역어로는 의미 전달이 어렵거나 오해의 가능성이 있을 경우에도 그 대안이 되는 말을 〔 〕 안에 쓴다. 그러나 이중번역어 제시가 불가피한 곳에서는 두 역어를 부호 '/'를 사이에 두고 함께 쓴다.

10. 한국어 표현으로는 다소 생소하더라도 원문의 표현 방식과 다른 맥락에서의 표현의 일관성을 위하여 독일어 어법에 맞춰 번역하되, 오해될 우려가 클 때는 〔 〕에 자연스러운 한국어 표현을 병기한다.

11. 칸트가 인용하는 인물이나 사건이나 지명이 비교적 널리 알려져 있지 않은 경우에는 그에 대해 각주를 붙여 해설한다.

12. 칸트의 다른 저술이나 철학 고전들과 연관시켜 이해해야 할 대목은 각주를 붙여 해설한다. 단, 몇몇 주요 저술은 칸트 원본 중 대표 판본〔A 또는 B〕에서, 그리고 여타의 것은 모두 학술원판〔AA〕에서 하되, (오해의 소지가 있을 경우 외에는 AA 제시 없이) 권수는 로마숫자로 밝히며, 필요한 경우 제목은 한국어 또는 약어로 쓰고 원저술명은 해제 참고문헌란에 모아서 밝힌다.

13. 칸트 원문에 문법적으로 문제가 있는 곳은 여러 편집자의 판본들과도 비교하여 각주에서 역자의 의견을 제시한다.

14. 원문의 본문 중 격자체 낱말은 진하게 쓰며, 한 포인트 크게 쓴 낱말은 돋움체로 바꿔 쓰고, 인명이나 학파 명칭은 그래 픽체로 구별하여 쓴다.

15. 본문 하단 '※' 표시 주는 칸트 자신의 주석이고, 아라비아 숫자 번호를 붙인 각주는 역자의 주해이다.

※ 유사어 및 상관어 대응 번역어 표

ableiten

    ableiten : 도출하다/끌어내다, Ableitung : 도출, Deduktion : 연역, abziehen : 추출하다

Absicht

    Absicht : 의도/관점, Rücksicht : 고려/견지, Hinsicht : 관점/돌아봄/참작, Vorsatz : 고의/결의, Entschluß : 결심/결정

absolut

    absolut : 절대적(으로), schlechthin/schlechterdings : 단적으로/절대로

abstrahieren

    abstrahieren : 추상하다/사상〔捨象〕하다, absehen : 도외시하다/눈을 돌리다

Achtung

    Achtung(observatio/reverentia) : 존경(尊敬), Hochachtung : 존경/경의, Ehrfurcht : 외경, Hochschätzung : 존중, Schätzung : 평가/존중, Ehre : 명예/영광/경의/숭배, Verehrung(reverentia) : 숭배(崇拜)/경외(敬畏)/경배/흠숭/존숭/공경/경의를 표함, Ehrerbietung : 숭경, Anbetung : 경배

Affinität

    Affinität : 근친(성), Verwandtschaft : 친족성/근친(성)

affizieren

affizieren: 촉발하다/영향을 끼치다, Affektion: 촉발/자극/애착, Affekt: 격정/흥분/촉발/정서/감격, affektionell: 격정적/촉발된/정서적, (affektieren: ~인 체하다/허세 부리다, Affektation: 내숭/허세), anreizen: 자극하다, Reiz: 자극/매력, stimulus: 刺戟, rühren: 건드리다/손대다/마음을 움직이다, Rühren: 감동, Rührung: 감동, berühren: 건드리다/접촉하다, Begeisterung: 감격

ähnlich

ähnlich: 비슷한/유사한, analogisch: 유비적/유추적

also

also: 그러므로, folglich: 따라서, mithin: 그러니까, demnach: 그 때문에, daher: 그래서, daraus: 그로부터

anfangen

anfangen: 시작하다, Anfang: 시작/시초, anheben: 개시하다/출발하다

angemessen

angemessen: 알맞은/적절한/부합하는, füglich: 걸맞은/어울리는

angenehm

angenehm: 쾌적한/편안한, unangenehm: 불쾌적한/쾌적하지 않은/불편한/불유쾌한, Annehmlichkeit: 쾌적함/편안함, behaglich: 편안한/유쾌한, Gemächlichkeit: 안락함

anhängend

anhängend: 부수적, adhärierend: 부착적

Ankündigung

Ankündigung: 통고/선포/공지/알림, Kundmachung: 공포/알림

Anmut

Anmut: 우미(優美), Eleganz: 우아

Apprehension

Apprehension(apprehensio): 포착(捕捉)/점취(占取), Auffassung (apprehensio): 포착(捕捉: 직관/상상력의 작용으로서)/파악(把握: 지성의 작용으로서), Erfassen: 파악, Begreifen: (개념적) 파악/개념화/이해

a priori

a priori: 선험적, a posteriori: 후험적, angeboren(innatus): 선천적(本有的)/생득적/생래적/천성적/타고난, anerschaffen: 타고난/천부의

arrogantia

arrogantia: 自滿/自慢, Eigendünkel: 자만〔自慢〕

Ästhetik

Ästhetik: 감성학/미(감)학, ästhetisch: 감성(학)적/미감적/미학적

aufheben

aufheben: 지양하다/폐기하다/폐지하다, ausrotten: 근절하다/섬멸하다, vertilgen: 말살하다/절멸하다, vernichten: 무효로 하다/폐기하다/파기하다/섬멸하다/없애다

Aufrichtigkeit

Aufrichtigkeit: 정직성〔함〕, Ehrlichkeit: 솔직성〔함〕/정직성/진실성, Redlichkeit: 진정성, Wahrhaftigkeit: 진실성〔함〕, Rechtschaffenheit: 성실성〔함〕, Freimütigkeit: 공명솔직〔함〕/숨김없음, Offenheit: 솔직/개방/공명정대/공공연성, Offenherzigkeit: 솔직담백성〔함〕

Bedeutung

Bedeutung: 의미, Sinn: 의의

Bedingung

Bedingung: 조건, bedingt: 조건 지어진/조건적, das Bedingte: 조건 지어진 것/조건적인 것, das Unbedingte: 무조건자〔/무조건적인 것〕

Begehrung

Begehrung/Begehren: 욕구, Begierde(appetitio): 욕망(慾望)/욕

구, Begier : 욕망, Bedürfnis : 필요/필요욕구/요구, Verlangen : 요구/갈망/열망/바람/요망, Konkupiszenz(concupiscentia) : 욕정(欲情), Gelüst(en) : 갈망/정욕

begreifen

begreifen : (개념적으로) 파악하다/개념화하다/포괄하다/(포괄적으로) 이해하다/해득하다, Begriff : 개념/이해, 〔Un〕begreiflichkeit : 이해〔불〕가능성/해득〔불〕가능성, verstehen : 이해하다, fassen : 파악하다/이해하다, Verstandesvermögen : 지성능력, Fassungskraft : 이해력

Beispiel

Beispiel : 예/실례/사례/본보기, zum Beispiel : 예를 들어, z. B. : 예컨대, beispielsweise : 예를 들어, e. g. : 例컨대

Beistimmung

Beistimmung : 찬동/동의, ※Einstimmung : 일치/찬동, Stimme : 동의, Beifall : 찬동, Beitritt : 찬성/가입

bemerken

bemerken : 주목하다/인지하다/주의하다, aufmerken : 주시하다/주의하다, anmerken : 적어 두다/주해하다, merken : 표시하다/알아채다/유의하다

beobachten

beobachten : 준수하다/지키다/관찰하다, Beobachtung : 관찰/준수, befolgen : 따르다/준수하다, Befolgung : 추종/준수

Bereich

Bereich : 영역, Gebiet : 구역, Sphäre : 권역, Kreis : 권역, Feld : 분야, Fach : 분과, Umfang : 범위, Region : 지역/지방/영역, territorium : 領土, ditio : 領域

Besitz

Besitz(possessio) : 점유(占有), Besitznehmung(appprehensio) :

점유취득(占取), ※ Eigentum : 소유(물/권), ※ Haben : 소유〔가지다〕/자산, Zueignung(appropriatio) : 전유〔영득〕(專有), Bemächtigung(occupatio) : 선점(先占)/점령(占領)

besonder

besonder : 특수한/개개의, partikular : 특별한/개별적/국부적, spezifisch : 종적/종별적/특종의

Bestimmung

Bestimmung : 규정/사명/본분/본령, bestimmen : 규정하다/결정하다/확정하다, bestimmt : 규정된〔/적〕/일정한/확정된〔/적〕/명확한/한정된, unbestimmt : 무규정적/막연한/무한정한

Bewegung

Bewegung : 운동/동요/움직임, Motion : 동작/운동/움직임

Bewegungsgrund

Bewegungsgrund/Beweggrund : 동인, Bewegursache : (운)동인

Beweis

Beweis : 증명/증거, Beweistum : 증거, Demonstration : 입증/실연/시위

Bibel

Bibel : 성경, (Heilige) Schrift : 성서, ※Schrift : 저술, heiliges Buch : 성경책

Bild

Bild : 상/도상〔圖像〕/형태/그림/사진, Schema : 도식〔圖式〕, Figur : 형상〔形象〕/도형, Gestalt : 형태, Urbild : 원형/원상, Vorbild : 전형/모범/원형

Boden

Boden : 지반/토대/기반/토지/지역/영토, Erde : 흙/땅/토양/지구/지상, Land : 땅/육지/토지/지방/지역/나라, Horizont : 지평

böse

　　böse: 악한, das Böse: 악, malum: 惡/害惡/禍, Übel: 화/악/해악/
　　재해/재화〔災禍〕/나쁜 것, boshaft: 사악한, bösartig: 악의적/음흉
　　한, böslich: 악의적/음흉한, schlecht: 나쁜, arg: 못된/악질적인,
　　tückisch: 간악한/간계의, Arglist: 간계

Buch

　　Buch: 책/서/저서, Schrift: 저술, Werk: 저작/작품/소행, Abhand-
　　lung: 논고/논문

Bund

　　Bund: 연맹, Bündnis: 동맹, foedus: 同盟, Föderation: 동맹/연방,
　　Koaltion: 연립, Verein: 연합/협회, Assoziation: 연합

Bürger

　　Bürger: 시민, Mitbürger: 동료시민/공동시민, Staatsbürger(cives): 국가
　　시민(市民)/국민, Volk: 국민/민족/족속, Stammvolk(gens): 민족(民族)

darstellen

　　darstellen: 현시하다/그려내다/서술하다, Darstellung(exhibitio): 현
　　시(現示/展示)/그려냄/서술, darlegen: 명시하다, dartun: 밝히다

Denken

　　Denken: 사고(작용), denken: (범주적으로) 사고하다/(일반적으로)
　　생각하다, Denkart: 사고방식/신념/견해, Gedanke: 사유(물)/사상〔思
　　想〕/사고내용/상념/생각, Denkung: 사고/사유, Denkungsart: 사유
　　방식/성향, Sinnesart: 기질/성미

Ding

　　Ding: 사물/일/것, Sache: 물건/사상〔事象〕/사안/실질내용/일,
　　※Wesen: 존재자〔것/자〕/본질

Ding an sich

　　Ding an sich: 사물 자체, Ding an sich selbst: 사물 그 자체

Disziplin

    Disziplin: 훈육, Zucht: 훈도

Dogma

    Dogma: 교의/교조, dogmatisch: 교의적/교조(주의)적, Lehre: 교리/
학설/이론/가르침, Doktrin: 교설, ※eigenmächtig: 독단적

Dreistigkeit

    Dreistigkeit: 호기〔豪氣〕, Dummdreistigkeit: 뻔뻔함/방자(함),
Unverschämtheit: 몰염치/후안무치

Dummheit

    Dummheit(stupiditas): 우둔(愚鈍)〔함〕/천치(天痴), Dummkopf/
Idiot: 바보/천치, stumpf: 둔(감)한/무딘, Albernheit: 우직〔함〕, Tor:
멍청이, Narr: 얼간이

Ehe

    Ehe: 혼인, Heirat: 결혼, Trauung: 혼례

eigen

    eigen: 자신의/고유한, eigentlich: 본래의/원래의, Eigenschaft: 속
성/특성, Eigentum: 소유, eigentümlich: 특유의〔/한〕/고유의/소
유의, Eigentümlichkeit: 특유성/고유성, eigenmächtig: 독단적,
Beschafenheit: 성질, ※Attribut: (본질)속성/상징속성

Eigensinn

    Eigensinn: 아집

Einleitung

    Einleitung: 서론, Vorrede: 머리말, Prolegomenon/-mena: 서설,
Prolog: 서문, Vorerinnerung: 서언, Vorbemerkung: 일러두기

einseitig

    einseitig: 일방적/일면적/한쪽의, doppelseitig: 쌍방적/양면적/양
쪽의, beiderseitig: 양쪽의/양편의/쌍방적, allseitig: 전방적/전면적,

wechselseitig : 교호적/상호적, beide : 양자의/둘의/양편의, beide Teile : 양편/양쪽, gegeneinander : 상호적으로

Einwurf

Einwurf : 반론, Widerlegung : 반박

Einzelne(das)

das Einzelne : 개별자, Individuum : 개체/개인

Empfindung

Empfindung : 감각/느낌, Empfindlichkeit : 예민/민감, Empfindsamkeit : 다감함/감수성, Empfindelei : 민감함/감상주의

entsprechen

entsprechen : 상응하다, korrespondieren : 대응하다

entstehen

entstehen : 발생하다, entspringen : 생기다, geschehen : 일어나다, hervorgehen : 생겨나(오)다, stattfinden/statthaben : 있다/발생하다/행해지다

Erörterung

Erörterung(expositio) : 해설(解說), Exposition : 해설, Aufklärung : 해명, Erläuterung : 해명/설명, Erklärung : 설명/언명/공언/성명(서)/표시, Explikation : 해석/석명(釋明), Deklaration : 선언/천명/(의사)표시, Aufschluß : 해결/해명, Auslegung : 해석/주해, Ausdeutung : 설명/해석, Deutung : 해석/설명

Erscheinung

Erscheinung : 현상, Phaenomenon(phaenomenon) : 현상체(現象體), Sinneswesen : 감성존재자, Sinnenwelt(mundus sensibilis) : 감성(각)세계(感性(覺)世界)

erzeugen

zeugen : 낳다/출산하다, Zeugung : 낳기/생식/출산, erzeugen :

산출하다/낳다/출산하다, Erzeugung: 산출/출산/출생/생산, hervorbringen: 만들어내다/산출하다/낳다/실현하다

Fall

Fall: 낙하/추락/경우, Abfall: 퇴락, Verfall: 타락

Feierlichkeit

Feierlichkeit: 장엄/엄숙/예식/의례〔儀禮〕/화려, Gebräuche: 의식〔儀式〕/풍속/관례, Förmlichkeit: 격식/의례〔儀禮〕, Zeremonie: 예식/격식

Feigheit

Feigheit: 비겁, niederträchtig: 비루한/비열한, ※gemein: 비열한/비루한, Schüchternheit: 소심(함), Blödigkeit: 수줍음

finden

finden: 발견하다, treffen: 만나다, antreffen: 마주치다, betreffen: 관련되(하)다/마주치다, Zusammentreffen: 함께 만남

Folge

Folge: 잇따름/계기〔繼起〕/후속〔後續〕/결과/결론, folgen: 후속하다/뒤따르다/뒤잇다/잇따르다/결론으로 나오다, sukzessiv: 순차적/점차적/연이은, Sukzession: 연이음, Kontinuum: 연속체, Kontinuität: 연속성, kontinuierlich: 연속적, Fortsetzung: 계속

Form

Form: 형식, Formel: 정식〔定式〕, (Zahlformel: 수식〔數式〕), Figur: 형상〔形象〕/도형, Gestalt: 형태

Frage

Frage: 물음, Problem: 문제, Problematik: 문제성

Freude

Freude: 환희/유쾌/기쁨, freudig: 유쾌한/기쁜, Frohsein: 기쁨, froh: 기쁜, Fröhlichkeit: 환희/유쾌/명랑, fröhlich: 기쁜/유쾌한/쾌활한/명랑한, erfreulich: 즐거운

Furcht

Furcht: 두려움/공포, Furchtsamkeit: 겁약(성)/소심(함), Furcht-losigkeit: 대담(성), Schreck: 경악/놀람, Schrecken: 겁먹음/경악/전율, Erschrecken: 겁먹음/경악/놀람, Erschrockenheit: 깜짝 놀람/겁 많음, Grauen: 전율/공포, Grausen: 전율, Gauseln: 소름 돋음, Greuel: 공포/소름끼침, Entsetzen: 공황〔恐慌〕, Schauer: 경외감, Schauern: 오싹함/오한

Gang

Gang: 보행, Schritt: 행보/(발)걸음

gefallen

gefallen: 적의〔適意〕하다/마음에 들다, Gefälligkeit: 호의, Mißfallen: 부적의〔不適意〕/불만, mißfallen: 적의하지 않다/부적의〔不適意〕하다/마음에 들지 않다, Wohlgefallen(complacentia): 흡족(洽足)/적의함 (=Wohlgefälligkeit), ※Komplazenz: 흐뭇함

Gehorchen

Gehorchen: 순종, Gehorsam: 복종, Unterwerfung: 복속/굴종/정복, Ergebung: 순응

gehören

gehören: 속하다/의속〔依屬〕하다/요구되다, angehören: 소속되다, zukommen: 귀속되다

gemäß

gemäß: 맞춰서/(알)맞게/적합하게/의(거)해서/준거해서, nach: 따라서, vermittelst: 매개로/의해, vermöge: 덕분에/의해서

gemein

gemein: 보통의/평범한/공통의/공동의/상호적/일상의/비열한/비루한, gemeiniglich: 보통, gewöhnlich: 보통의/흔한/통상적으로, alltäglich: 일상적(으로), alltägig: 일상적/매일의

Gemeinschaft

Gemeinschaft: 상호성/공통성/공동체/공동생활/공유, gemeines Wesen: 공동체, Gesellschaft: 사회, Gemeinde: 기초단체/교구/회중〔會衆〕/교단

Gemüt

Gemüt(animus): 마음(心)/심성(心性), Gemütsart(indoles): 성품(性品)/성정(性情), Gemütsanlage: 마음의 소질/기질, (Temperament: 기질/성미), Gemütsfassung: 마음자세, Gemütsstimmung: 심정, Gesinnung: 마음씨, Herzensgesinnung: 진정한 마음씨, Herz: 심/진심/심정/심성/마음/가슴/심장, Seele(anima): 영혼(靈魂)/마음/심성, Geist(spiritus): 정신(精神)/정령/성령/영(靈), ※Sinnesänderung: 심성의 변화/회심〔回心〕, Herzensänderung: 개심〔改心〕

Genuß

Genuß: 향수〔享受〕/향유/향락, genießen: 즐기다/향유하다

Gerechtigkeit

Gerechtigkeit: 정의/정의로움, Rechtfertigung: 의〔로움〕/의롭게 됨〔의로워짐〕/정당화/변호, gerecht(iustium): 정의(正義)로운, ungerecht(iniustium): 부정의(不正義)한

Geschäft

Geschäft: 과업/일/실제 업무, Beschäftigung: 일/용무, Angelegenheit: 업무/소관사/관심사/사안, Aufgabe: 과제

Geschmack

Geschmack: 취미/미각/맛, Schmack: 맛/취미

Gesetz

Gesetz: 법칙/법/법률/율법, Regel: 규칙, regulativ: 규제적, Maxime: 준칙, Konstitution: 헌법/기본체제/기본구성, Grundgesetz: 기본법/근본법칙, Verfassung: (기본)체제/헌법, Grundsatz: 원칙, Satz: 명제,

Satzung: 종규〔宗規〕/율법, Statut: 법규, statutarisch: 법규적/규약적/제정법〔制定法〕적, Verordnung: 법령, ※Recht: 법/권리/정당/옳음

gesetzgebend

gesetzgebend: 법칙수립적/입법적, legislativ: 입법적

Gespräch

Gespräch: 대화, Unterredung: 담화, Konversation: 회화

Gewohnheit

Gewohnheit: 습관/관습/풍습, Gewohntwerden(consuetudo): 익숙/습관(習慣), Angewohnheit(assuetudo): 상습(常習)/습관(習慣), Fertigkeit: 습성/숙련, habitus: 習性, habituell: 습성적

Gleichgültigkeit

Gleichgültigkeit: 무관심/아무래도 좋음, Indifferenz: 무차별, ohne Interesse: (이해)관심 없이, Interesse: 이해관심/관심/이해관계, adiaphora: 無關無見

Glückseligkeit

Glückseligkeit: 행복, Glück: 행(복)/행운, Seligkeit: 정복〔淨福〕

Gottseligkeit

Gottseligkeit: 경건, Frömmigkeit: 독실(함)/경건함

Grenze

Grenze: 한계, Schranke: 경계/제한, Einschränkung: 제한(하기)

Grund

Grund: 기초/근거, Grundlage: 토대, Grundlegung: 정초〔定礎〕, Basis: 기반/토대, Anfangsgründe: 기초원리, zum Grunde legen: 기초/근거에 놓다〔두다〕, unterlegen: 근저에 놓다〔두다〕, Fundament: 토대/기저, ※Boden: 지반/토대/기반/지역/영토

gründen

gründen: 건설하다/(sich)기초하다, errichten: 건립하다/설치하다,

stiften: 설립하다/창설하다/세우다

gut

gut: 선한/좋은, das Gute: 선/좋음, bonum: 善/福, gutartig: 선량한, gütig: 온화한/관대한, gutmütig: 선량한/선의의

Habe

Habe: 소유물/재산, Habe und Gut: 소유재산, Haben: 소유〔가지다〕/(총)자산/대변, Inhabung(detentio): 소지(所持), ※Vermögen: 재산/재산력, vermögend: 재산력 있는/재산이 많은

Handlung

Handlung: 행위〔사람의 경우〕/작동〔사물의 경우〕/작용/행위작용/행사, Tat: 행실/행동/업적/실적/사실, Tatsache: 사실, factum: 行實/事實, Tun: 행함/행동/일/짓, Tun und Lassen: 행동거지, Tätigkeit: 활동, Akt/Aktus: 작용/행동/행위/활동/동작, Wirkung: 결과/작용결과/작용/효과, Verhalten: 처신/태도, Benehmen: 행동거지, Lebenswandel: 품행, Betragen: 거동/행동, Konduite: 범절, Anstand: 몸가짐/자세, ※Werk: 소행/작품/저작

Hilfe

Hilfe: 도움/원조, Beihilfe: 보조/도움, Beistand: 원조/보좌, Mitwirkung: 협력/협조, Vorschub: 후원, Beitritt: 가입/협조

Hochmut

Hochmut: 거만, Übermut: 오만

immer

immer: 언제나, jederzeit: 항상, immerdar: 줄곧, stets: 늘, auf immer: 영구히, ewig: 영원한〔히〕

Imperativ

Imperativ(imperativus): 명령(命令), Gebot: 지시명령/계명, gebieten: 지시명령하다, dictamen: 命法, Geheiß: 분부/지시, befehlen: 명

령하다, befehligen : 지휘하다, Observanz : 계율/준봉〔遵奉〕,
※Vorschrift : 지시규정/지정/규정〔規程〕/훈계

intellektuell

intellektuell : 지성적, Intellekt : 지성, Intellektualität : 지성성,
intelligibel : 예지적, intelligent : 지적인, Intelligenz : 지적 존재자/예지
자, Noumenon〔noumenon〕: 예지체〔叡智體〕, Verstandeswesen : 지성
존재자/오성존재자, Verstandeswelt(mundus intelligibilis) : 예지〔/오
성〕세계(叡智〔/悟性〕世界), Gedankenwesen : 사유물, Gedankending :
사유물

Irrtum

Irrtum : 착오, Täuschung : 착각/기만

Kanon

Kanon : 규준〔規準〕, Richtschnur : 먹줄/기준/표준, Richtmaß : 표준(척
도), Maß : 도량/척도, Maßstab : 자〔準矩〕/척도, Norm(norma) : 규범
〔規範〕

klar

klar : 명료한/명백한, deutlich : 분명한, dunkel : 애매한/불명료한/
흐릿한/어슴푸레, verworren : 모호한/혼란한, zweideutig : 다의적/
이의〔二義〕적/애매한/애매모호한, doppelsinnig : 이의〔二義〕적/애매
한/애매모호한, aequivocus : 曖昧한/多義的/二義的, evident : 명백
한/자명한, offenbar : 분명히/명백히, augenscheinlich : 자명한/명
백히, einleuchtend : 명료한, klärlich : 뚜렷이, apodiktisch : 명증적,
bestimmt : 규정된/명확한, hell : 명석한/충명한/맑은/밝은

Körper

Körper : 물체/신체, Leib : 몸/육체, Fleisch : 육〔肉〕/살

Kraft

Kraft : 힘/력/능력/실현력, Vermögen : 능력/가능력/재산, Fähigkeit :

(능)력/할 수 있음/유능(함)/성능/역량, Macht: 지배력/권력/권능/위력/세력/힘, Gewalt: 권력/강제력/통제력/지배력/지배권/통치력/폭력, Gewalttätigkeit: 폭력/폭행, Stärke: 강함/힘셈/장점, Befugnis: 권한/권능, potentia: 支配力/力量, potestas: 權力/能力

Krieg

Krieg: 전쟁, Kampf: 투쟁/전투/싸움, Streit: 항쟁/싸움/다툼/논쟁, Streitigkeit: 싸움거리/쟁론/분쟁, Zwist: 분쟁, Fehde: 반목, Befehdung: 반목/공격, Anfechtung: 시련/유혹/불복/공격, Mißhelligkeit: 불화/알력, Zwietracht: 불화

Kultur

Kultur: 배양/개발/문화/교화/개화, kultivieren: 배양하다/개발하다/교화하다/개화하다, gesittet: 개명된

Kunst

Kunst: 기예/예술/기술, künstlich: 기예적/예술적/기교적, kunstreich: 정교한, Technik: 기술, technisch: 기술적인, Technizism: 기교성/기교주의

lachen

lachen: 웃다, lächeln: 미소 짓다, belachen: 큰 소리로 웃다/홍소하다, belächeln: 홍소를 띠다, auslachen: 조소하다

Legalität

Legalität(legalitas): 합법성(合法性), Gesetzmäßigkeit: 합법칙성, gesetzmäßig: 합법칙적/합법적, Rechtmäßigkeit: 적법성/합당성/권리 있음, rechtmäßig: 적법한/합당한/권리 있는, Legitimität(legitimitas): 정당성(正當性)

Lohn

Lohn(merces): 보수(報酬)/임금(賃金)/노임(勞賃), Belohnung (praemium): 상(賞給), Vergeltung(remuneratio/repensio): 보답(報償/報

酬), brabeuta : 施賞(者)

mannigfaltig

mannigfaltig : 잡다한/다양한, Mannigfaltigkeit : 잡다성/다양성, Varietät : 다양성/다종성, Einfalt : 간단/긴결/소박함/단순, einfach : 단순한, einerlei : 한가지로/일양적

Materie

Materie : 질료, Stoff : 재료/소재

Mechanismus

Mechanismus : 기계성/기제〔機制〕/기계조직, Mechanik : 역학/기계학/기계조직, mechanisch : 역학적/기계적, Maschinenwesen : 기계체제

Mensch

Mensch : 인간/사람, man : 사람(들), Mann : 인사/남자/남편/어른

Menschenscheu

Menschenscheu : 인간기피, Misanthropie : 인간혐오, Anthropophobie : 대인공포증, Philanthrop : 박애(주의)자

Merkmal

Merkmal(nota) : 징표(徵標), Merkzeichen : 표징, Zeichen : 표시/기호, Kennzeichen : 표지〔標識〕, Symbol : 상징, Attribut : (본질)속성/상징속성

Moral

Moral : 도덕/도덕학, moralisch : 도덕적, Moralität : 도덕(성), Sitte : 습속/관습, Sitten : 윤리/예의/예절/습속, sittlich : 윤리적, Sittlichkeit : 윤리(성), Sittsamkeit(pudicitia) : 정숙(貞淑), gesittet : 예의 바른/개화된/교양 있는/품위 있는, Ethik : 윤리학, ethisch : 윤리(학)적, Anstand : 예절, Wohlanständigkeit : 예의범절/예절바름

Muster

Muster : 범형/범례/전형, musterhaft : 범형적/범례적/전형적, Typus :

범형, Typik: 범형론, exemplarisch: 본보기의/견본적, Probe: 견본/
맛보기, schulgerecht: 모범적, ※Beispiel: 예/실례/사례/본보기

Natur

Natur: 자연/본성/자연본성, Welt: 세계/세상, physisch: 자연적/물리적

nämlich

nämlich: 곧, das ist: 다시 말하면, d. i.: 다시 말해, secundum
quid: 卽

nehmen

nehmen: 취하다, annehmen: 상정하다/채택하다/받아들이다/납득
하다, aufnehmen: 채용하다

Neigung

Neigung: 경향성/경향, Zuneigung: 애착, Hang(propensio): 성벽
(性癖), Prädisposition(praedispositio): 성향(性向), Disposition: 성
향/기질, Tendenz: 경향/추세/동향, ※Sinnesart: 기질/성미, ※Den-
kungsart: 사유방식/성향

nennen

nennen: 부르다, heißen: 일컫다, benennen: 명명하다, bezeichnen:
이름 붙이다/표시하다

notwendig

notwendig: 필연적, notwendigerweise: 반드시, nötig: 필수적/필요
한, unausbleiblich: 불가불, unentbehrlich: 불가결한, unerläßlich: 필
요불가결한, unvermeidlich: 불가피하게, unumgänglich: 불가피하게

nun

nun: 이제/그런데/무릇, jetzt: 지금/이제

nur

nur: 오직/다만/오로지/단지, bloß: 순전히/한낱/한갓, allein: 오로지,
lediglich: 단지/단적으로

Objekt

    Objekt: 객관〔아주 드물게 객체〕, Gegenstand: 대상

Ordnung

    Ordnung: 순서/질서, Anordnung: 정돈/정치〔定置〕/배치/서열/질서 (규정)/조치/법령(체제), ※Verordnung: 법령/규정

Pathos

    Pathos: 정념, Pathologie: 병리학, pathologisch: 정념적/병리학적, Apathie(apatheia): 무정념(無情念), Leidenschaft: 열정/정열/욕정/정념/수난, passio: 熱情/情念/受難/受動, ※Affekt: 격정

Pflicht

    Pflicht(officium): 의무(義務), Verpflichtung: 의무〔를〕 짐/의무 지움/책임, Verbindlichkeit(obligatio): 책무(責務)/구속성/구속력, Obligation: 책무/임무, Obliegenheit: 임무, Verantwortung: 책임, ※Schuld: 채무/탓/책임, ※Schuldigkeit: 책임/채무

Position

    Position: 설정, Setzen: 정립

Prädikat

    Prädikat: 술어, Prädikament: 주〔主〕술어, Prädikabilie: 준술어

Problem

    Problem: 문제, Problematik: 문제성, problematisch: 미정〔未定〕적/문제(성) 있는/문제〔問題〕적, Frage: 물음/문제, Quästion: 질문, wahrscheinlich: 개연적, Wahrscheinlichkeit: 개연성/확률, probabel: 개연적〔蓋然的〕, Probabilität: 개연성/확률, Probabilismus: 개연론/개연주의

Qualität

    Qualität〔qualitas〕: 질〔質〕, Eigenschaft: 속성/특성, Beschaffenheit: 성질

Quantität

Quantität〔quantitas〕: 양〔量〕, Größe: 크기, Quantum〔quantum〕: 양적〔量的〕인 것, Menge: 분량/많음, Masse: 총량/다량

Ratschlag

Ratschlag: 충고, Ratgebung: 충언

Realität

Realität: 실재(성)/실질(성)/실질실재(성), Wirklichkeit: 현실(성), realisiern: 실재화하다, verwirklichen: 현실화하다/실현하다

Recht

Recht: 법/권리/정당함/옳음, recht(rectum): 올바른(正)/법적/정당한/옳은, unrecht(minus rectum): 그른(不正)/불법적/부당한, rechtlich: 법적인, ※rechtmäßig: 적법한/합당한/권리 있는,

rein

rein: 순수한, ※bloß: 순전한, einfach: 단순한, lauter: 순정〔純正〕한/숫제, echt: 진정한/진짜의

Rezeptivität

Rezeptivität: 수용성, Empfänglichkeit: 감수성/수취(가능)성/수취력/수용성/얻을 수 있음/받을 수 있음, Affektibilität: 감응성

schaffen

schaffen: 창조하다, erschaffen: 조물하다/창작하다, schöpfen: 창조하다, Schaffer: 창조자, Schöpfer: 창조주, Erschaffer: 조물주, Urheber: 창시자

Schein

Schein: 가상/모습/외관/그럴듯함, Aussehen: 외관/외양, Anstrich: 외모/외양

Schema

Schema: 도식〔圖式〕, Bild: 도상〔圖像〕/상〔像〕/형상〔形像〕/그림,

Figur : 도형〔圖形〕/모양/모습/형상〔形象〕, Gestalt : 형태

Schöne(das)

Schöne(das) : 미적인 것/아름다운 것, Schönheit : 미/아름다움,
※ästhetisch : 감성(학)적/미감적/미학적

Schuld

Schuld : 빚/채무/죄과/탓/책임, Schuldigkeit(debitum) : 책임〔責任〕/채
무〔債務〕, Unschuld : 무죄/순결무구, Verschuldung(demeritum) : 부
채〔負債〕/죄책〔罪責〕

Schüler

Schüler : 학생, Jünger : 제자, Lehrjünger : 문하생, Lehrling : 생도,
Zögling : 사생/생도

Sein

Sein : 존재/임〔함〕/있음, Dasein : 현존(재), Existenz : 실존(재)/생존,
Wesen : 존재자〔것/자〕/본질

Selbstliebe

Selbstliebe : 자기사랑, philautia : 自愛, Eigenliebe : 사애〔私愛〕

selbstsüchtig

selbstsüchtig : 이기적, eigennützig : 사리〔私利〕적, uneigennützig : 공
평무사한

sich

an sich : 자체(적으)로, an sich selbst : 그 자체(적으)로, für sich : 그
것 자체(적으)로/독자적으로

sinnlich

sinnlich : 감성적/감각적, Sinnlichkeit : 감성, Sinn : 감(각기)관/감각
기능/감각, sensibel : 감수적/감성적/감각적, sensibilitas : 감수성,
sensitiv : 감수적/감각적, Gefühl : 감정, Sensation : 선정〔煽情〕감각,
※Empfindung : 감각/느낌

Sitz

Sitz(sedes)：점거(占據)/점거지(占據地)/거점(據點)/자리/본거지/거처, Niederlassung：거주, Ansiedlung(incolatus)：정주(定住), Lagerstätte：거소/침소

Sklave

Sklave：노예, servus：奴隷, Leibeigene：농노/예속자, Leibeigenschaft：농노신분/노예신분(자)/예속(관계), Grunduntertan：농노, Gutsuntertan：농노, glebae adscriptus：田畓名簿者/農奴, Diener：하인/종/사환/노복, Dienerschaft：하인 신분(자)/예속자/예속(관계), Gesinde：종복/가복/하인, Domestik：노복/머슴, famulatus：隸屬者, famulatus domesticus：家內 奴僕/家僕, subiectus：家僕, subiectus domesticus：家僕, Hausgenosse：가인〔家人〕/가솔, Untertan：신민/신하/가속

sogenannt

sogenannt：이른바, vermeintlich：소위, angeblich：세칭〔世稱〕/자칭, vorgeblich：소위/사칭적

Spiel

Spiel：유희/놀이/흥/노름/작동, verspielen：노름에서 잃다

Spontaneität

Spontaneität：자발성, Selbsttätigkeit：자기활동성

Strafe

Strafe：형벌/처벌/징벌/벌, Strafwürdigkeit：형벌성〔형벌을 받을 만함〕, Strafbarkeit：가벌성〔형벌을 받을 수 있음〕 reatus：罪過/違反, culpa：過失/欠缺, dolus：犯罪, poena：罰/刑罰/處罰/補贖, punitio：處罰/懲罰

streng

streng：엄격한, strikt：엄밀한

Substanz

Substanz(substantia)：실체(實體), Subsistenz：자존〔自存〕성/자존체, bleiben：(불변)존속하다/머무르다, bleibend：(불변)존속적〔/하는〕, bestehen：상존하다, beständig：항존적/끊임없이, Dauer：지속, beharrlich：고정(불변)적, Beharrlichkeit：고정(불변)성

Sünde

Sünde：죄/죄악, ※peccatum：罪/罪惡, Sündenschuld：죄책, Sühne：속죄/보속/보상/처벌, Entsündigung：정죄〔淨罪〕, Genugtuung：속죄/보상/명예회복, Erlösung：구원/구제, Versöhnung：화해, Expiation：속죄/보상/죄 갚음, Büßung：참회/속죄/죗값을 치름, bereuen：회개하다/후회하다, Pönitenz：고행

Synthesis

Synthesis：종합, Vereinigung：합일/통합/통일/하나 됨, Einheit：통일(성)/단일(성)/하나

Tapferkeit

Tapferkeit(fortitudo)：용기(勇氣)/굳셈, Mut：의기/용기, mutig：의기로운/용맹한, brav：용감한/씩씩한, Herzhaftigkeit：담대함〔성〕, Unerschrockenheit：대담성〔함〕, ※Erschrockenheit：깜짝 놀람/겁 많음

transzendental

transzendental：초월적〔아주 드물게 초험적/초월론적〕, transzendent：초험적/초재적, immanent：내재적, überschwenglich：초절적/과도한, überfliegend：비월적〔飛越的〕, Transzendenz：초월

trennen

trennen：분리하다, abtrennen：분리시키다, absondern：떼어내다/격리하다/분류하다/분별하다, isolieren：격리하다/고립시키다

Trieb

Trieb：추동〔推動〕/충동/본능, Antrieb：충동, Instinkt：본능,

Triebfeder : (내적) 동기, Motiv : 동기

Trug

Trug : 속임(수)/기만, Betrug(fraus) : 기만(欺瞞)/사기, ※Täus-chung(illusio) : 착각(錯覺)/속임/기만/사기, Illusion : 착각/환각/환상, Blendwerk(praestigiae) : 환영(幻影)/현혹/기만, Augenver-blendnis(fasc-inatio) : 현혹(眩惑)/미혹, Vorspiegelung : 현혹/꾸며 댐, Hirngespinst : 환영(幻影), Erschleichung : 사취/슬쩍 손에 넣음/슬며시 끼어듦, Subreption : 절취, Defraudation(defraudatio) : 편취(騙取)

Tugend

Tugend : 덕/미덕, Laster : 패악/악덕, virtus : 德, vitium : 悖惡/缺陷/缺點, peccatum : 罪/罪惡, Verdienst(meritum) : 공적(功德), ※malum : 惡/害惡/禍

Übereinstimmung

Übereinstimmung : 합치, Einstimmung : 일치/찬동, Stimmung : 조율/정조(情調)/기분/분위기, Zusammenstimmung : 부합/합치/화합, Verstimmung : 부조화/엇나감, Übereinkommen : 일치, Angemessenheit : (알)맞음/적합/부합, Harmonie : 조화, Einhelligkeit : 일치/이구동성, Verträglichkeit : 화합/조화, Entsprechung : 상응/대응, Konformität : 합치/동일형식성, Kongruenz : 합동/합치, korrespondieren : 대응하다, adaequat : 일치하는/부합하는/대응하는/부응하는/충전한

Übergang

Übergang : 이행(移行), Überschritt : 이월/넘어감, Überschreiten : 넘어감/위반, ※Transzendenz : 초월

überhaupt

überhaupt : 일반적으로/도대체, überall : 어디서나/도무지, denn : 대관절/무릇

Überzeugung

Überzeugung: 확신, Überredung: 신조/설득/권유, Bekenntnis: 신조/고백

Unterschied

Unterschied: 차이/차별/구별, Unterscheidung: 구별, Verschiedenheit: 상이(성)/서로 다름, unterscheiden: 구별하다/판별하다

Ursprung

Ursprung: 근원/기원, Quelle: 원천, Ursache: 원인/이유, Kausaltät: 원인(성)/인과성, Grund: 기초/근거/이유

Urteil

Urteil: 판단/판결, Beurteilung: 판정/평가/비평/가치판단/판단, richten: 바로잡다/재판하다/심판하다

Veränderung

Veränderung: 변화, Abänderung: 변이〔變移〕/변경/수정/개혁, Änderung: 변경, Umänderung: 변혁, Wechsel: 바뀜/변전〔變轉〕/교체, Abwechselung: 교체, Wandeln: 변모/전변〔轉變〕, Umwandlung: 전환/변이, Verwandlung: 변환, Umwälzung: 변혁/전복, Reform: 개혁, Revolution: 혁명

Verbindung

Verbindung(conjunctio): 결합(結合)/관련/구속/결사(結社), Verknüpfung(nexus): 연결(連結)/결부, Anknüpfung: 결부/연결/유대, Knüpfung: 결부/매듭짓기

Verbrechen

Verbrechen: 범죄, Übertretung: 위반/범법, Vergehen: 범행/위반/소멸, Verletzung: 침해/훼손/위반

verderben

verderben: 부패하다/타락하다/썩다, Verderbnis: 부패, Verderbheit

(corruptio)：부패성(腐敗性)

Verein

Verein：연합, Verbund：연맹, Koalition：연립

Vereinigung

Vereinigung：통합〔체〕/통일〔체〕/합일/조화/규합, Vereinbarung：합의/협정/합일/화합, Vereinbarkeit：합의가능성/화합가능성

Vergnügen

Vergnügen：즐거움/쾌락/기뻐함, Unterhaltung：즐거움/오락, Kurzweil：재미있음/즐거움, Wo〔h〕llust：희열/환락/쾌락/음탕, Komplazenz：흐뭇함, Ergötzlichkeit：오락/열락/흥겨움/기쁨을 누림, ergötzen：기쁨을 누리다/흥겨워하다/즐거워하다, ergötzend：흥겨운/즐겁게 하는

Verhältnis

Verhältnis：관계, Beziehung：관계(맺음), Relation：관계

Verstand

Verstand：지성〔아주 드물게 오성〕, verständig：지성적/오성적, Unverstand：비지성/무지/어리석음, ※intellektuell：지성적, intelligibel：예지〔叡智〕적, Intellektualität：지성성

vollkommen

vollkommen：완전한, vollständig：완벽한, völlig：온전히, vollendet：완결된/완성된, ganz/gänzlich：전적으로

Vorschrift

Vorschrift：지시규정/지정/규정〔規程〕/규율/훈계, vorschreiben：지시규정하다/지정하다

Wahl

Wahl：선택/선거, wählen：선택하다, Auswahl：선정/선발, auswählen：선정하다/선발하다

wahr

wahr: 참인(된)/진리의, Wahrheit: 진리/참임, wahrhaftig: 진실한, Wahrhaftigkeit: 진실성

weil

weil: 왜냐하면(~ 때문이다), denn: 왜냐하면(~ 때문이다)/무릇(~ 말이다), da: ~이므로/~이기 때문에

Wette

Wette: 내기/시합, Wetteifer: 겨루기/경쟁(심), Wettstreit: 경합, Nebenbuhlerei: 경쟁심

Widerspruch

Widerspruch: 모순, Widerstreit: 상충, Widerspiel: 대항(자), Widerstand: 저항

wild

wild: 미개한/야만적, barbarisch: 야만적

Wille

Wille: 의지, Wollen: 의욕(함), Willkür(arbitrium): 의사(意思)/자의 (恣意), willkürlich: 자의적인/의사에 따른/의사대로, unwillkürlich: 본의 아닌/의사 없이/비자의적인, Willensmeinung: 의향, beliebig: 임의적, Unwille: 억지/본의 아님, unwillig: 억지로/마지못해, Widerwille: 꺼림, freiwillig: 자유의지로/자원해서/자의(自意)적인/ 자발적

Wirkung

Wirkung: 작용결과/결과, Folge: 결과, Erfolg: 성과, Ausgang: 결말

Wissen

Wissen: 앎/지(知)/지식, Wissenschaft: 학문/학(學)/지식, Erkennt-nis: 인식, Kenntnis: 지식/인지/앎

Wohl

Wohl：복/복리/안녕/편안/평안/건전, Wohlsein：복됨/평안함/안녕함/건강/잘함, Wohlleben：유족〔裕足〕한 삶/풍족한 생활, Wohlbefinden：안녕/평안/유쾌, Wohlbehagen：유쾌(함), Wohlergehen：번영/편안/평안, Wohlfahrt：복지, Wohlstand：유복, Wohlwollen：호의/친절, Wohltun：친절(함)/선행, Wohltat：선행/자선/은혜, Wohltätigkeit：자선/선행/자비/자애/선량함/인자, benignitas：仁慈/慈愛, Wohlverhalten：훌륭한〔방정한〕처신

Wunder

Wunder：놀라움/기적, Bewunderung：경탄, Verwunderung：감탄, Erstauen：경이, Ehrfurcht：외경, Schauer：경외

Würde

Würde：존엄(성)/품위, Würdigkeit：품격〔자격〕/품위, würdig：품격 있는, Majestät：위엄, Ansehen：위신/위엄, Qualifikation：자격, qualifiziert：자격 있는/본격적인

zart

zart：섬세한, zärtlich：부드러운/민감한

Zufriedenheit

Zufriedenheit(acquiescentia)：만족(平靜), unzufrieden：불만족한〔스러운〕, Befriedigung：충족, ※Wohlgefallen(complacentia)：흡족(洽足), ※Erfüllung：충만/충족/이행〔履行〕

Zusammenfassung

Zusammenfassung(comprehensio)：총괄(總括)/요약/개괄, Zusammennehmung：통괄/총괄, Zusammensetzung(compositio)：합성(合成)/구성(構成), Zusammengesetztes(compositum)：합성된 것/합성체(合成體)/복합체(複合體), Zusammenhang：연관(성)/맥락, Zusammenhalt：결부/결속/응집, Zusammenkommen：모임,

Zusammenstellung : 모음/편성, Zusammenfügung : 접합

Zwang

Zwang : 강제, Nötigung : 강요

Zweck

Endzweck : 궁극목적, letzter Zweck : 최종 목적, Ziel : 목표, Ende : 종점/끝

영원한 평화

목차

Zum

ewigen Frieden.

Ein philosophischer Entwurf

von

Immanuel Kant.

Königsberg,
bey Friedrich Nicolovius.
1795.

영원한 평화를
위하여

한 철학적 기획

임마누엘 칸트

쾨니히스베르크
프리드리히 니콜로비우스
1795

Zum
ewigen Frieden.

Ein philosophischer Entwurf

von

Immanuel Kant.

Neue vermehrte Auflage.

Königsberg,
bey Friedrich Nicolovius.
1796.

영원한 평화를
위하여

한 철학적 기획

임마누엘 칸트

증보 신판

쾨니히스베르크

프리드리히 니콜로비우스

1796

영원한 평화를 위하여

한 교회 묘지가 그려져 있었던 저 네덜란드 여관의 간판 위의 풍자적 상호[1]가 과연 **인간** 일반에게 타당한지, 아니면 특히 전쟁에 결코 싫증날 줄 모르는 국가원수들에게 타당한지, 아니 어쩌면 단지 저러한 달콤한 꿈을 꾸는 철학자들에게만 타당한지 어떤지는 미정으로 남겨두려 한다. 다만 이 기획의 입안자는 다음과 같은 조건을 붙인다. 실천적 정치가는 대단한 자부심을 가지고서, 이론적 정치가를 그의 내실 없는 관념들을 가지고서는, 경험적 원칙들에 기초하지 않을 수 없는 국가에 아무런 위험도 끼치지 않을 백면서

---

1) 곧 "영원한 평화(pax perpetua)". 이 간판에 얽힌 이야기의 연원은 오래된 『국제법 모음집(*Codex Iuris gentium Diplomaticus*)』(Hanover 1693)에 대한 Leibniz의 서문(Praefactio, III)에서 볼 수 있다. 그 이야기에 따르면 Leibniz는 어떤 교회 묘지의 문에 "영원한 평화(pax perpetua)"라고 쓰여 있는 것을 본 적이 있다고 한다.

생이라고 경멸하는 바이고, 그래서 사람들은 언제나 저 이론적 정
치가로 하여금 자기의 열한 개의 핀[2]을 한 번에 쓰러뜨리게[3] 내버

AB4 려 둘 수 있으니, **세상사에 밝은** 정치인은 그에 괘념할 필요가 없
고, 그렇다면 저 이론적 정치가와 다툼이 있는 경우에도 일관되게
처신하여, 저 자가 행운에 맡기고 감히 공적으로 표출한 의견들의
배후에서 그것이 국가에 위험이 되지나 않을까 하는 어떤 낌새를
찾아내려 해서는 안 된다는 조건 말이다. ─ 이러한 **留保約款/但
書**[4]에 의해서 이 기획의 입안자는 이로써 모든 악의적인 해석에 대
해서 최선의 형식으로 분명하게 보호받고자 하는 바이다.

---

2) 원어: Kegel(원추 기둥). 여기서는 볼링의 핀. 칸트 당대에도 루터가 창안한
   9핀 볼링(九柱戲)이 성행했는데, 칸트 문헌에는 11핀 볼링 또는 10핀 볼링에
   관한 언급이 있다.
3) "불가능한 것을 행한다"(AA XXIII, 155)라는 뜻의 비유.
4) 원어: clausula salvatoria. 이런 유의 단서는 Hugo Grotius, *De iure belli ac
   pacis*(Paris 1625), 머리말에서도 볼 수 있다.

제1절
국가들 사이의 영원한 평화를 위한
예비 조항들

"1. 장래의 전쟁 소재를 암암리에 유보한 채로 체결한 어떠한 조약도 평화조약으로 간주되어서는 안 된다."

왜냐하면 그럴 경우에는 그런 조약은 실로 한갓된 휴전상태, 즉 적대 행위의 유예이지, 모든 적대 행위의 종식을 뜻하는 **평화**는 아닐 것이며, 이것에다 '**영원한**'이라는 수식어를 붙이는 것도 이미 의심스러운 동의어 중복이기 때문이다. 장래의 전쟁들의 현전하는 원인들이 평화조약에 의해 모두 다 폐기되어 있고, 비록 지금은 어쩌면 조약 체결 당사자들 자신에게도 알려져 있지 않다 할지라도, 그런 원인들은 기록보관소의 문서들에서 아주 예리한 숙련된 탐색 에 의해서는 찾아내질 수도 있는 것이다. — 양편이 전쟁을 계속하 기에는 너무 지쳐 있어서, 이 목적으로 최초의 유리한 기회를 이용하려는 악의에도 불구하고, 지금으로서는 그 어느 편도 언급하지 않을 수도 있는, 비로소 장래에 생각해낼 묵은 권리요구의 유보(心中 留保)는 예수회의 사례론(결의론)[5]에 속하는 것으로, 사안을 있는 그 자체로 평가한다면, 이런 것은 통치자의 품위를 손상시키는 일이고, 그와 같은 연역에 고분고분 따르는 것은 또한 그 각료의 품위를 손상시키는 일이기도 하다. ―

그러나 만약에 국가 정략이라는 계몽적 개념에 따라 국가의 참된 명예가 어떤 수단에 의해서든지 간에 세력을 지속적으로 확대함에 두어진다면, 두말할 것도 없이 저러한 판단은 교과서적이고 고루해 보일 것이다.

AB7 "2. 어떠한 독립국가도 (작든 크든 상관없이) 어떤 다른 국가에 의해 상속, 교환, 매매 또는 증여를 통해 취득될 수 있어서는 안 된다."

---

5) 원어: Kasuistik. 칸트는 『덕이론』에서 '사례론'은 하나의 학문이나 이론이 아니라, "하나의 준칙이 특수한 경우〔사례〕들에서 어떻게 적용되어야 하는가"(*MS, TL*, A56=VI411), 즉 "진리가 어떻게 찾아져야만 하는가 하는 훈련"(*TL*, A56=VI411)이라고 규정하고 있다. 그런 맥락에서는 "보편적 원리를 개별적 사례에 적용시키는 방법론"이라는 의미로, 이 낱말이 유래한 본딧말(즉 casus: 事例, 境遇)을 고려하면 '사례론〔경우론〕'이라 옮기는 것이 적합하겠다. 그러나 이 『영원한 평화』에서는 예수회에서 한때 성행했던 "도덕행위의 선악의 문제를 사회적 관행의 관점에서 결정하는 논법" 내지는 "설령 반대되는 더 개연적인 의견이 있다고 할지라도, 하나의 개연적인 의견을 좇는 것은 정당하다"는 개연주의와 결합됨으로써, "일종의 양심의 변증학"(*RGV*, B288=VI186)이 된 논법이라는 비판적인 뜻으로 쓰이고 있기 때문에 신학계에서처럼 '결의론(決疑論)'으로 옮기는 편이 더 좋을 것 같기도 하다.(아래 A101=B108=VIII385 참조)

곧 국가란 (국가가 그 위에 자리 잡고 있는, 가령 토지처럼) 소유물 (世襲財産)이 아니다. 국가는 국가 자신 외에는 그에 대해 누구도 지시 명령하거나 처분해서는 안 되는 하나의 인간 사회이다. 그런데 그 자신이 줄기로서 자기 고유의 뿌리를 가지고 있는 국가를 접붙이기처럼 다른 국가에 합병하는 것은 하나의 도덕적 인격으로서의 국가의 실존을 폐기하는 것이고, 그 인격을 물건으로 만드는 것인바, 그러므로 이것은, 그런 이념 없이는 한 국민[민족]에 관한 어떠한 권리도 생각될 수 없는※, 근원적 계약[6]의 이념에 모순된

※ 세습왕국이란 어떤 다른 국가에 의해 상속될 수 있는 국가가 아니라, 그 국가를 통치할 권리가 다른 자연인에게 상속될 수 있는 국가이다. 그렇다면 국가가 한 통치자를 취득하는 것이지, 이 통치자가 통치자 (다시 말해 이미 하나의 다른 왕국을 점유하고 있는 자)로서 그 국가를 취득하는 것이 아니다.

---

6) 원어: der ursprüngliche Vertrag. 칸트는 이를 『법이론』에서는 "der ursprüngliche Contract(=Kontrakt)"(*MS*, *RL*, B199=VI315)라고 표현하는데, 그것은 "국민 자신이 하나의 국가를 구성하는 행위"로서, "단지 그에 따라서만 국가의 정당성이 생각될 수 있는 국가의 이념"이다. 칸트에서 "근원적 계약 (contractus originarius)"은 "사회계약(pactum sociale)"으로서 한낱 사실로부터 추론될 수 있는 것이 아니라, 선험적으로 필연적인 것이다: "무릇 그 위에서만이 인간들 사이에 시민적 체제, 그러니까 전반적으로 법적인 체제가 확립되고 하나의 공동체가 건립될 수 있는 근원적 계약이 있다. — 그러나 (根源的 契約 내지 社會契約이라고 불리는) 이 계약은, (순전히 법적인 입법을 위해) 한 국민 중에서 각자의 특수한 사적 의지가 공동의 그리고 공적인 의지로 연립하는 것으로서, 결코 하나의 사실/행실로서 전제될 필요가 없다. (정말이지 그러한 것으로서는 전혀 가능하지가 않다.) [……] 오히려 그것은 이성의 하

다. 그러나 이러한 취득 방식의 잘못된 생각이 우리 시대에 최근까지도 유럽을 — 무릇 다른 대륙들은 이에 대해 전혀 알지 못했거니와 — 어떤 위험에 빠뜨렸는지는 누구나 아는 바이다. 곧 한편으로는 힘의 소모 없이 가족동맹을 통해 자신을 강대하게 만드는 새로운 산업 방식으로서, 또 한편으로는 그러한 방식으로 영토 소유를 확장하기 위해서, 국가들도 서로 결혼할 수 있다는 잘못된 생각 말이다. — 또한 어떤 국가의 군대를 공동의 적이 아닌 적에 대항하여 다른 국가에 대여하는 것도 이런 일로 간주되어야 한다. 왜냐하면 그때 신민들은 임의로 취급될 수 있는 물건으로 사용되고 소비되기 때문이다.

VIII345   "3. 상비군(常備軍)은 점차 완전히 폐지되어야 한다."

왜냐하면 상비군은 언제나 전쟁을 위해 무장되어 있는 준비상

나의 순전한 이념이다. 그러나 이 이념은 의심할 여지없는 (실천적) 실재성을 갖는 것이다."(TP: VIII, 297) ; "시민적 결합은 어떻게 생기는가? 사람들이 그 것을 事實로부터 시작할 수는 없다. 모든 시민적 결합의 기초에는 근원적 계 약이 놓여 있으니, 그 근원적 계약은 필연적으로 이성에 놓여 있는 하나의 이 념이다. 시민적 사회에서 모든 법칙(법률)들은 만인의 동의에 의해 주어진 것 으로 생각하지 않을 수 없다. 根源的 契約은 만인의 일치라는 하나의 이념이 다."(V-NR/Feyerabend: XXVII, 1382)

태를 보임으로써 다른 국가들을 끊임없이 전쟁으로 위협하기 때문이다. 상비군은 한계를 모르는 군비의 양에서 서로를 능가하도록 국가들을 자극하고, 이에 지출되는 비용으로 인해 평화가 마침내는 단기간의 전쟁보다도 더 부담스러운 것이 되기 때문에, 상비군 자체가 이 짐을 벗어나기 위한 침략 전쟁의 원인이 된다. 이에 더하여, 죽이고 죽임을 당하기 위해서 고용되어 있다는 것은 인간을 타자(즉 국가)의 수중에 있는 한갓된 기계와 도구로서 사용함을 함유하는 것으로 보이며, 이러한 사용은 전혀 우리 자신의 인격 안에 있는 인간성〔인간임〕의 권리와 합일될 수 없다.[7] 국가시민들 AB9
이 자신과 조국을 외부의 침략으로부터 안전하게 하기 위하여, 자의적으로 정기적으로 행하는 무장 훈련은 사정이 전혀 다른 것이다. ― 재화의 축적도 똑같은 결과를 초래할 것이니, 재화는 다른 국가들에게 전쟁의 위협으로 간주되어 선제공격을 강요하게 할 것이다. (왜냐하면 세 가지 힘, 즉 **군사력, 동맹력, 금력** 중에서 마지막 것이 대개 가장 신뢰받는 전쟁도구가 될 수 있겠기 때문이다. 만약 그것의 크기를 알아내는 어려움만 없다면 말이다.)

---

7) 당초 A판에는 이 자리에 AB32에 있는 것과 의미가 똑같은 칸트 원주〔※〕가 있었으나, B판에서 삭제.

"4. 대외적인 국가분규와 관련하여 어떠한 국가부채도 져서는 안 된다."

A10　　나라 경제(도로 개선, 새로운 주거 마련, 우려되는 흉년을 대비한 창고 매입 등등)를 위하여 국내외에서 원조를 구하는, 이러한 방책은

B10　미심쩍지 않다. 그러나 열강들 상호 간의 경쟁의 기구로서, 엄청나게 증가해가면서도, 언제나 현재의 청구에 대해서는 (모든 채권자에 의해 한꺼번에 일어나지는 않을 것이기 때문에) 안전한 신용 제도는 ─ 금세기 한 상업 추구적인 국민[8]의 절묘한 고안물인바 ─ 위험한 금력이니, 그것은 곧 전쟁을 수행할 재화이다. 이 재화는 모든 다른 국가들의 재물들을 합한 것을 능가하는 것으로, 언젠가 닥칠 세수 부족에 의해서만 고갈될 수 있는 것이다. (그 세수 부족도 통상을 활성화함으로써 산업과 기업에 미치는 소급효과에 의해 오래도록 지연된다.) 그러므로 전쟁수행의 이러한 용이함은, 인간의 자연본성상의 기질인 것처럼 보이는 권력자들의 호전적 경향성과 결합되어, 영원한 평화의 큰 장애이거니와, 이러한 장애[9]를 금지하는 것은

A11 VIII346　더욱이나 영원한 평화의 예비 조항이 되지 않을 수 없다. 왜냐하면 좋내는 불가피한 국가파산이 무고한 많은 다른 국가들을 함께 피해에 얽혀들게 할 것이고, 이런 일은 이들 국가에 대한 공공연한

────────────

8) 아마도 영국민.
9) 곧 신용 제도.

침해일 터이기 때문이다. 그러니까 적어도 〔피해를 입은〕여타 국 가들은 그러한 국가와 그러한 국가의 월권들에 대항하여 동맹할 B11 권리를 갖는다.

"5. 어떠한 국가도 다른 국가의 〔헌정〕체제와 통치〔정 부〕에 폭력으로 간섭해서는 안 된다."

대체 무엇이 그 국가에 그러한 권리를 줄 수 있는가? 가령 그 국가가 다른 국가의 신민들에게 미칠 소요[10]가 그런 것인가?[11] 그 것을 오히려 이 국가는 한 국민이 자기의 무법성으로 인해 초래한 큰 해악의 사례를 통해 경고로 쓸 수 있다. 그리고 도대체가 한 자 유로운 인격이 다른 인격에 주는 악한 사례는 (反面教師[12]로서) 그 인격에 대한 훼손이 아니다. ─ 물론 한 국가가 내부의 불화로 인 하여 각각이 독립적으로 하나의 특수한 국가를 표명하는 두 편으 로 갈라져, 각기 한편이 전체에 대한 권리주장을 하는 때는 사정 이 그렇지 않겠다. 이런 경우 그중 한 국가를 원조하는 것은 외국 A12

---

10) 원어: Skandal.
11) 아마도 1795년 삼국 분할의 빌미가 된 폴란드의 소요 사태를 염두에 둔 말인 것 같다.
12) 원어: scandalum acceptum.

에게 타국의 〔헌정〕체제에 간섭하는 것으로 간주될 수 없겠다. (왜 냐하면 그때는 무정부상태이니 말이다.) 그러나 이러한 내부의 싸움이 아직 결판이 나지 않은 한에서는, 외부 세력〔열강〕의 이러한 간섭 은 자기 내부의 병폐와 고투를 하고 있는, 다른 어떤 국민에게도 의존해 있지 않은, 한 국민의 권리에 대한 침해이며, 그러므로 그 자체가 행한 자의 소요〔추문〕일 것이며, 모든 국가의 자율성을 불 안전하게 만드는 일이겠다.

"6. 어떠한 국가도 다른 국가와의 전쟁 중에 장래의 평화 시에 상호 신뢰를 불가능하게 만들 것이 틀림없는 그러한 적대 행위들, 예컨대 **암살자**(暗殺者)나 **독살자**(毒殺者)의 고 용, **항복 협정의 파기**, 적국에서의 **반역**(叛逆) **선동** 등을 자 행해서는 안 된다."

이런 것은 파렴치한 전략들이다. 무릇 적의 사유방식〔성향〕에 대한 어떤 종류의 신뢰가 전쟁 중에서도 남아 있지 않으면 안 된 다. 그렇지 않으면 어떠한 평화도 체결될 수가 없을 터이고, 그 적 대 행위는 섬멸전쟁(殲滅戰爭)으로 결말날 것이기 때문이다. 전쟁 은 역시 (법적으로 효력 있게 판결할 수 있는 법정이 없는) 자연상태에 서 자기의 권리를 폭력을 통하여 주장하는 단지 비참한 비상수단 일 따름이다. 이런 경우에는 양편 중 어느 편도 부당한〔불법적〕 적으로 선언될 수 없고 — 왜냐하면 이런 일은 이미 하나의 재판관의 판결을 전제하는 것이니까 — , 전쟁의 **결말**이 (마치 이른바 신의 법정〔판결〕에서 인양) 어느 쪽에 정당성이〔권리가〕 있는가를 결정한다. 그러나 국가들 사이에는 어떠한 징벌 전쟁(懲罰戰爭)도 생각될 수 없다. (왜냐하면 국가들 사이에는 상위자와 예속자의 관계가 있지 않기 때문이다.)[13] — 이제 이로부터 나오는 결론인즉 양편이 동시에 말살되고, 이와 함께 또한 모든 권리/법/옳음이 말살될 수 있는 섬멸 전쟁은 영원한 평화를 단지 인류의 거대한 묘지에나 있도록 할 터라는 것이다. 그러므로 그러한 전쟁, 그러니까 또한 그를 유발하는 수단의 사용은 절대로 허용되어서 안 된다. — 그러나 언급된 수단들이 불가피하게 그를 유발한다는 사실은 다음과 같은 점에서 볼 때 분명하다. 즉 저러한 지옥에나 있을 기술들은 그 자체로 비열한 것이어서, 일단 사용되게 되면, 전쟁하는 동안에만 쓰이는 것이 아니다. 오직 **타인들**의 파렴치 — 이것은 결코 근절될 수 없는 것이거니와 — 만이 이용되는, 가령 (偵探을 爲한) 간첩의 사용은, 〔전쟁 동안뿐만이 아니라〕 평화상태 중에까지도 지속되고, 그 리하여 평화상태의 의도를 전적으로 파기해버릴 터이다.

* * *

---

13) 칸트 『법이론』, §57 참조.

비록 열거된 법칙들이 객관적으로는, 다시 말해 집권자들이 지향하는 바에 있어, 순정하게 **금지법칙들**(禁止法則들)이기는 하지만, 그중 (1, 5, 6번 조항과 같은) 몇몇은 상황에 상관없이 타당한, **즉시** 철폐를 요구하는 **엄격한** 것들이며, 다른 (2, 3, 4번 조항과 같은) 것들은 법규칙의 예외로서는 아니지만, 그럼에도 그것들의 **시행**에 관련해서는 상황에 따라, **주관적으로** 권능에 맞게 확장해가는 것(넓은〔느슨한〕法則들)으로서, 완수를 **유예할** 허용들을 함유한다. 예

A15 컨대 어떤 국가들에서 2번 조항에 따라 빼앗은 자유의 **회복**의 유예를 (**아우구스투스**가 약속하고는 했던 것처럼, 希臘의 朔日까지[14]) 무한정 하는 것, 그러니까 회복시키지 않는 것이 아니라, 오직 회복을 너무 서두름으로써 의도 자체에 반하는 일이 일어나지 않도록 하기 위해서 지연을 허용하는 그 목적을 놓치지 않는 한에서 말이다.

B15 왜냐하면 이 금지 조항은 여기서 더 이상은 통용되어〔유효해〕서는 안 되는 **취득방식**에 관한 것일 뿐이지, 비록 요구되는 권원을 가진 것은 아니라 하더라도 (추정적 취득의) 시기에 당시의 공적인 의견에 따라, 모든 국가들에 의해 합법적인 것으로 간주되었던 **점유상태**에 관한 것이 아니니 말이다.*

---

14) 원어: ad calendas graecas. 고대 그리스의 달력에는 '초하루(Calendae)'가 없었기 때문에, '그리스의 초하루까지 연기한다'라는 말은, '무기한 연기한다', 다시 말해 '하지 않는다' 내지 '할 가능성이 전혀 없다'는 것을 뜻하는 관용구로 쓰였음.

※ 과연 지시명령(指示法則들)과 금지(禁止法則들) 외에도 순수 이성의 **허용법칙들**(許容法則들)이 있을 수 있는지가 이제까지 근거 없이 의심받은 것이 아니다. 왜냐하면 법칙들 일반은 객관적인 실천적 필연성의 근거를 함유하는 것인데, 허용은 모종의 행위들의 실천적 우연성의 근거를 함유하는 것이기 때문이다. 그러니까 **허용법칙**은 어느 누구도 강요될 수 없는 것을 행위하도록 하는 강요를 함유하거니와, 이런 것은, 만약 법칙의 객관이 두 가지 관계에서 한 가지의 의미를 갖는다면, 모순일 것이니 말이다. ─ 그런데 이 허용법칙에서 전제된 금지는 단지 (예컨대 상속에 의한) 어떤 권리의 장래의 취득방식에만 상관하고, 반면에 이 금지로부터 해방, 다시 말해 허용은 현재의 점유상태에 상관하는바, 이러한 점유상태는 자연상태로부터 시민적 상태로 이행해가는 과정에서, 자연법의 허용법칙에 따라, 비록 부당하기는 하지만, 그럼에도 **진실한(선의의) 점유**(推定的 占有)[15]로서 더 지속될 수도 있다. 비록 추정적 점유라는 것은, 그러한 것으로 인식되자마자, 자연상태에서 금지되어 있고, 마찬가지로 유사한 취득방식이 나중의 (이행이 일어난 이후의) 시민적 상태에서도 금지되어 있음에도 불구하고 말이다. 만약 그러한 잘못 생각된 취득이 시민적 상태에서 일어났다면, 지속적인 점유의 권한은 생기지 않았을 터이다. 왜냐하면 그러한 점유는 침해로서, 그 부당성이 노정된 즉시 중지되지 않으면 안 되는 것이기 때문이다.

A16

B16

이로써 나는 단지 부수적으로 자연법 학자들로 하여금 체계적으로─구분하는 이성에게 저절로 모습을 드러내는 許容法則의 개념에 주목하게 하고자 했다. 특히 민법(제정법)에서는 이것이 빈번히 사용되거니와, 차이란 단지, 금지법칙은 그 자체로 독자적으로 존립하는 데 반해, 허용은 (그러해야 한다는) 제한하는 조건으로서 저 법칙에 포함되는 것이 아니라, 예외로 들어간다는 점일 뿐이니 말이다. ─ 다시 말하자면 이렇다: 이것 또는 저것은 금지된다. 단, **1, 2, 3번 항목**은 제외하고. 그런데 이런 예외는 끝이 없다. 왜냐하면 허용된 것들은 단지 우연인 것으로, 그것들은 어떤 원리에 따라서가 아니라, 나타난 경우들 중에

A17

15) 칸트 『법이론』, AB147=VI301 참조.

B17

서 어쩌다 발견되어 법칙에 추가된 것이기 때문이다. 왜냐하면 그렇지 않았더라면 그 조건들은 **금지법칙의 정식**〔定式〕 **안에** 함께 넣어졌을 것이 틀림없고, 그렇게 되었다면 금지법칙이 동시에 허용법칙이 되었을 것이니 말이다. — 그래서 지혜롭고도 명민한 **빈디쉬그래츠**[16] 백작이 제시한 의미심장한, 그러나 해결되지 않은 채 남아 있는 현상〔懸賞〕 과제가, 바로 이 문제를 파고들었던 것인데도, 그토록 빨리 폐기된 것은 유감스럽지 않을 수 없다. 무릇 그러한 (수학의 정식과 같은) 정식의 가능성은 일관성을 유지하는 법칙수립의 유일하고도 진정한 시금석으로서, 이런 것이 없으면 이른바 確定法은 언제나 선의의 소망에 머무를 것이기 때문이다. — 그렇지 않으면 사람들은 한낱 (**대체로**[17] 타당한) **일반**[18] 법칙을 가질 뿐, 법이라는 개념이 요구하는 것으로 보이는, (**보편적으로**[19] 타당한) 보편[20] 법칙은 갖지 못할 것이다.

16) Josef Nikolaus Graf von Windisch-Graetz(1744~1802). 정치가이자 철학자였던 백작은 1785년에 상금(500~1,000 Dukaten)을 내놓고 현상 논문을 공모했는데, 그 논제가 "장래에 재산 변동에 관한 법적 다툼이 발생하는 것이 불가능한, 이중 해석의 여지가 없는 계약의 정식〔定式〕은 어떻게 입안될 수 있는가?"였다.

17) 원어: im allgemeinen.

18) 원어: general.

19) 원어: allgemein.

20) 원어: universal.

제2절
국가들 사이의 영원한 평화를 위한
확정 조항들

서로 곁에서 생활하는 사람들 사이의 평화상태는 자연상태(自然狀態)가 아니다. 자연상태는 오히려 전쟁상태이다. 다시 말해, 설령 언제나 적대 행위들이 발발해 있는 것은 아닐지라도, 적대 행위들로 인한 지속적인 위협이 있는 것이다. 그러므로 평화상태는 **이룩〔설립〕되어**야만 하는 것이다. 왜냐하면 그런 위협의 중단이 아직 평화상태의 보증은 아니며, 그러한 보증이 한 이웃에게 다른 이웃으로부터 이루어지지 않고서는 ─ 그런데 이런 일은 오직 **법률적** 상태에서만 일어날 수 있다 ─, 전자는 그가 이를 하도록 촉구한 후자를 적으로 취급할 수 있기 때문이다.※

※ 사람들이 보통 받아들이는바, 누가 나를 이미 실제로 **침해**했을 때를 제외하고는 사람은 누구도 적대적으로 대해서는 안 된다. 그리고 이는 쌍방이 **시민적─법률적** 상태에 있을 때는 전적으로 옳다. 왜냐하면 일

방이 그러한 상태에 들어서 있음으로 해서 그는 타방에게 (쌍방에 대해 지배력을 가지고 있는 당국을 매개로) 필요한 보증을 제공하고 있기 때문이다. ― 그러나 순전한 자연상태에서의 인간은 (또는 민족은) 이미 바로 이러한 상태에 의해, 그가 내 곁에 있음으로써, 설령 실제로 (事實로)는 아닐지라도, 그로 인해 내가 끊임없이 그에게 위협받는, 그의 상태의 무법칙성(不法 狀態)에 의해, 나에게서 저러한 보증을 빼앗고, 나를 침해하고 있다. 그래서 나는 그에게, 나와 함께 사회적-법률적 상태에 들어가거나, 나와의 이웃 관계에서 떠날 것을 강요할 수 있다. ― 그러므로 아래의 모든 조항의 기초에 놓여 있는 요청인즉 "서로 교호적으로 영향을 미칠 수 있는 모든 인간은 어떤 시민적 체제에 속해야만 한다"는 것이다.

그런데 모든 법적 체제는, 그 안에 있는 인격들과 관련해볼 때,

1) 한 민족 안에서 인간들의 **국가시민법**에 의한 체제(國家法),

2) 상호 관계에 있는 국가들의 **국제법**에 의한 체제(國際法),

3) 인간과 국가들이 상호 영향을 미치는 외적 관계에 있으면서, 하나의 보편적인 인류국가의 시민으로 보일 수 있는 한에서, **세계시민법**에 의한 체제(世界市民法)이다. 이러한 구분은 자의적인 것이 아니라, 영원한 평화의 이념과의 관계에서 필연적인 것이다.[21] 무릇 이들 중 하나만이라도 타자에 대해 물리적 영향을 미치는 관계에 있으면서도 자연상태에 있다면, 그것과 전쟁의 상태는 결합되어 있는 것이겠거니와, 이러한 전쟁의 상태로부터 해방되는 것이 바로 여기서 의도하는 바이기 때문이다.

---

21) 그래서 칸트는 공법이 국가법, 국제법, 세계시민법으로써 구성된다고 본다.(*MS, RL,* §43 참조)

영원한 평화를 위한
제1 확정 조항

각 국가에서 시민적 〔헌정〕체제는 공화적이어야 한다.

첫째로 (인간으로서) 사회 구성원의 **자유**의 원리들에 따라서, 둘째로 (신민으로서) 만인의 유일한 공동의 법칙수립에 대한 **의존성**의 원칙들에 따라서, 그리고 셋째로 (**국가시민**[22]으로서) 그들의 **평등**의 법칙에 따라서 세워진 〔헌정〕체제[23]는 ─ 근원적 계약의 이념에서 나오고, 한 국민의 모든 법적인 법칙수립이 그에 기초해 있을 수밖에 없는 유일한 체제는 ─ **공화적** 체제이다.[※] 그러므로 이 체제는

---

22) 원어: Staatsbürger. 칸트는 이 말을 라틴어 'cives'에 대응시켜 사용한다. 그런데 그가 때로 사용하는 낱말 'Bürger'를 또한 '시민'으로 옮길 수밖에 없는 한, 'Staatsbürger'는 '국민[=국가시민]'으로 하는 편이 더 좋을 것도 같으나, 또 그렇게 되면 'Volk(국민/민족)'와의 혼동이 따른다. 번역어의 이러한 혼란은 우리가 당초에 'civitas'를 '都市/市'가 아니라 '國家'로, 그러면서도 'cives'는 '國民'이 아니라 '市民'으로 이해하여 옮기게 된 데서 발원하여 이미 용어로 굳어진 것이니, 이 대목에서 '국가시민'이라는 낯선 말을 감수할 수밖에 없겠다.

23) 칸트는 이미 「이론과 실천」(TP)(1793)에서, "순전히 법적 상태로 보아지는 시민적 상태는 다음의 선험적 원리들에 기초되어 있다: 1. **인간**으로서 사회 구성원 각자의 **자유**. 2. **신민**으로서 각자의 여느 타인과의 **평등**. 3. **시민**으로서 공동체 구성원 각자의 **자립성**."(TP: VIII, 290)이라고 말한 바 있으며, 후에 『법이론』에서 이를 상론한다.(MS, RL, §45 참조)

※ **법적** (그러니까 외적) **자유**는, 사람들이 흔히 그렇게 하는 것처럼, "어느 누구에게도 불법을 행하지 않는다면, 자기가 의욕하는 모든 것을 행할 수 있음"이라는 권한(권능)이라고 정의될 수 없다. 대체 **권한**이란 무엇을 말하는가? 그것은 사람들이 어느 누구에게도 불법을 행하지 않는 한에서의 행위를 할 수 있음을 말한다. 그러므로 그 설명은 이렇게 되겠다. 즉 "자유란 그로 인해 어느 누구에게도 불법을 행하지 않는 **행위를 할 수 있음이다.**[24] 사람은 어느 누구에게도 불법을 행하지만 않는다면, (제아무리 어떠한 것을 행한다고 할지라도) 어느 누구에게도 불법을 행하지 않는 것이다." 따라서 이것은 공허한 동어반복이다. — 오히려 나의 외적 (법적) **자유**는 이렇게 설명되어야 한다. 즉 "자유란 내가 동의할 수 있는 법칙들 외에는 어떠한 외적 법칙에도 복종하지 않는 권한(권능)이다." — 마찬가지로 한 국가 안에서의 외적 (법적) **평등**이란 그 관계에 따라 어느 누구도 자신이 동시에, 그것에 의해 교호적으로 동일한 방식으로 또한 구속받을 **수 있는** 법칙에 종속하지 않고서는 타인을 그것에 법적으로 구속할 수 없는, 그러한 국가시민들의 상호 관계이다. (**법적** 의존성에 대해서는, 이것은 이미 국가(헌정)체제의 개념 일반에 놓여 있는 것이므로, 어떠한 설명도 필요치 않다.) — 이러한 생득적인, 인간성에 필연적으로 속하는 양도할 수 없는 권리들의 타당성은 인간 자신의 보다 상위의 존재자들 — 그가 그러한 존재자들을 생각한다면 — 에 대한 법적 관계들의 원리에 의해, 인간이 자신을 바로 그러한 원칙들에 따라 어떤 초감성적인 세계의 국가시민으로서 표상함으로써, 확인되고 고양된다. — 무릇 나의 자유에 관해 말하자면, 나는 신적인, 나에게 순전한 이성을 통해 인식될 수 있는 법칙들에 관해서조차도, 내가 그에 대해 스스로 동의할 수 있었던 한에서 외에는 아무런 구속성(책무)도 갖지 않는다. (왜냐하면 나 자신의 이성의 자유법칙에 의해서야 나는 비로소 신적 의지 개념을 만드는 것이니 말이다.) 내가 생각하자면 생각할 수 있는, 신 외에 가장 숭고한 세계존재자(위대한 영겁(永劫)[25])와 관련하여 평등의 원리에 관해 말하자

---

24) B판 추가.

법과 관련하여 볼 때 그 자체로 모든 종류의 시민적 헌법의 기초에

근원적으로 놓여 있는 바로 그 체제인바, 이제 문제는 단지, 과연 이

면, 저 영검이 자기의 위치에서 자기의 의무를 하듯이, 만약 내가 나의 위치에서 나의 의무를 한다면, 왜 내가 나에게는 복종할 의무를 귀속시켜야 하고, 저 영검에게는 명령할 권리를 귀속시켜야만 하는가 하는지는 아무턴 근거가 없다. — 이 **평등**의 원리가 (자유의 원리와 마찬가지로) 또한 신과의 관계에 맞지 않는 것은, 이 존재자는 그에게서는 의무 개념이 중지되는 유일한 존재자이기 때문이다.

그러나 신민으로서의 모든 국가시민들의 평등의 권리에 관해 말하자면, **세습귀족**의 용인의 문제에 대한 답변에서 오로지 관건이 되는 것 은, "과연 (한 신민이 다른 신민보다 우월한) 국가에서 승인한 **지위**가 **공적**에 앞서야 하는 것이냐, 아니면 공적이 저런 지위에 앞서야만 하는 것이냐" 하는 것이다. — 이제 분명한 것은, 만약 지위가 출생과 결합한다면, 과연 공적(직무의 숙련성과 충실성) 또한 뒤따를 것인지는 전적으로 불확실하다는 점이다. 그러니까 그러한 일은 마치 그 지위가 일체의 공적 없이도 그 혜택받은 자에게 (명령권자가 되게끔) 승인된 것과 똑같은 것을 의미한다. 이러한 것을 (역시 모든 법/권리의 원리인) 근원적 계약에서의 보편적 국민의지[26]는 결코 결의하지 않을 것이다. 왜냐하면 귀족[27]이 곧바로 **고귀한** 인사[28]는 아니니 말이다. — (사람들이 고위 관료의 지위를 그렇게 부를 수 있듯이, 그리고 공적에 의해서 취득해야만 하는) **직무귀족**에 관해 말하자면, 그 지위는 소유물로서 그 인격에 붙는 것이 아니라, 직책에 붙는 것이고, 그로써 평등이 손상되지는 않는다. 왜냐하면, 저 인격이 그의 직무를 내려놓을 때, 그는 동시에 그 지위를 벗고, 국민 속으로 되돌아가는 것이니 말이다. —

---

25) 원어: Aeon.
26) 원어: der allgemeine Volkswille.
27) 원어: ein Edelmann.
28) 원어: ein edler Mann.

체제가 영원한 평화로 이끌 수 있는 유일한 체제이냐 하는 것이다.

AB23 VIII351   무릇 그러나 공화적 〔헌정〕체제는 법 개념의 순수한 원천에서 발생한 그 근원의 순정성 외에도 바라마지 않던 결과에 대한, 곧 영원한 평화에 대한 전망 또한 갖는다. 그 이유는 다음과 같다. ─ (이러한 체제에서는 달리 될 수 없는바) "전쟁을 해야 할지 말아야 할지"를 결정하는 데 국가시민들의 동의가 요구될 때, 국가시민들은 그들에게 닥칠 전쟁의 모든 고난들 ─ 전쟁이 있게 되면, 자신들 AB24 이 전투를 해야 하고, 전쟁의 비용을 그들 자신의 재산에서 치러야 하고, 전쟁이 남길 황폐화를 고생스럽게 보수해야 하고, 넘쳐나는 재앙에 결국은 평화 자체를 쓸쓸하게 만드는, (가까이 있는, 늘 새로운 전쟁으로 인하여) 결코 변제할 수 없는 채무 부담 자체를 떠맡아야 하는 ─ 을 각오하지 않으면 안 되기 때문에, 그토록 고약한 놀이를 시작하는 것에 매우 신중하리라는 것보다 자연스러운 일은 없는 것이다. 이에 반해 신민이 국가시민이 아닌, 그러므로 공화적이 아닌 체제에서는 이런 일은 세상에서 가장 주저할 것이 없는 사안이다. 왜냐하면 수령〔국가원수〕은 국가구성원이 아니라, 국가의 소유주이며, 전쟁으로 인해 자기의 식탁, 사냥, 별궁, 궁전 연회 같은 것들에서 최소한의 것도 잃지 않고, 그러므로 대수롭지 않은 이유에서 전쟁을 일종의 즐거운 유희처럼 결정할 수가 있으며, 의례상 그에 대해 항상 준비되어 있는 외교부처에 전쟁의 정당화를 아무렇지 않게 떠넘길 수 있기 때문이다.

공화적 체제를 민주적 체제와 (보통 일어나듯이) 혼동하지 않기 위해서는 다음의 점을 유의해야 한다. 국가(國家)의 형식들은 최고 국가권력을 가지고 있는 인격의 차이에 따라, 또는 수령〔원수〕이 누구든지 간에 그 수령〔원수〕에 의한 국민의 **통치방식**에 따라 구분된다. 첫째의 방식은 본래 지배의 형식(支配 形式)이라고 일컬어지는 것인데, 그것에는 세 가지만이 가능하다. 곧 오직 **한** 사람이 지배권을 소유하거나, **몇** 사람이 서로 결합하여 지배권을 소유하거나, 시민적 사회를 구성하는 **모든** 사람이 함께 지배권을 소유하는 것(**독재정체, 귀족정체, 민주정체**, 즉 군주권력, 귀족권력, 국민권력)이 그것이다. 둘째 방식은 통치의 형식(統治 形式)으로서, 입헌(즉 그를 통해 다중이 하나의 국민이 되는 보편적 의지의 행위)에 기초하고 있는 방식, 즉 국가가 자기의 전권을 어떻게 사용하는가 하는 방식에 관한 것으로, 이러한 관계에서 그것은 **공화적**이거나 **전제적**이다. 공화주의는 집행권(통치〔정부〕의 권력)을 입법권에서 분리하는 국가원리이다. 전제주의는 국가 자신이 수립했던 법칙〔법률〕들을 국가가 독단적으로 집행하는 국가원리이다. 그러니까 공적 의지는 통치자에 의해 그의 사적 의지로 취급되는 한에서 공적 의지인 것이다. ― 세 가지 국가형식 가운데에서 **민주정체**의 형식은 낱말의 본래적 뜻에서 필연적으로 **전제주의**이다. 왜냐하면 민주정체

AB25 VIII352

AB26

는 하나의 행정권을 창설하거니와, 여기서는 모든 사람이 (찬동하지 않는) 한 사람 위에서 그리고 경우에 따라서는 한 사람에 반하여, 그러니까 아직 모든 사람이 아닌 모든 사람이 의결을 한다. 이것은 보편 의지의 자기 자신과의 그리고 자유와의 모순이다.

곧 **대의적**이지 않은 모든 통치형식은 **불구**〔不具〕[29]이다. 왜냐하면 입법자가 동일한 인격에서 동시에 자기 의지의 집행자일 수는 없기 때문이다. (이성추리에서 대전제의 보편자가 동시에 소전제에서 저 보편자 아래에 있는 특수자를 포섭할 수 없듯이 말이다.) 〔민주정체 외의〕 다른 두 국가체제가 저러한 〔대의적이지 않은〕 통치방식에 여지를 주는 한에서 언제나 결함이 있다고 할지라도, 이 체제들이 대의 제도의 **정신**에 맞는 통치방식을 받아들이는 일은 그 체제에서 적어도 가능하다. 가령 최소한 **프리드리히 2세**가 자기는 한낱 국가의 최상위 종복[※]일 따름이라고 말한 것과 같이 말이다. 이

AB27

[※] 지배자에게 흔히 덧붙여졌던 높은 호칭들(신의 축복을 받은 자, 지상에서 신의 의지를 집행하는 자, 신의 의지의 대리자 등)을 사람들은 조야하고 현기증을 일으키는 아첨의 말이라고 흔히 비난해왔다. 그러나 나에게는 이런 비난이 근거가 없다는 생각이 든다. ─ 그런 호칭들이 군주를 자만하게 한다는 것은 만부당한 일이다. 저런 호칭들은 오히려 군주를 그의 영혼 안에서 겸손하게 만들 것임에 틀림없다. (그렇다고 전제해야만 하거니와) 만약 군주가 지성을 가지고 있으며, 그가 인

---

29) 원어: Uniform.

에 반해 민주주의적 체제는 이런 일을 불가능하게 만든다. 왜냐하
면 저 체제에서는 온갖 것이 지배자이고자 하기 때문이다.[30] — 그
래서 사람들이 말할 수 있는 바는, 국가권력을 행사하는 인원이(지
배자의 수가) 적으면 적을수록, 그에 반해 국가권력의 대의성이 크
면 클수록, 국가체제는 그만큼 더 공화주의의 가능성에 일치하고,
국가체제는 점진적인 개혁을 통해 결국은 공화주의로 고양될 것을
희망할 수 있다는 것이다. 이런 이유로 해서 이러한 완전하게 법적
인/정당한 〔헌정〕체제에 이르는 것이 군왕정체에서보다 귀족정체

간에게서 너무도 위대한 것, 곧 신이 지상에서 가지고 있는 가장 성스
러운〔신성한〕 것, 즉 **인간의 권리/법**을 관리하는 직무를 수탁했음을
염두에 두고, 신의 이 총애물이 어디에서인가 자칫 훼손되지 않을까를
항상 염려하지 않을 수 없다면 말이다.

---

30) 가령 로크에서 볼 수 있듯이 자유민주주의 체제의 기본원칙들 사이에는 상
　호 충돌이 있다.
　• 자유의 원칙: "모든 사람은 본래 자유로우며, 그 자신이 동의한 것을 제외
　　하고는 그 어떤 것도 그를 어떤 지상의 권력에 복종시킬 수 없다."(Locke,
　　The Second Treatise of Civil Government「시민정부론」, §119)
　• 대의의 원칙: "국민들에 의해 선출되어 일정 기간 동안 국민들의 의사를 대
　　변하는 대의원들"(Locke, 「시민정부론」, §154)이 합의하여 제정한 법규는
　　일반 시민 모두의 합의와 같은 것이고, 따라서 그것은 일반 시민들 모두의
　　자기 약속으로서 보편적 구속력을 갖는다.
　• 다수결의 원칙: "그러니까 사람은 누구나 다른 사람들과 하나의 정부 아래
　　하나의 정치체를 만들 것에 동의함으로써, 다수의 결정에 승복하고 구속될
　　의무를 그 사회의 모든 구성원에 대하여 부담하게 된다."(Locke, 「시민정
　　부론」, §97)

안에서 이미 더 어렵고, 민주정체 안에서는 폭력적인 혁명 외에는 아예 불가능하다. 그러나 국민에게는 무엇과도 비교할 수 없을 만큼 국가형식보다는 통치방식[※]이 더 중요하다. (물론 매우 많은 것이 저[통치방식의] 목적에 이것[국가형식]이 얼마나 적합한가에 달려 있기는 하지만 말이다.) 그러나 통치방식이 법개념에 맞아야 한다면, 대의제도가 이에 속하며, 이 제도 안에서만 공화적 통치방식이 가능하고,

AB29

[※] **말레 뒤 팡**[31]은 그럴듯하게 들리지만 공허한 내용 없는 말로, 다년간의 경험으로 마침내 **포프**의 잘 알려진 명구: "최선의 통치에 관해서는 바보들에게 논쟁하도록 내버려두자. 가장 잘 수행된 통치가 최선의 통치이다."가 진리라는 확신에 이르렀다고 칭찬하고 있다.[32] 만약 이 말이 가장 잘 수행된 통치[정부]가 가장 잘 수행된 것임을 의미한다면, 그는 **스위프트**의 표현대로 그에게 애벌레를 상으로 준 호두를 깬 것이다.[33] 그러나 만약 이 말이 가장 잘 수행된 통치가 최선의 통치방식, 다시 말해 최선의 국가체제라는 것을 의미한다면, 이것은 근본적으로 틀린 것이다. 왜냐하면 좋은 통치의 본보기가 통치방식에 대해 무엇인

---

31) Jacques Mallet du Pan(1749~1800). 스위스의 기자로 프랑스혁명의 반대자였으며, *Mercure de France*의 편집인이었다.

32) Mallet du Pan은 그의 *Considérations sur la nature de la revolution de France*(Bruxelles 1793)에서 이런 내용의 말을 했다. 칸트는 이 책의 독일어 번역본(Fr. Gentz 역주, *Über die französische Revolution und die Ursachen ihrer Dauer*(Berlin 1794)을 읽었는데(AA XII, 47 참조), 저 책에서는 Alexander Pope가 직접 거명되는 대신에 "한 영국 시인"으로 지칭되어 그의 *Essay on Man*, III, 303 이하가 인용되어 있다.

33) Jonathan Swift(1667~1745)의 *A Tale of a Tub*(London 1704)에 "끝으로 지혜는 호두이기도 해서, 다소간에 조심스럽게 고르지 않으면, 이 하나를 부러 뜨리기도 하고, 애벌레를 상으로 줄 수도 있다"는 풍자가 있다.

122

이러한 제도가 없는 통치방식은 (그 〔헌정〕체제가 무엇이 됐든 간에) 전제적이고 폭력적이다. — 고대의 이른바 공화국들 중 어느 하나도 이러한 제도를 알지 못했고, 그래서 그 공화국들은 단 한 사람의 최고권력 아래에 있으면서도 그중 가장 견딜 만한 것인 전제주의로 변할 수밖에 없었던 것이다.

가를 증명해주는 것은 아니기 때문이다. — 누가 **티투스**[34]나 **마르쿠스 아우렐리우스**[35]보다 더 잘 통치했던가? 그럼에도 전자는 **도미티안**[36]을 후자는 **코모두스**[37]를 후계자로 남겼다. 이러한 일은 좋은 국가체제에서는 일어날 수 없는 것일 터였다. 그들이 이러한 자리에 부적합함은 충분히 일찍이 알려져 있었고, 지배자의 권력도 그들을 배제하기에 충분했었으니 말이다.

34) Titus Flavius Vespasianus(39~81). 로마 황제(재위: 79~81).
35) Marcus Aurelius Antonius(121~180). 로마 5현제 중 한 사람(재위: 161~180).
36) Titus Flavius Domitian(51~96). Vespasianus의 아우로 그를 승계한 황제(재위: 81~96).
37) Lucius Aurelius Commodus(161~192). Marcus의 아들로 그를 승계한 황제(재위: 180~192).

영원한 평화를 위한
제2 확정 조항

국제법은 자유로운 국가들의 **연방제**〔연방주의〕에 기초해 있어야만 한다.

국가들로서의〔국가를 이룬〕 민족들도 개별적 인간들과 마찬가지로 판정될 수 있으니, 이들은 자연상태에서는(다시 말해 외적 법칙〔법률〕들에서 독립해 있을 때에는) 그들이 서로 곁에 있다는 것만으로도 이미 서로를 침해하는 것이며, 그들 각자가 자기의 안전을 위하여 타자에게 자신과 함께 시민적 〔헌정〕체제와 비슷한 체제에 들어갈 것을 요구할 수 있고, 요구해야만 하며, 이러한 체제에서만 각자에게는 자기의 권리가 보장될 수 있는 것이다. 이러한 것이 **국제연맹**[38]이겠는데, 그럼에도 이것이 꼭 국제국가[39]여야 하는 것은 아니겠다. 무릇 국제국가 안에는 하나의 모순이 있을 터이다. 왜냐하면 각각의 국가는 각기 **상위자**(입법자)와 **하위자**(복종자, 곧 국민)의 관계를 함유하되, 다수의 민족들이 한 국가 안에서 단지 하나의 국민을 이룬다는 것, 이것은 전제와 모순되는 일이기 때문이다.

---

38) 원어: Völkerbund.
39) 원어: Völkerstaat.

(민족들은 각기 서로 다른 국가를 형성하는 만큼, 하나의 국가 안에서 용 B31

해되어야 하는 것이 아닌 이상, 여기서 우리는 **민족들**이 서로에 대해 갖는 A31

권리를 고려하지 않을 수 없으니 말이다.)

이제 우리는 미개인들이 그들의 무법적 자유에 매여, 하나의 법

칙적인, 그들 자신이 구성[규정]할 수 있는 강제에 복속하기보다

는 차라리 끊임없이 쟁투하고, 그러니까 이성적인 자유보다 고삐

풀린 자유를 앞세우는 것을 깊은 경멸을 가지고서 바라보면서, 그

런 것을 인간성의 조야함, 세련되지 못함, 짐승 같은 실추로 여긴

다. 그러한 만큼 (각기 독자적으로 하나의 국가로 통일된) 교화된 민족

들이 그렇게 추락한 상태에서 서둘러 벗어나야 하고, 그것도 빠르

면 빠를수록 더 좋다고 사람들이 생각하는 것은 당연한 일이겠다.

그러나 이 대신에 오히려 각 **국가**는 국가의 위엄 — 국민의 위엄이

라는 표현은 이치에 맞지 않거니와 — 을 바로 어떠한 외적인 법적

강제에도 복속되어 있지 않다는 데에 두는바, 국가의 원수의 광휘

는, 그 자신은 어떠한 위험에도 놓일 필요 없이, 수천 명이 그의 지

시명령을 받들고, 그들과는 아무런 상관도 없는 사안을 위해 희생 AB32

하게 하는 데에 있다.[※] 유럽의 미개인들과 아메리카의 미개인들의

※ 한 불가리아의 군주⁴⁰⁾는, 그와의 싸움을 [국민을 생각하는] 선량한 마
  음에서 결투로 끝내자고 제안한 그리스 황제에게 "집게를 가진 대장장
  이는 이글거리는 쇳덩어리를 자기 손으로 꺼내지 않는다"고 대답했다.

차이는 주로, 후자의 많은 부족들은 그들의 적들에 의해 전적으로 먹혀버린 것에 반해, 전자들은 그들에게 정복된 자들을 해치우기보다는 그들을 더 잘 이용할 줄 알아서, 오히려 그들의 신민의 수를, 그러니까 또한 더욱 확산된 전쟁들을 위한 도구들의 수를 증대시킬 줄 안다는 점에 있다.

VIII355

민족들의 자유로운 관계에서 적나라하게 노출되는 인간 자연본성의 사악성을 볼 때 — 이러한 사악성은 시민적-법칙적 상태에서는 통치의 강제에 의해 잘 감춰지거니와 —, **법**[권리]이라는 말이 군사정책에서 현학적인 것으로서 여전히 아주 퇴출될 수 없었고, 아직 어떤 국가도 이러한 생각을 공공연하게 밝힐 만큼 대담하지 못했다는 것은 감탄할 만한 일이다. 왜냐하면 아직도 **후고 그로티우스**,[41] **푸펜도르프**,[42] **바텔**[43] 등등(순전히 오히려 괴롭힘만 주는 위로자들)이, 철학적으로 내지는 외교적으로 작성된 그들의 법전이 최소한의 **법칙**[법률]**적** 효력을 갖지도 못하고, 가질 수조차도 없음에도 불구하고 — 왜냐하면 국가들은 그 자체로 하나의 공동의 외

AB33

---

40) 아마도 Michael Schischman(재위: 1322~1330)을 지칭하는 것으로 보인다.(XXIII, 526 참조)

41) Hugo Grotius(1583~1645). 네덜란드의 법학자. 그의 저술 *De jure belli ac pacis*(Paris 1625)는 자연법의 국제법 적용의 대표적 사례로 평가받고 있다.

42) Samuel von Pufendorf(1632~1694). 독일의 자연법학자, 역사학자. 대표 저술은 *De jure naturae et gentium*(Lund 1672).

43) Emmerich de Vattel(1714~1767). 스위스 출신의 법률가 겸 외교관. 대표 저술은 *Le droit des gens*(Leyden 1758).

적 강제 아래에 있지 않기 때문에 ―, 언제나 충실하게 전쟁 도발의 **정당화**를 위해 인용되고 있기 때문이다. 일찍이 어떤 국가도 그렇게 중요한 인사들의 증언으로 무장된 논변들을 통해 자기의 계획을 포기하도록 움직여진 사례가 없는데도 말이다. ― 국가마다 법개념에 (적어도 말로는) 표하는 이러한 경의는 비록 지금은 잠들어 있지만, (인간이 부인할 수 없는 것인) 인간 안에 있는 악한 원리에 대해 언젠가는 지배자가 될 수 있고, 이를 타자에 대해서도 기대할 수 있는, 보다 더 큰 도덕적 소질이 인간 안에서 마주칠 수 있다는 것을 증명한다. 왜냐하면 그렇지 않다면 **법/권리**라는 말은 서로 반목하려 하는 국가들의 입에 결코 오르지 못했을 터이고, 더욱이나 저 갈리아의 군주[44]가 "약자가 강자에게 순종해야 한다는 것은 자연이 약자 위에 군림할 강자에게 준 특권이다"라고 천명한 것처럼, 한낱 조롱하기 위해서나 입에 오르내릴 것이다.

AB34

국가들이 자기들의 권리〔법〕를 추구하는 방식은 결코 어떤 외적인 법정에서와 같은 소송절차가 아니라, 단지 전쟁뿐일 수 있으나, 이 전쟁과 그 전쟁의 유리한 결말, 즉 **승리**에 의해서도 권리는 결정되지 않는다. **평화조약**에 의해 당장의 전쟁은 종식될 수 있겠지만, 그러나 (언제나 새로운 구실을 찾아내는) 전쟁상태가 종식될 수는 없다. (또한 이런 상태를 사람들은 곧바로 부당한〔불법적인〕 것이라고

---

44) Caesar, *Bellum Gallicum*, I, 36(AA XV, 791 각주 참조).

천명할 수도 없으니, 전쟁상태에서는 각국은 자기 자신의 사안에 있어서 재판관이기 때문이다.) 그럼에도 불구하고, 무법적 상태에 있는 인간들에게는 자연법에 의하여 "이 상태를 벗어나야만 한다"고 말할 수 있으나, 국가들에 대해서는 그와 같은 것을 그대로 국제법에 의해 말할 수가 없다. (왜냐하면 국가들은 국가들로서 내적으로 이미 법적인 〔헌정〕체제를 가지고 있고, 그러므로 그들을 타자의 법개념에 따라 하나의 확장된 법칙〔법률〕적 체제 아래에 들도록 하는 타자의 강제에서 벗어나 있기 때문이다.) 그럼에도 도덕적으로 법칙수립하는 최고 권력의 왕좌를 차지하고 있는 이성이 소송절차로서의 전쟁을 절대적으로 탄핵하고, 그에 반해 평화상태를 직접적인 의무로 만든다 해도, 그러한 평화상태는 민족들 상호 간의 계약 없이는 구축될 수도 없고 보장될 수도 없다. 그렇기 때문에 **평화연맹**(平和聯盟)[45]이라고 부를 수 있는 특수한 종류의 연맹이 있지 않으면 안 되거니와, 이 연맹은 **평화조약**(平和條約)[46]과는 구별될 것인데, 그것은 평화조약이 한갓 **하나의** 전쟁을 종식시키고자 한다면, 평화연맹은 **모든** 전쟁을 영구히 종식시키고자 한다는 점에서 그렇다. 이 연맹은 국가의 어떠한 권력 취득에도 관심이 없으며, 오로지 한 국가 그 자신과 동시에 다른 연맹 국가들의 **자유**를 유지 보장하는 데에만 상관하고, 그러면서도 이 국가들을 그렇다고 (자연상태에 있는

VIII356

AB35

---

45) 원어: Friedensbund(foedus pacificum).
46) 원어: Friedensvertrag(pactum pacis).

인간들처럼) 공법과 공법하에서의 강제사항에 복속시킬 필요는 없다. — 점차로 모든 국가들을 넘어 펼쳐져야 하고, 그리하여 영원한 평화로 인도해갈, 이러한 **연방성** 이념의 실현성(객관적 실재성)은 현시될 수 있다. 무릇 만약 다행히도 한 강력한 계몽된 민족이 (그 본성상 영원한 평화로 향할 수밖에 없는) 하나의 공화국을 형성할 수 있다면, 이 공화국이 다른 국가들에 대해 연방적 통일의 중심점을 제공하여, 다른 국가들을 그 통일에 동참하게 하고, 국제법의 이념에 맞게, 국가들의 자유상태를 보장하고, 이러한 방식의 더 많은 결합을 통해 점점 더 널리 확산시켜나갈 것이기 때문이다.

AB36

어떤 민족이 "우리 사이에는 어떤 전쟁도 있어서는 안 된다. 무릇 우리는 하나의 국가를 형성하고자 하기 때문이다. 다시 말해 우리 자신이 최고의 입법적·통치적·사법적 권력자가 되어서 우리의 분쟁거리들을 평화적으로 조정하고자 하기 때문이다"라고 말하는 것, — 이것은 이해될 수 있는 바이다. — — 그러나 이 국가가 "우리 국가와 다른 국가 사이에는 어떤 전쟁도 있어서는 안 된다. 비록 우리 국가의 권리를 보장해주고 동시에 다른 국가의 권리도 보장해주는 어떠한 최고의 입법적 권력을 인정할 수 없다고 해도"라고 말하는 것은 전혀 이해될 수가 없다. 만약에 시민적 사회연맹의 대용물이, 곧 자유로운 연방제〔연방주의〕가 없다면, — 만약에 국제법의 개념에 무엇인가 생각할 것이 남아 있다면, 이성은 필연적으로 국제법의 개념을 자유로운 연방제에 결합시키지 않을 수 없을 것인데 —, 그때 우리 국가는 우리 국가의 권리에 대한 신뢰 근거를 어디에 둘 것인가.

국제법의 개념에는 본래 전쟁**으로**의 권리로서 생각할 수 있는 것이 전혀 아무것도 없다. (왜냐하면 그것은 보편적으로 타당한 외적인, 각 개별 국가의 자유를 제한하는 법칙들에 따라서가 아니라, 폭력에 의한 일방적인 준칙들에 따라서, 권리/법이 무엇인지를 규정하는 법이어야 할 것이기 때문이다.) 도대체가 이런 국제법이라는 개념은 다음과 같은 것을 뜻하지 않을 수 없겠다. 즉 국제법을 그렇듯 전쟁으로의 권리로 생각하는 사람들에게는, 그들이 서로 간에 살육을 자행하다가, 그 폭력의 모든 만행을 그것을 저지른 자들과 함께 파묻을 광대한 무덤 속에서 영원한 평화를 발견한다면, 그것은 아주 당연한 일이다. — 상호 관계에 있는 국가들이 이성적으로는, 순정하게 전쟁을 함유하는 무법〔칙〕적 상태에서 벗어나는 방식은 오직, 국가들이 개인들의 경우와 똑같이, 그들의 미개한(무법〔칙〕적) 자유를 포기하고, 스스로 공적인 강제법칙에 순응하여, (물론 점점 증가해가서) 종국에는 지상의 모든 민족〔만민〕을 포괄할, **국제국가**(國際國)

家)[47]를 형성하는 것뿐이다. 그러나 국가들은 그들의 국제법의 이

---

47) 원어: Völkerstaat(civitas gentium).

념에 따라서 결코 이것을 의욕하지 않을 것이므로, 그러니까 命題
上[48]으로 옳은 것을 實際에서[49]는 거부할 것이므로, **하나의 세계공
화국**이라는 적극적인 이념 대신에 — 만약 모든 것을 잃지 않아야
한다면 — 오직 전쟁을 방지하면서 지속적으로 계속 확장되어가는
연맹이라는 **소극적인** 대용물만이 법을 혐오하는 적대적인 경향성
의 흐름을 중지시킬 수 있을 것이다. 물론 이 역시 그런 경향성이
분출할 끊임없는 위험을 함께 가지고 있는 것이기는 하지만 말이
다. (內部의 無道한 狂奔이 — 피에 굶주린 입으로 무시무시하게 咆哮할
것이다. **베르길리우스**[50])※

※ 종전 후, 평화조약 체결 즈음에, 감사제에 뒤이어 인류에게 언제나 죄
가 되는 큰 죄과에 대해 국가의 이름으로 하늘에 용서를 빌고자 참회
의 날을 선포하는 것이 국민에게 부적절한 일은 아닐 것이다. 다른 민
족들과의 관계에서 법(律)적 체제를 따르려 하지 않고, 자기의 독립성
을 뽐내면서 오히려 전쟁이라는 야만적 수단 — 그럼에도 이를 통해서
는 추구하는 것, 곧 각국의 권리가 성취되지 않거니와 — 을 사용한 죄
말이다. — 전쟁이 진행되는 도중에서 쟁취한 **승리**에 대해 행하는 감
사제, 즉 (사뭇 이스라엘식으로) **만군의 주**(主)를 찬양하는 송가는 인 AB39
간의 아버지라는 도덕적 이념과는 현저하게 상반되는 일이다. 이러한
감사제와 송가는 민족들이 그들 쌍방의 권리를 추구하는 (충분히 슬
픈) 방식에 대해 무관심한 것 외에도 정말 많은 인간을 또는 그들의 행
복을 짓밟은 것을 기쁨으로 나타내 보이는 것이기 때문이다.

---

48) 원어: in thesi.

49) 원어: in hypothesi.

50) Publius Vergilius Maro, *Aeneis*, I, 294/296.

영원한 평화를 위한
제3 확정 조항

"세계시민법은 보편적 우호의 조건들에
국한되어 있어야만 한다."

앞 조항에서와 같이 여기서도 관건이 되는 것은 인간애가 아니

라 **권리/법**이다. 여기서 **우호**(우대)란 외국인이 어떤 타국의 영토에
도착했다고 해서 이 국가에 의해 적대적으로 취급되지는 않을 외
국인의 권리를 의미한다. 이 국가는 그로 인해 이 외국인이 목숨을
잃는 일이 일어나지 않는다면 그를 추방할 수도 있다. 그러나 그
가 그의 자리에서 평화적으로 처신하는 한, 적대적으로 대할 수는
없다. 외국인이 요구주장할 수 있는 **체류권**[51]이란 없다. (이를 위해
서는 그를 일정한 동안 동거인으로 삼는 호의적인 계약이 필요하다.) 서
로 교제를 청할 수 있는, 모든 사람에게 있는 권리는 **방문의 권리**
이다. 그것은 지구 표면의 공동 점유의 권리에서 기인하는것이다.

인간은 구면〔球面〕인 지상에서 무한히 널리 흩어져 살 수는 없고,
결국은 서로 곁하여 있는 것을 인내하지 않으면 안 되며, 그러나

---

51) 원어: Gastrecht.

근원적으로는 어느 누구도 지구의 어떤 곳에 있을 권리를 타인보다 더 갖지 않는다. — 이 지구 표면의 거주할 수 없는 부분들, 즉 바다와 사막들이 공동체를 갈라놓지만, 그럼에도 **배** 또는 **낙타**(사막의 **배**)가 이 주인 없는 지역들을 넘어 서로 접근을 가능하게 하고, 인류에게 공동으로 귀속하는 **지표면**의 권리를 가능한 교류를 위해 이용하는 것을 가능하게 한다. 그러므로 근해의 선박들을 강탈하거나 조난당한 선원들을 노예로 삼는 해안가 사람들(예컨대 바르바레스크인들[52])의 학대 또는 유목 부족들에게 접근하는 것을 하나의 권리로 여겨 그들을 약탈하는 (아라비아 베두인족 같은) 사막인들의 학대는 자연법에 반하는 것이다. 그러나 저 우호의 권리, 다시 말해 외국 이주민들의 권한은 원주민들과의 교제를 **시도해볼** 수 있는 가능성의 조건들 이상으로 확장되지는 못한다. — 이런 방식으로 멀리 떨어져 있는 세계 지역들이 서로 평화적으로 관계 맺고, 이러한 관계들이 마침내 공법화되며, 그렇게 해서 인류는 마침내 세계시민적 체제에 점점 가까이 다가설 수 있다. **AB42**

이런 것을 우리 대륙[53]의 교화된, 특히 상업적 국가들의 **비우호적인** 행동과 비교해본다면, 이들 국가들이 이방 나라와 민족들을 **방문** — 이것은 이들 나라에게는 저 국가들의 **정복**이나 한가지로 여겨지거니와 — 하면서 보인 부정의는 경악할 정도에 이른다. 그

---

52) 16세기 이래 이런 식으로 자주 거론되는 북아프리카 부족.
53) 칸트의 관점에서의 '우리' 대륙, 곧 유럽.

들이 아메리카, 흑인 나라들, 향신료 군도[54], 희망봉 등등을 발견
했을 때, 그들은 원주민들을 아무것도 아닌 것으로 치부했기 때문
에, 그것들은 누구에게도 속하지 않는 땅들이었다. 동인도(힌두스
탄)에서 그 국가들은 순진히 상업적 지점들을 개설한다는 구실로 외

VIII359 인 군대를 투입하여, 그로써 원주민들을 핍박하고, 그들의 여러 국
가들을 선동하여 전쟁으로 확산시키고, 기아, 폭동, 배신 그리고 인
류를 짓누르는 온갖 해악들의 한탄 소리가 계속해서 울리게 한다.

AB43 그러한 내방객들의 시도를 이미 겪은 중국※과 일본(니폰)은 그

※ 이 거대한 나라를 그 자신이 부르는 이름 — '시나'[55] 또는 이와 비슷한
발음으로가 아니라, 곧 '히나'[56] — 으로 쓰기 위해서는 **게오르기우스**
의 『티베트의 문자』[57], 651~654면, 특히 주 b 아래를 보는 것이 좋다.
— 페터스부르크의 **피셔**[58] 교수에 의하면, 원래 이 나라는 자신을 부르
는 일정한 이름을 가지고 있지 않다. 가장 통상적인 이름은 '킨'[59], 곧
금〔金〕 — 이것을 티베트인들은 '세르'라고 표현한다 — 이라는 말의
이름인데, 그래서 그 황제는 **금**(즉 세상에서 가장 화려한 나라)의 왕이
라 불리며, 이 말이 그 나라 자체 안에서는 아마도 '힌'[60]이라고 발음

---

54) 남태평양 뉴기니 섬 서쪽 Maluku Islands.

55) 원어: Sina.

56) 원어: China.

57) Antonio Agostino Giorgi〔Georgius〕(1711~1797), *Alphabetum Tibetanum missionum apostolicarum commodo editum*, Roma 1762.

58) Eberhard Fischer(1697~1771). 독일 태생의 역사학자, 고대연구가. 러시아
페터스부르크의 역사학 교수를 역임했다.

59) 원어: Kin.

60) 원어: Chin.

되는 것 같으나, 이탈리아의 선교사들에 의해 (그 후두음 철자 때문에) '킨'이라고 발성된 성 싶다. — 그렇다면 이로부터 알 수 있는바, 로마인들에게 '세러'라고 불리던 나라는 중국이었으며, 그러나 비단은 **대-티베트**를 거쳐 (짐작하건대 **소-티베트**와 부하라[61]를 지나 페르시아를 거쳐서) 유럽으로 전래되었다. 이 사실은, 티베트와 연결되어 이를 통해 일본과도 연결되었던 인도의 고대와 비교함으로써, 이 놀라운 국가의 고대에 관한 많은 고찰을 이끈다. 그럼에도 이웃들이 이 나라에 붙여준 것이라는 '시나'나 '치나'[62]라는 이름은 아무것도 안내해주는 것이 없다. — 한 번도 제대로 알려진 바가 없기는 하지만, 유럽과 티베트와의 태곳적의 교류는, 이에 대해 **헤시키오스**[63]가 간직해두었던 것, 곧 엘레우시스[64]의 밀교[密敎][65]에서 사제를 부르는 말 '콘크스 옴파스'[66]로부터 설명될 수도 있다.(『청년 아나하르시스의 그리스 여행기』[67], 제5편, 447면 이하 참조) — 무릇 **게오르기우스**의 『티베트의 문자』에 의하면 '콘키오아'[68]라는 말은 **신**을 의미하는데, 이것은 '콘크스'[69]와 눈에 띄는 유사성을 가지고 있다. '파-키오'[70](같은 책, 520면 참조)는 그

B44

A44

---

61) 우즈베키스탄의 한 지역.

62) 원어: Tschina.

63) Hesychios. 5~6세기 Alexandria에서 활동했던 그리스 문법학자. 그가 작성한 사전의 상당 부분이 전해옴.

64) Eleusis: 아테네 근교 북서쪽 지역.

65) 봄과 가을 매년 두 차례 행했다는 제례 의식.

66) Κονξ Όμπαξ(Konx Ompax).

67) 원저는 Abbé Jean Jacques Barthélemy, *Voyage du jeune Anacharsis en Grèce dans le milieu du quatrième siècle avant l'ère vulgaire*, Paris 1788인데, 칸트는 이것을 Johann Erich Biester가 독일어로 번역한 *Reise des jungen Anacharsis durch Griechenland vierhundert Jahr vor der gewöhnlichen Zeitrechnung*(Berlin·Libau 1789~1793)를 인용하고 있다.

68) Concioa. 佛法僧 3보의 寶를 뜻함.

69) 원어: Konx.

70) 원어: Pah-ciò.

리스인들에게 쉽게 '팍스'[71]처럼 발음될 수 있었던바, 그것은 法의 公表者, 즉 전체 자연에 깃들어 있는 신성〔神性〕 — '켄레시'[72]라고도 불리는바(같은 책, 177면 참조) — 을 의미한다. 그러나 **라 크로체**[73]가 '베네딕투스'[74] 즉 **축복받은 자**라고 번역한 '옴'[75]은 신성〔神性〕에 적용하면, **복자로 찬양받은 자** 외의 다른 것을 의미할 수는 없을 것이다.(같은 책, 507면) 그런데 **프란치스쿠스 호라티우스**[76]는 그가 그들이 신('콘키오아')이라는 말로 무엇을 뜻하는지를 자주 물었던 티베트의 라마교도들로부터 항상 "**신이란 모든 성자들의 집합이다**"라는 대답을 들었다. — 다시 말해, 그것은 온갖 물체들을 거쳐 수없이 윤회한 후에, 라마교적 재탄생을 통해, 마침내 신성으로 되돌아온, **부르하네**,[77] 다시 말해 숭배받을 품격이 있는 존재자로 변화된 축복받은 영혼들의 집합이라는 것이다.(같은 책, 223면) 이렇고 보면, 저 신비스러운 낱말 '콘크스 옴팍스'는 아마도 **성스럽고**('콘크스') **축복받은**('옴') **현명한**('팍스'), 온 세상에 두루 편재해 있는 최고존재자(인격화된 자연)를 의미할 것이다. 그리고 이 말이 그리스의 **밀교**들에서 사용될 때, 민중의 **다신론**과는 달리 밀교의 사제들에게는 **일신론**을 암시했다. (위에서 말한) **호라티우스**는 이 말에서 어떤 무신론을 감지했지만 말이다. — 그러나 저 신비스러운 낱말이 어떻게 티베트를 넘어 그리스까지 왔는지가 이런 식으로 설명될 수 있겠고, 역으로 이렇게 해서 일찍이 (아마도 인도와의 교역보다도 더 이른) 유럽의 중국과의 교역 또한 있을 법한 일이다.

B45

A45

---

71) 원어: pax.

72) 원어: Cenresi. 觀音을 뜻함.

73) Mathurin Veyssière de Lacroze(1661~1739). 프랑스 출신의 베네딕트 수도회 수사.

74) 원어: benedictus.

75) 원어: Om.

76) Franciscus Horatius(=Francesco Orazio Olivieri della Penna: 1680~1745). 티베트에 파견된 프란체스코 수도회의 선교사.

래서 현명하게도, 전자는 〔항구〕의 취항은 허용했지만 입국을 허용하지 않았으며, 후자는 오직 단 하나의 유럽 족, 즉 네덜란드인에게만 취항을 허용하되, 그들이 마치 포로인 양 원주민들과의 교제를 봉쇄했다. 여기서 가장 잘못된 것은(또는 도덕적 심판관의 관점에서 보아서 가장 잘 된 것은) 그들이 이러한 폭력에서 한 번도 기쁨을 얻지 못한 일이고, 이런 모든 상사〔商社〕들이 거의 붕괴 지점에 놓여 있으며, 가장 잔인하고 교묘한 노예제의 본거지인 사탕군도가 아무런 진짜 수익을 가져다주지 못한 채, 단지 간접적으로, 그것도 바람직하지 못한 의도로, 곧 전함의 수병들을 양성하여, 그 B46
러므로 다시금 유럽에서의 전쟁 수행에 봉사한다는 사실이다. 그리고 신앙심을 가지고서 법석을 떨고, 불법을 물마시듯이 하면서 A46
정통 신앙에서 선민으로 여겨지기를 의욕하는 것이 이런 열강들[78]
이라는 사실이다.

이제 지구상의 민족들 사이에 일단 전반적으로 펼쳐진 (좀 더 긴 VIII360
밀하든 좀 더 느슨하든 간에) 교제와 함께, 지구상의 **한** 곳에서의 권리침해가 **모든** 곳에서 느껴질 정도가 되었기 때문에, 세계시민법이라는 이념은 더 이상 공상적이고 과장된 법의 표상방식이 아니라, 공적인 인권〔인간의 권리〕 일반을 위한, 그리하여 영원한 평화를 위한, 국가법과 국제법의 불문 법전의 필수적인 보완이다. 사람

---

77) 원어: Burchane. 곧 brahman(梵).
78) 칸트 원문의 "möchten"을 AA에 따라 "Mächten"으로 고쳐 읽음.

들은 이러한 조건 아래에서만 영원한 평화에 연속적으로 접근해가고 있노라고 자부할 수 있을 것이다.

제1[79] 추가
영원한 평화의 보증에 대하여

이러한 〔영원한 평화를〕 **보증**해주는 것은 다른 것이 아니라 위대한 기예가인 **자연**(事物들의 案出者인 自然[80])이다. 자연의 기계적 운행에는 인간의 의지에 반하고라도 인간의 불화를 통해서 일치를 생장시켜내려는 합목적성이 명백히 나타나 있다. 그 때문에 그것은 그 작용법칙들이 우리에게 알려져 있지 않은 어떤 원인의 강제와도 같은 것으로서 **숙명**이라고 불리며, 세계의 운행에서 그 합목적성을 고려할 때 그것은 보다 상위의, 인류의 객관적인 궁극목적을 지향해 있고, 이 세계 운행을 예정하는 어떤 원인의 심오한 지혜로서 **섭리**※라고도 불리는바, 우리는 물론 원래 이것을 자연의 이러한 기예적 설비에서 **인식**하거나, 단지 그로부터 **추론**해낼 수

※ (감성존재자로서) 인간도 그에 속하는, 자연의 기제에서 자연의 기초에 이미 놓여 있는 하나의 형식이 드러나는바, 그것을 우리는 자연의 근저에 자연을 앞서 규정〔예정〕하는 세계창시자의 목적을 놓지 않고서는 이해할 수 없거니와, 이 창시자의 앞선 규정〔예정〕을 우리는 (신의) **섭리** 일반이라고 부른다. 그리고 이 섭리가 세계의 **시초**에 놓인 것인 한

---

79) B판 추가.
80) Lucretius, *De rerum natura*, V, 234 참조.

에서는 **정초적 섭리**(創始的 攝理; 그가 한 번 命令했고, 그들은 그에 恒常 順從한다.[81] — **아우구스티누스**)라 하고, 그러나 자연의 **운행**에서 이 것을 합목적성의 보편적 법칙들에 따라 유지하는 것은 **주재적 섭리**(主宰的 攝理)라 하며, 더 나아가 인간에 의해 예견될 수는 없으되, 결과로부터 추측되는 특수한 목적들로 이끄는 것은 **지도적 섭리**(指導的 攝理)라 부른다. 그러나 끝으로 개개의 사건들도 신의 목적들로 보는 경우에는 더 이상 섭리라 하지 않고, **운명**[82](異例的 指導)이라고 부른다. 그러나 (사건들이 그렇게 불리지는 않는다 할지라도, 운명은 실제로는 기적을 지시하므로) 운명을 그런 것으로 인식하고자 하는 것은 인간의 어리석은 불손이다. 왜냐하면 한 개별 사건으로부터 작용하는 원인의 한 특수한 원리(즉 사건은 목적이지, 우리에게 전혀 알려져 있지 않은 어떤 다른 원인으로부터 나온 한낱 자연기계적인 결과가 아니라고 하는 원리)를 추론하는 것은 이치에 맞지 않고, 이에 대한 언사가 제아무리 경건하고 겸손하다고 해도, 자만에 가득 찬 것이기 때문이다. — 마찬가지로 또한 섭리를 (質料的으로 보아서), 섭리가 세계 내의 **대상들**과 어떻게 상관하는가의 관점에서, **보편적** 섭리와 **특수한** 섭리로 구분하는 것은 잘못된 것이며, (섭리는 예컨대 피조물의 종들을 보존하는 데는 사전배려를 하고 있지만, 개별자들은 우연에 내맡긴다고 하는) 자기모순적인 것이다. 무릇 섭리는 단 하나의 사물도 그에서 제외되는 것으로 생각되지 않기 때문에, 바로 그 의도에서 보편적이라고 불리는 것이니 말이다. — [그래서] 짐작컨대 사람들은 여기서 섭리의 구분을 (形式的으로 보아서) 섭리의 의도를 실연하는 방식에 따라 생각했다.

---

81) 칸트 원문: semel iussit, semper parent. 이 말의 내용은 Augustinus에 귀속될 수 있지만, Augustinus의 문헌에서 정작 이러한 문장은 찾아볼 수 없다. 칸트의 관련문헌 곳곳(Refl 5551b: XVIII, 217·XXIII, 109 등)에 등장하는 이 문장과 유사한 것은 Seneca, *Dialogi* I, 5, 8: *De providentia*: "semper paret, semel iussit."("그는〔신은〕한 번 명령했고, 그것을 항상 따른다")라 하겠는데, 양자 사이에는 다소간 표현상의 차이가 있다.

82) 원어: Fügung.

140

즉 **정규적인** 섭리(예컨대, 계절의 바뀜에 따라 매년 자연의 사멸과 소생)와 **비정규적인** 섭리(예컨대, 나무가 생장할 수 없으되, 그곳의 주민들이 그것 없이는 살아갈 수 없음[83], 나무를 해양조류가 빙해 연안에 운반함) 말이다. 이런 경우에 우리는 이런 현상들의 물리적-기계적 원인을 (예컨대, 온대 지역의 수목이 무성한 강가에서 저 나무들이 강에 떨어져서 이것이 가령 내해 조류에 의해 더 멀리까지 옮겨진다고) 잘 설명할 수는 있지만, 그럼에도 우리는 자연을 다스리는 지혜의 사전배려를 지시하는 목적론적 원인을 간과해서는 안 된다.[84] — 다만 여러 학파들이 항용 쓰고 있는, 감성세계의 어떤 작용결과에 대한 신의 **기여** 내지 협력(協力)이라는 개념에 관해 말하자면, 이 개념은 제거되어야 한다. 왜냐하면 이종적인 것을 짝지으려는 것(그리페스[85]와 말을 접합하는 것[86]), 그리고 그 자신으로 세계변화들의 완벽한 원인인 자, 자기 자신의 선규정적인 섭리를 세계 운행 중에서 **보완**하도록 하는 것 — 그러므로 이 섭리는 결함이 있었을 수밖에 없는 것이겠다 —, 예컨대, **신의 바로 곁에서** 의사가 환자를 치료했다고, 그러므로 보좌로서 그 자리에 있었다고 말하는 것은 **첫째** 그 자체로 모순되기 때문이다. 무릇 獨自的인 原因은 〔다른〕 아무런 것도 利用하지 않으니 말이다. 신은 의사와 그의 모든 치료수단들의 창시자이고, 그런 만큼 만약 사람들이 최고의, 우리로서는 이론적으로 파악할 수 없는 원근거에까지 추궁해 올라가고자 한다면, 결과는 **전적으로** 신에게 귀속되지 않을 수 없을 것이다. 또는 사람들은 이 결과를 또한 **전적으로** 의사에게 귀속시킬 수도 있는데, 우리가 이 사건을 자연의 질서에 따라 세계원인들의 연쇄 안에서 설명될 수 있는 것으로 추적하는 한에서는 그러하다. **둘째** 그러한 사유방식은 또한 효과 판정의 모든 규정적인 원리들을 말소

B50

VIII362 A50

---

83) AA에 따름.

84) 칸트 『판단력비판』, §§63~67의 '자연의 합목적성' 개념 참조.

85) gryphes: =griffin. 그리스 신화에 나오는 독수리 머리와 날개에 사자 몸을 가진 맹금(猛禽).

86) Vergilius, *Eclogae*, VIII, 27 참조.

도 없고, (사물들의 형식의 목적들 일반과의 모든 관계에서처럼), 인간의 기예행위들을 유추해서 그 가능성을 이해하기 위해 단지 **추정**[87]할 수 있을 뿐이고, 또 그렇게 할 수밖에 없다. 그러나 이성이 우리에게 직접적으로 지시규정하는 목적(즉 도덕적 목적)에 대한 그것의 관계와 합치를 생각하는 것은 하나의 이념으로서, 물론 **이론적** 관점에서는 초절적인〔과도한〕 것이지만, 그러나 실천적인 관점에서는 (예컨대 **영원한 평화**라는 의무 개념과 관련하여 이를 위해 자연의 저 기제를 이용하기 위해서는) 교조적〔신념적〕이며 그 실재성의 면에서 충분한 근거가 있는 것이다. — **자연**이라는 말을 사용하는 것이, 여기서처럼 (종교가 아니라) 한낱 이론이 문제가 될 때에는, 우리에게 인식될 수 없는 **섭리**라는 표현보다는 — 사람들은 섭리라는 표현을 가지고서 그 헤아릴 수 없는 의도의 비밀에 다가서기 위해 주

시킨다. 그러나 **도덕적으로-실천적인** 관점 — 그러므로 이 관점은 전적으로 초감성적인 것을 향해 있거니와 — 에서는, 예컨대 만약 우리의 마음씨가 진정하기만 했다면, 신은 우리 자신의 정의의 결함을 우리로서는 이해할 수 없는 수단을 통해 보완해줄 것이고, 그러므로 우리는 선을 향한 노력에서 어떠한 것도 소홀히 해서는 안 된다는 믿음에서는, 신의 協力이라는 개념은 전적으로 적절하고 심지어는 필요하기도 하다. 그러나 여기서 자명한 바는, 누구도 (이 세계 내의 사건으로서의) 하나의 선한 행위를 이러한 개념에서 **설명**하려고 시도해서는 안 된다는 것이다. 이러한 것은 초감성적인 것에 대한 헛된 이론적 인식으로서, 그러니까 이치에 맞지 않는 것이다.

B51

A51

87) 원어: hinzudenken.

142

제넘게도 이카루스의 날개를 달개거니와 — (결과들과 그것의 원인들의 관계에 관해 가능한 경험의 한계 안에서 절도를 지켜야만 하는) 인간 이 성의 경계〔제한〕를 위하여 더 적절하고 **겸허**하기도 하다.

이제 우리가 이 보증을 좀 더 상세히 규정하기 전에, 자연이 그 의 거대한 무대에서 행위하는 인격들을 위해 설비해놓은, 그리고 자연의 평화보장을 결국 필연적이게 만드는 상태를 먼저 탐구하는 일이, — 그리하여 무엇보다도 자연이 평화보장을 어떻게 이행하 는지, 그 방식을 탐구하는 일이 필요할 것이다.

자연의 예비적 설비는 다음과 같다: 자연은 1) 인간이 지상의 모 든 지역에서 살 수 있도록 배려했다; — 2) **전쟁**을 통해 모든 곳에, 극히 황량한 지역에까지 인간을 쫓아 보내 그곳에 거주하도록 했 다; 3) — 또한 바로 그 전쟁을 통해 인간을 크든 작든 법〔칙〕적 관계에 들어서도록 강요했다. — 빙해 연안의 한랭한 황무지에도 이끼가 자라고, **순록**은 그것을 눈 속에서 헤쳐내어 먹고 살면서, 오스트야크인이나 사모예드인[88]들의 식량이 되거나 썰매 끄는 일 을 하게 된다. 또 염분 많은 사막은 그래도 그 사막을 이용하지 않 은 채로 두지 않기 위해서 그곳을 여행할 수 있게끔 창조된 것처 럼 보이는 **낙타**를 위해 염분을 머금고 있는 것이니, 실로 경탄스 럽다. 그러나 더욱이, 빙해 해안의 모피 동물들 외에도 표범, 해마,

---

88) 서시베리아 원주민들.

고래가 어떻게 그곳의 주민들을 위해 그 고기는 식량이, 그리고 그 고기의 지방은 연료가 되는가를 알면, 그 목적은 뚜렷하게 드러난다. 그러나 자연의 사전배려는 목재를 떠밀어냄을 통해 가장 큰 경탄을 자아낸다. (사람들은 그것이 어디에서 오는지도 정확하게 모르지만) 자연은 목재를 수목이 없는 불모 지역들로 보내거니와, 이런 재료가 없으면 그곳 주민들은 그들의 탈것과 무기도, 또 기거할 오두막도 마련하지 못할 터이다. 그곳에서 그들은 동물들과의 전쟁으로 충분한 일거리를 갖는데, 바로 그 때문에 그들 서로 간에는 평화롭게 산다. ── 그러나 그들을 **그곳까지 쫓아 보낸** 것은

B54 추측컨대 다름 아닌 전쟁이었다. 지구에 사람이 살기 시작한 때에, 모든 동물들 가운데서 인간이 길들여서 가축으로 만들 줄 알았던 최초의 **전쟁 도구**는 말이다. (무릇 코끼리는 후대에, 곧 이미 국가가 설립되고 난 뒤의 사치의 시대에 속하는 것이니 말이다.) 지금의 우리로서는 그 원초적 성질을 더 이상 알 수 없는, **곡식**이라고 부르는,

A54 모종의 풀 종류들을 재배하는 기술, 또한 이식과 접목에 의한 **과일 종류들** ── 아마도 유럽에서는 한낱 야생사과와 야생배, 두 가지뿐이었을 터인데 ── 의 개량 증식도 이미 설립된 국가들의 상태에서만, 즉 토지소유가 보장된 곳에서만 생길 수 있었다. ── 인간은 그 먼저 무법〔칙〕적 자유〔상태〕에서 **수렵생활**[※]과 어업 및 목축

B55 VIII364 생활을 거쳐 **농경생활**에 이르렀고, 그때 **소금**과 **철**이 발견되었다.

A55 이것들은 아마도 여러 민족들의 통상에서 널리 그리고 멀리 구했

던 최초의 물품들이었고, 이런 통상을 통해 여러 민족들은 비로소 서로에 대한 **평화적인 관계**에, 그렇게 해서 멀리 떨어져 있는 사람들과도 상호 이해와 교제 그리고 평화적인 관계에 들어서게 되었다.

자연은 인간이 지상의 어디에서나 살 **수 있**도록 배려함과 동시에 인간이 자신들의 경향성에 반해서라도 어디서나 살아**야만 한다** B56

※ 모든 생활방식 가운데서도 **수렵생활**이 의심할 여지없이 교화된〔헌정〕체제에 가장 배치된다. 왜냐하면 그런 생활에서는 서로 따로 살 수밖에 없는 가족들이 이내 곧 서로 **남**이 되고, 광활한 숲속에 흩어져 이내 곧 **적대적**이 되기 때문이다. 가족마다 식량과 의류를 획득하기 위해서는 매우 넓은 공간을 필요로 하니 말이다. — **노아의 피의 금지**(「창세기」 9, 4~6[89]) — 이것은 다른 관점에서이기는 하지만, 빈번하게 반복적으로, 유대 기독교인들이 이교도에서 나중에 개종한 기독교인들에게 조건으로 부과한 것이다(「사도행전」 15, 20[90]; 21, 25[91]) — 는 원초적으로는 **사냥꾼생활**의 금지 이외의 것이 아니었던 것으로 보인다. 왜냐하면 사냥꾼의 생활에서는 고기를 날로 먹는 경우가 자주 일어날 수밖에 없는데, 이를 금지하면 동시에 사냥도 금지될 것이기 때문이다. VIII364

---

89) 곧, "그러나 피가 있는 고기를 그대로 먹어서는 안 된다. 피는 곧 그 생명이다. 너희 생명인 피를 흘리게 하는 자에게 나는 앙갚음을 하리라. 어떤 짐승에게도 앙갚음을 하리라. 사람이 같은 사람의 피를 흘리면, 그에게도 앙갚음을 하리라. 사람은 하느님의 모습으로 만들어졌으니 남의 피를 흘리는 사람은 제 피도 흘리게 되리라."

90) 곧, "다만 우상에게 바쳐서 더러워진 것을 먹지 말고, 음란한 행동을 하지 말고, 목 졸라 죽인 짐승의 고기와 피를 먹지 말라고 편지를 띄웠으면 합니다."

91) 곧, "이방인 신도들에게는 우상에게 바쳤던 제물을 먹지 말고, 피와 목 졸라 죽인 짐승을 먹지 말고, 음란한 행동을 하지 말아야 한다는 우리의 결정을 이미 써 보낸 바 있습니다."

는 것을 전제적으로 욕구했다. 물론 이 '해야만 한다'[당위]가 인간을 어떤 도덕법칙에 의해 그것에 구속시키는 어떤 의무개념을 전제하는 것은 아니지만 말이다. — 오히려 자연은 이러한 자기의 목적에 도달하기 위해 전쟁을 선택했다. — 곧 우리는 그들의 언어가 하나인 데서 그들의 혈통이 하나임을 알게 해주는 민족들을 보는 바이다. 가령 한편의 북극해 해안의 **사모예드**인과 다른 편의 그곳에서 200마일 떨어진 **알타이** 산맥에서 사는 비슷한 언어를 가진 한 민족의 경우, 그들 사이에 다른 한 민족, 곧 기마족이고 호전적인 민족인 몽골족이 쳐들어와서 그들 종족의 저 부분을 이 부분으로부터 멀리, 극히 황량한 한랭 지역으로 쫓아낸 것이지, 확실히 그들 자신의 경향성으로 인해 거기까지 퍼져나간 것은 아닐 것이다.※ — 유럽의 가장 북쪽 지역에 사는, **라프**인이라고 불리는 **핀**족도 꼭 마찬가지다. 그들은 지금은 그토록 멀리 떨어져 있지

A56

B57

※ '자연이 이 빙해 연안이 아무도 살지 않은 채로 남아 있어서는 안 된다고 의욕했을 때, 만약 자연이 어느 날 — 예상할 수 있는 일이거니와 — 그들에게 아무런 목재도 더 이상 떠밀어 보내지 않을 것이면, 그 주민들은 어떻게 될까?' 하고 물을 수 있겠다. 왜냐하면 진보하는 문화에서 온대 지대의 거주민들이 강가에서 자라는 목재를 더 잘 이용하고, 강 속에 떨어지지 않게 하여 바다로 흘러 들어가지 않도록 하는 것은 있을 수 있는 일이니 말이다. 이에 대해 나는 답하거니와, **옵** 강, 예니세이 강, 레나 강가의 주민들은 거래를 통해 저들에게 목재를 가져다주고, 그 대신에 빙해 연안의 바다에 풍성하게 서식하는 동물들에서 나온 산물들을 가져갈 것이다. 만약 그(자연)가 무엇보다도 먼저 그들 사이에 평화를 강제할 것이면 말이다.

B57

146

만, 언어적으로는 친족인 **헝가리**인과의 사이에 파고들어온 고트족
과 사르마트족에 의해 분리된 것이다. (어쩌면 태고의 유럽의 모험가
들로서, 모든 아메리카족과는 다른 종족인) **에스키모**인을 북쪽으로 내
몬 것도, 그리고 아메리카 남쪽의 **페쉐래**인을 포이어랜드까지 내
몬 것도 자연이 〔인류로 하여금〕지상 모든 곳에서 살게끔 하는 수
단으로 이용한 전쟁 외에 무엇이 있을 수 있을까? 그러나 전쟁 자
체는 어떤 특수한 동인을 필요로 하지 않으며, 인간의 자연본성에
접목되어 있고, 심지어는 인간이 이기적인 동기 없이도 명예의 충
동으로 인해 그리로 고무되는, 어떤 고귀한 것으로 여겨지기도 하
는 것처럼 보인다. 그리하여 (아메리카 미개인 및 기사 시대 유럽 미개
인들의) **전쟁의 용기**는 (당연한 바이지만) 전쟁이 **있을 때**만이 아니
라, 전쟁이 **있기** 위해서도 직접적으로 위대한 가치가 있는 것으로
판단되고, 전쟁은 종종 순전히 저 용기를 과시하기 위해 시작되며,
그러니까 전쟁 그 자체에 하나의 내적 **존엄함**이 놓인다. 심지어는
철학자들도 "전쟁은 악인을 제거하는 것보다 악인을 더 많이 만든
다는 점에서 나쁘다"는 저 그리스인[92]의 격언을 생각하지 않은 채,
전쟁이 인간성을 어느 정도 고귀하게 하는 것이라고 찬사를 하기
까지 한다. — 자연이 **그 자신의 목적을 위해** 하나의 동물류인 인
류에 대하여 하고 있는 것은 이 정도로 해두자.

---

92) 누구를 지칭하는지는 확실하지 않다. Antisthenes일 수도 있고, Thukydides
일 수도 있으며(XXIII, 526 참조), 또 다른 누구일 수도 있다.

이제 영원한 평화에 대한 의도의 본질적인 것에 관한 물음은 다음과 같다. 즉 "자연은 이러한 의도에서, 즉 인간에게 인간 자신의 이성이 의무로 부과한 목직과 관련하여, 그러니까 인간의 **도덕적 의도**를 후원하기 위하여 무엇을 행하는가, 그리고 인간이 자유의 법칙들에 따라서 **마땅히 행해야 하는** 것이나, 행하고 있지 않은 것이 이 자유를 손상시키지 않으면서도 인간이 그것을 **행하도록** 하는 자연의 강제를 통해 보장된다는 것을, 그것도 일체의 공법의 세 관계, 즉 **국가법, 국제법, 세계시민법**에 따라서 보장된다는 것을 자연은 어떻게 보증하는가?" — 내가 자연에 대해서, "이러저러한 것이 일어나기를 **자연은 의욕한다**"고 말한다면, 그것은 자연이 우리에게 그것을 하게끔 의무를 지운다는 뜻이 아니라, — 왜냐하면 그런 일은 오직 강제에서 자유로운 실천이성만이 할 수 있는 것이니 말이다 —, 우리가 그것을 의욕하든 말든 자연은 그것을 스스로 **행한다**는 것을 뜻한다. (運命은 意慾하는 者는 이끌고, 意慾하지 않는 者는 질질 끌고 간다.[93])

1. 한 민족은 내부의 불화로 인해 공법의 강제 아래에 들도록 강요받게 되지 않을지라도, 전쟁이 외부에서 그렇게 하도록 할 것이다.

앞서 언급한 자연설비에 따라, 각 민족은 자기를 압박하는 타민족이 이웃으로 눈앞에 있음을 볼 때, 이에 대항해서 하나의 **힘/**

---

93) Seneca, *Epistulae moralis*, XVIII, 4. 칸트는 이 구절을 「이론과 실천」의 결론부에서도 인용하고 있다.(TP: VIII, 313 참조)

148

권력으로서 무장해 있기 위해서는 내부적으로 하나의 **국가**로 형성되지 않을 수 없기 때문이다. 무릇 **공화적** 체제는 인간의 권리/법에 완전하게 부합하는 유일한 체제이다. 그러나 이를 설립하는 것은 아주 어려운 일이고, 이를 유지한다는 것은 더욱이나 어려운 일이어서, 많은 이들은, 이기적인 경향성을 가진 인간들이 그렇게나 고상한 형식의 체제를 세울 능력은 없을 것이기 때문에, 그것은 필시 **천사들**의 국가일 터라고 주장했다.[94] 그러나 이제 자연은 존경은 받지만, 실천에는 무기력한, 보편적인, 이성에 기초한 의지에 도움을 주거니와, 그것도 바로 저 이기적인 경향성을 통해 주니, 관건이 되는 것은 오직 국가의 훌륭한 조직화이다. (물론 이 조직화는 인간의 능력 안에 있는 것이다.) 즉 저 이기적 경향성들의 힘들이 서로 대항하여, 한편이 파괴적으로 작용하는 다른 편 힘을 억지하거나 이를 지양하는 조직화 말이다. 그리하여 결과적으로 이성에게는 마치 거기에 양편의 힘이 전혀 없었던 것처럼 된다. 그래서 인간은 비록 도덕적으로 – 좋은 사람은 아닐지라도 좋은 시민이 되지 않을 수 없는 것이다. 국가설립의 문제가 제아무리 어렵다 할지라도 악마들의 민족에게도 (만약 그들이 지성을 가지고 있기만 하다면) 해결될 수 있는 것이니, 그것은 즉 "모두가 자신들의 보존을 위

A60
B61

---

94) Rousseau는 민주정체에 관해서 유사한 평가를 했다: "신들로 된 국민이 있다면, 그들의 정부는 민주적일 것이다. 그토록 완전한 정부는 인간에게는 맞지 않다."(*Du contrat social ou Principes du droit politique*, III, 4)

해 보편적 법칙들을 구하지만, 그들 각자는 은밀하게는 자기는 그 법칙들에서 예외이려 하는 이성적 존재자들의 집단은, 비록 그들이 그들의 사적 마음씨에서는 서로 어긋난다 할지라도, 그들의 공적 처신에 있어서는 그 결과가 마치 그들이 그러한 악한 마음씨를 갖지 않은 것처럼 되게 그런 사적 마음씨들을 서로 억지하게끔 정리하고 그들의 〔헌정〕체제를 설립하는 것이다." 이러한 문제는 틀림없이 해결될 수 있다. 왜냐하면 이 문제는 인간의 도덕적 개선이 아니라, 단지 자연의 기제이기 때문이다. 즉 알고자 하는 문제는, 사람들이, 인간들의 비평화적인 마음씨들의 상충을 한 국민 안에서 조정하여, 그들 자신이 강제법칙들 아래에 복속하도록 서로 강요하고, 그렇게 해서 법칙들이 효력을 갖는 평화상태를 초래하지 않을 수 없도록 하기 위해, 인간에게서의 그 기제를 어떻게 이용할 수 있는가 하는 것이기 때문이다. 사람들은 이런 것을 실제로 현존하는, 아직은 매우 불완전하게 조직화된 국가들에서 보는 바이거니와, 이런 국가들은 비록 도덕성의 내면적 요소가 확실히 그것의 원인이 아님에도 불구하고, 외적인 태도에 있어서는 법의 이념이 지시하는 바에 이미 사뭇 접근해 있다. (도대체가 좋은 국가체제를 도덕성에서 기대할 수 있는 것이 아니라, 오히려 거꾸로, 좋은 국가체제에서 비로소 한 국민의 좋은 도덕적 형성을 기대할 수 있는 것이다.) 그러니까 자연의 기제는 자연스레 상호 외적으로 어긋나게 작용하는 이기적 경향성들을 통하여 이성에 의해 하나의 수단으로 사용될

수 있는바, 그것은 이성 자신의 목적, 즉 법적 지시규정을 위한 공
간을 만들고, 그렇게 함으로써 국가가 할 수 있는 한, 대내외적 평
화를 촉진하고 확보하는 수단으로 사용될 수 있는 것이다. — 그
러므로 이제 이것이 뜻하는 바는, 자연은 법/권리가 끝내는 최고
권력을 보유하기를 불가항력적으로 **의욕한다**는 것이다. 무릇 사
람들이 여기서 행하기를 소홀히 하는 것, 그것은 끝내는 스스로 이
룬다. 비록 많은 불편을 동반하기는 하겠지만. — "갈대를 너무 강
하게 구부리면, 부러진다. 그리고 너무 많은 것을 의욕하는 자는
아무것도 의욕하지 않는 것이다."(**부터베크**[95])

2. 국제법의 이념은 상호 독립적인 이웃해 있는 수많은 국가들
의 분리를 전제로 한다. 설령 이러한 상태가 (만약 그 국가들의 연방
적 통일이 적대성의 발발을 예방하지 못하여) 그 자체로 이미 하나의
전쟁상태라 하더라도, 이 상태만으로도, 이성의 이념에서 볼 때,
다른 국가들을 제압하여 하나의 보편 왕국으로 나아가는 강국에
의해 여러 나라들이 용해[합방]되는 것보다는 좋다. 왜냐하면 통
치의 범위가 더 확대됨과 함께 법률들은 위력을 점점 더 상실하고,
영혼 없는 전제는 선의 싹을 절멸시킨 후, 마침내 무정부상태로 추
락할 것이기 때문이다. 그럼에도 불구하고 모든 국가(또는 그 수령)

---

95) Friedrich Bouterwek(1766~1828). 젊은 시절에 Göttingen 대학의 철학 사
   강사로서 (후에는 교수) 시인이 되고자 했으며, 칸트와 교류도 있었다.(XI,
   431~432; XIII, 345 참조)

가 갈망하는 바는 이런 식으로, 자신이 가능한 한 전 세계를 지배하는, 지속적인 평화상태로 이행해가는 것이다. 그러나 **자연**은 이와는 다르게 **의욕한다**. ― 자연은 **언어**와 **종교들**※의 상이성이라는 두 수단을 이용하여 민족들이 서로 섞이는 것을 막고, 그들을 분리시킨다. 언어와 종교들의 상이성은 서로 상대방을 증오하는 성벽과 전쟁의 구실을 동반하기도 하지만, 그럼에도 문화가 성장해가고 인간이 원리에 있어서의 보다 큰 일치로 점진적으로 접근해감으로써 평화에 대한 동의를 이끌어간다. 이 평화는 (자유의 묘지에서의) 저 전제에서처럼, 모든 힘들의 약화에 의한 것이 아니라, 모든 힘들의 활기찬 경쟁 속에서의 균형에 의해 만들어내지고 보장되는 것이다.

B64 A63

B65

※ **종교들의 상이성**, 기이한 표현이다! 마치 사람들이 또한 상이한 **도덕**들에 대해서 이야기하는 것처럼, 그와 똑같다. 역사적인 수단들인 상이한 **신앙방식들**은 있을 수 있다. 역사적인 수단들은 종교에 속하는 것이 아니라, 종교를 촉진하기 위해 사용된 역사에 속하는, 즉 학식의 분야에 속하는 것이다. 그와 마찬가지로 상이한 **종교서들**(젠다베스타,[96] 베담,[97] 코란 등등) 또한 있을 수 있다. 그러나 종교는 모든 사람들에게 그리고 모든 시대에 타당한 단 하나만이 있을 수 있다. 그러므로 앞의 것들은 다름 아니라 단지 종교의 운반체일 뿐인 것으로서, 우연적이고 시대와 장소의 상이함에 따라 상이할 수 있는 것을 함유한다.

---

96) Zendavesta: 조로아스터교의 경전.
97) Vedam: 힌두교 경전.

3. 자연은, 각 국가의 의지가, 그것도 국제법에 근거해서까지, 기꺼이 간계 또는 폭력을 통해 자기 밑에 통합하고 싶어 하는 여러 민족들을 지혜롭게 분리시켜놓듯이, 다른 한편으로는 또한 세계시민법의 개념이 폭력과 전쟁에 대항해서 보호하지 못했을 민족들을 교호적 사익(私益)을 통해 통합시킨다. 그것은 상업적 정신인바, 이는 전쟁과 양립할 수 없는 것으로, 조만간 모든 국가를 장악한다. 곧 금력이야말로 국가권력에 종속되어 있는 모든 권력(수단)들 가운데서도 가장 믿을 만한 것이기 때문에, 국가들은 (물론 도덕성의 동기에서는 아니겠지만) 고귀한 평화를 촉진하지 않을 수 없게 되며, 그리고 전쟁 발발의 위협이 있는 곳이 어디든지 간에, 중재를 통해 전쟁을 막지 않을 수 없게 된다. 마치 그 국가들이 그로 인해 영속적인 동맹 속에 있는 것처럼 말이다. 왜냐하면 전쟁을 위한 대 규모의 통합들이란 사안의 본성상 단지 최고로 드물게만 일어날 수 있는 일이고, 성공은 더욱더 드문 일이기 때문이다. — — 이러한 방식으로 자연은 인간의 경향성들 자체에 있는 기제를 통해 영 원한 평화를 보증한다. 물론 그것은 그 평화의 미래를 (이론적으로) 예언하기에 충분할 만큼 확실하지는 않지만, 그럼에도 실천적인 견지에서는 족하고, (한낱 환영(幻影)이 아닌) 이 목적을 향해 노력하는 것을 의무로 만든다.

제2 추가⁹⁸⁾
영원한 평화를 위한 비밀 조항

공법적 협상에서의 비밀 조항은 객관적으로는, 다시 말해 그 내용 면에서 볼 때는, 하나의 모순이다. 그러나 주관적으로는, 즉 그 비밀 조항을 지시하는 인격의 질의 면에서 판정하자면, 곧 그 인격이 그 비밀 조항의 창안자로서 공개되는 것을 자신의 존엄성에 대해 우려할 일로 본다는 점에서는 충분히 비밀 조항이 생길 수 있다.

이러한 종류의 유일한 조항은 다음의 명제 중에 함유되어 있다 :

전쟁을 위해 무장한 국가들은 공적인 평화를 가능하게 하는 조건들에 관한 철학자들의 준칙들을 충고로 받아들여야 한다.

그러나 사람들이 자연스레 최고의 지혜를 부여할 수밖에 없는 국가의 입법적 권위에게는 국가의 타국들에 대한 태도〔관계〕의 원칙들에 관해 **신민들**(즉 철학자들)에게 가르침을 구한다는 것이 권위가 손상되는 일로 보일 것이다. 그럼에도 불구하고 그렇게 하는 것은 매우 권할 만한 일이다. 그러므로 국가는 이들에게 **암묵적으로**(그러므로 국가는 이를 비밀에 부치고서) **그렇게 하도록 청**할 것이다. 같은 말이지만 곧, 국가는 이들이 자유롭고 공공연하게 전쟁 수행과 평화설립의

---

98) "제2의 추가" 전체 B판 추가.

보편적 준칙들에 관해 **발언하도록 할 것이다.**(무릇 철학자들은 그렇게 하는 것을 금지하지만 않는다면, 이미 스스로 그리할 것이다.) 그리고 이 점에 관한 국가들 상호 간의 일치는 이러한 의도에서의 국가들 서로 간의 어떤 특별한 약속도 필요치 않으며, 오히려 보편적인 (도덕적으로 법칙수립하는) 인간 이성에 의한 책무 안에 이미 들어 있다. ― 그러나 이것이 의미하는 바가, 국가는 철학자의 원칙들에게 (국가권력의 대리자인) 법률가의 발언들보다 더 우선권을 주어야 한다는 것은 아니고, 다만 국가는 철학자의 말을 **들어볼** 필요가 있다는 것이다. 법의 **저울**을 정의의 **칼**과 함께 상징으로 삼았던 법률가는 통상 정의의 칼을, 순전히 외부의 영향들이 법의 저울에 미치지 못하도록 제지하기 위해서가 아니라, 오히려 한쪽의 접시가 〔자기가 의욕하는 바대로〕 기울어지지 않을 때, 그 안에 칼을 함께 올려놓기 위해 이용한다.(敗者들에게는 殃禍로다.[99]) 이런 유혹을 가장 크게 받는 것은 동시에 (또한 도덕성의 면에서) 철학자가 아닌 법률가이다. 왜냐하면 그의 직무는 단지 현존하는 법률을 적용하는 일로서, 이 법률 자체가 개선이 필요한 것이 아닌지를 연구하는 일은 아니기 때문이다. 그리고 법률가는 자기 학부[100]의 실제로는 이러한 낮은 서열을, 권력을 동반하고 있음

---

99) 원문: vae victis. Livius, *Ab urbe conditia*, V, 48, 9 참조. Livius에 따르면, 기원전 390년경 로마를 정복한 갈리아 군대 사령관 Brennus(Brennos)가 철수 조건으로 로마인으로부터 합의금을 받는 자리에서 틀린 저울을 사용하자 로마인이 이에 항의했을 때 자기의 칼까지 던져 놓으면서 조롱하는 투로 이렇게 말했다 한다.

으로 해서 — 이 점에서는 다른 두 학부[101]도 해당되거니와[102] — 높은 서열로 여긴다. — 철학부는 이런 연합된 세력 아래서 아주 낮은 지위에 처해 있다. 그리하여 예컨대 철학에 대해서는 "철학은 신학의 **시녀이다**"라는 말도 있다. (그리고 똑같이 다른 두 학문의 시녀라고 말할 수도 있다.) — 그러나 사람들은 "그 시녀가 횃불을 들고 그 귀부인들을 앞서가고 있는지, 끌리는 옷자락을 들고 뒤따르고 있는지"를 제대로 보고 있지 못하다.[103]

왕들이 철학을 한다거나 철학자들이 왕이 된다는 것은 기대할 수도 없는 일이고, 바람직하지도 않다. 왜냐하면 권력의 점유〔소유〕는 B70 이성의 자유로운 판단을 불가피하게 손상시키기 때문이다. 그러나 왕들이 또는 (평등의 법칙들에 따라 자기 자신을 지배하는) 왕 같은 국민들이 철학자 부류를 사라지게 하거나 침묵하게 하지 말고, 공공연하게 말하게 하는 것은 양자에게 그들의 업무를 빛나게 하는 데에 불가결한 것이다. 그리고 이 철학자 부류는 그들의 본성상 도당 조직이나 비밀결사에는 무능하기 하기 때문에, 어떤 **선동**의 혐의를 받을 필요가 없다.

---

100) 곧 법학부.
101) 곧 신학부와 의학부.
102) 당시에 신학부, 법학부, 의학부를 통칭 '상부 학부'라고 했고, 철학부를 '하부 학부'라 했다.
103) 중세적 전통의 '신학의 시녀(ancilla theologiae)'론에 대한 칸트의 유사한 언사는 『학부들의 싸움』(VII, 28)에서도 볼 수 있다.

부록

I.
영원한 평화의 관점에서,
도덕과 정치의 불일치에 관하여

　도덕은 이미 그 자체로 객관적 의미에서 하나의 실천으로서, 우리가 그에 따라 행위**해야만 한다**는, 무조건적으로 지시명령하는 법칙들의 총체이다. 그리고 사람들이 이 의무개념에 그 권위를 인정하고 난 후에, 그럼에도 그것을 **할 수 없다**고 말하고자 하는 것은 명백하게 이치에 맞지 않다. 왜냐하면 그럴 경우 이런 개념은 도덕에서 저절로 떨어져나갈 것이기 때문이다.(누구도 할 수 있는 것 以上으로 義務 지워지지 않는다.[104]) 그러니까 실행적인 법이론으로서 정치〔학〕와 이론적인 법이론으로서 도덕〔학〕과의 싸움(그러니까 실천과 이론의 싸움)이란 있을 수 없다. 그런 경우에는 사람들이 도덕〔학〕을 일반적 **영리**〔怜悧〕**의 이론**〔정략 이론〕, 다시 말해 이익을 얻으려 계

---

104) 원문: ultra posse nemo obligatur. 로마법 법언(法諺).

산된 자기의 의도에 가장 유용한 수단을 선택하기 위한 준칙들의 이론으로 이해할 수밖에 없을 것, 다시 말해 도대체가 도덕[학]이라는 것이 있다는 것을 부인할 수밖에 없을 것이니 말이다.

정치는 **"뱀처럼 영리하라"**라고 말하고, 도덕은 이에 (이 말을 제한하는 조건으로) **"그리고 비둘기처럼 순박하라"**[105]라고 덧붙인다. 만약 양자가 하나의 지시명령 안에서 공존할 수 없다면, 실제로 정치와 도덕은 싸우게 된다. 그럼에도 양자가 반드시 통합되어 있어야 하는 것이라면, 대립의 개념은 불합리하고, 저 싸움을 어떻게 조정할 것인지 하는 물음이 아예 과제로 제기되지도 않을 것이다. "정직이 최선의 정치이다"라는 명제는 실천이 유감스럽게도(!) 매우 자주 그와 모순되는 한 이론을 함유하고 있다. 그럼에도 "정직은 어떤 정치보다 낫다"라는 똑같이 이론적인 명제는 일체의 이의제기를 넘어 무한히 숭고하며, 정말이지 정치의 불가피한 조건이다. 도덕의 수호신은 (권력의 수호신인) 주피터에게 굴복하지 않는다. 왜냐하면 주피터는 여전히 숙명에 종속되어 있기 때문이다. 다시 말해 이성은, 인간의 행동거지로부터의 행복한 또는 불행한 결과를 자연의 기제에 따라서 확실하게 미리 알게 해주는 — 비록 그 결과가 소망대로 이루어지기를 희망한다 해도 — 앞서 규정[예

---

105) 「마태오복음」 10, 16: "이제 내가 여러분을 보내는 것은 마치 양들을 이리들 가운데 보내는 것과 같습니다. 그러니 여러분은 뱀같이 슬기롭고 비둘기같이 순박하게 되시오." 참조.

정)된 원인들의 계열을 조망할 만큼 충분히 개명되어 있지 못하다. 그러나 의무의 궤도에 (지혜의 규칙들에 따라) 머물러 있기 위해 사람들이 해야 할 것이 무엇인지, 이에 대해서는 그리고 이와 함께 궁극목적에 대해서는 이성은 우리에게 어디서나 충분히 밝게 조명해주고 있다.

그러나 이제 (도덕이 그에게는 한갓된 이론일 따름인) 실천가는 (그 VIII371 것은 마땅히 **해야 하는 것**이고 **할 수 있는 것**임을 인정하기는 하면서도) 우리의 선량한 희망을 냉정하게 꺾어버리거니와, 이것은 본래, 그가 인간의 자연본성에서, 인간은 영원한 평화로 이끄는 저 목적을 성취하기 위해 요구되는 것을 결코 **의욕하지〔하고자 하지〕않을 것**임을 미리 안다고 생각하기 때문이다. — 물론 법칙적 체제 내에서 자유원리들에 따라 살고자 하는 **모든 개별적** 인간의 **의욕**(모 B74 든 이의 의지의 **분배적 통일**)은 이 목적을 위해 충분하지 않으며, 오 A69 히려, **모두가 함께** 이러한 상태를 의욕한다(합일된 의지의 **집합적 통일[106]**)는, 이러한 어려운 문제의 해결이 또한 요구되며, 그리해야만 하나의 전체로서 시민적 사회가 생성될 것이다. 그러므로 모든 이 중 어느 누구 홀로는 할 수 없는 하나의 공동의〔공동체적〕의지를 만들어내기 위해서는, 모든 이의 특수한 의욕의 차이를 넘어, 그런 의욕을 합일시키는 또 하나의 원인이 덧붙여지지 않으면 안 된

---

106) '분배적 통일'(각각이 하나같음)과 '집합적 통일'(전체가 하나가 됨)의 구별에 대해서는 칸트의 『순수이성비판』, A582=B610 참조.

다. 그래서 저러한 이념을 (실천에서) **실현함**에서는 다름 아니라 법적 상태의 시작, 즉 **권력**에 의한 시작에 기댈 수밖에 없고, 나중에 공법은 이러한 권력의 강제에 기초하게 되는 것이다. 이러한 사정은 물론 (게다가 사람들은 여기서, 입법자가 야만적인 무리를 하나의 국민으로 통합시킨 후에 이 국민에게 그들의 공동의 의지를 통해 하나의 법적 〔헌정〕체제를 성취하는 일을 넘겨줄 것이라는, 도덕적인 마음씨를 거의 기대할 수 없으므로) 현실적 경험에서는 저 (이론의) 이념과의 커다란 편차를 이미 예기할 수 있게 한다.

B75

A70 다시 말하자면 이렇다. 즉 일단 권력을 장악한 자는 국민에 의해 법률이 제정되도록 하지 않을 것이다. 국가 역시, 일단 어떤 외부의 법률에 종속하지 않을 정도의 힘을 가지면, 그 국가가 타국들에 대해 자기의 권리를 찾아야 하는 방식에 관하여 타국의 법정에 의존하지 않을 것이며, 한 대륙조차도, 만약에 자기에게 별다른 장애가 되지 않는 타 대륙에 대해 우월함을 느끼게 되면, 그 대륙을 약탈하거나 심지어는 지배함으로써 그의 세력을 강화하는 수단으로 이용하지 않을 리 없을 것이다. 무릇 그리하여 국가법, 국제법, 세계시민법을 위한 이론의 모든 계획안들은 내실없는 실현 불가능한 이상들로 휘발되어버리고, 그에 반해 인간의 자연본성의 경험적 원리들에 기초한, 세간에서 통용되는 방식에서 자기의 준칙들을 위한 가르침을 끌어내는 일을 그다지 저속하지 않다고 여기는 실천만이 국가정략[107]이라는 건물을 위한 확실한 기초를 찾

을 수 있다고 기대할 수 있을 것이다.

물론, 자유라는 것과 그 위에 기초한 도덕법칙이 있지 않고, 일 B76 VIII372
어나고 일어날 수 있는 모든 것이 자연의 순전한 기제라면, (이러한 A71
기제를 인간의 통치를 위해 이용하는 기술로서) 정치는 실천적 지혜의
전체일 것이고, 법개념은 내실없는 사상〔사념〕일 것이다. 그러나
만약 사람들이 이 법개념을 정치와 결합하고, 더 나아가 법개념을
정치를 제한하는 조건으로까지 고양시키는 것이 불가피하게 필요
하다고 본다면, 이 양자의 화합가능성[108]이 용인되지 않을 수 없을
것이다. 그런데 나는 **도덕적 정치가**, 다시 말해 국가정략의 원리들
을 도덕과 양립〔공존〕할 수 있게끔 취하는 이는 생각할 수 있지만,
정치가의 이익이 유리하게 보는 바대로 도덕을 마름질하는 **정치적
도덕가**를 생각할 수는 없다.

도덕적 정치가는 다음과 같은 것을 원칙으로 삼을 것이다. 즉
국가〔헌정〕체제나 국제 관계에서 도저히 방지할 수 없었던 결함이
일단 생기면, 특히 국가원수들에게는, 어떻게 하면 그 결함을 가능 B77
한 한 속히 개선하고, 또 이성의 이념 중에서 우리에게 범례로서 제
시되어 있는 것 같은 자연법에 부합하게 만들 수 있을까를 숙고하 A72
는 것이 의무이고, 그것은 그들의 이기심을 희생시켜서라도 그리해

---

107) 원어: Staatsklugheit.
108) 원어: Vereinbarkeit.

야 한다는 원칙 말이다. 그런데 아직 그 대신으로 보다 개선된 체제가 들어설 준비가 되기 전에, 국가의 통합 또는 세계시민의 통합의 유대를 끊어버림은 이 점에서 도덕과 일치하는 모든 국가정략에 반하므로, 저런 결함을 즉각 그리고 격렬히 수성해야 한다고 요구하는 것은 이치에 맞지 않기는 하겠다. 그러나 목적(법법칙[109]들에 따른 최선의 체제)에 부단히 접근해가기 위해서는, 적어도 그러한 수정이 필요하다는 준칙이 권력자의 내면 깊숙이 자리 잡고 있어야 함은 권력자에 대해 요구할 수 있는 것이다. 한 국가는 설령 현행 헌법에 따라 전제적 **지배권력** 중에 있다 할지라도, 이미 공화적으로 **통치**될 수도 있으니, 점차로 국민이 (법률이 마치 물리적 권력을 가진 것인 양) 법률의 권위의 순전한 이념에 영향받을 수 있게 되고, 그리하여 (근원적으로 법/권리에 기초되어 있는) 자기 입법의 능력

B78

---

109) 원어: Rechtsgesetz. 칸트는 이성을 법칙수립의 능력이라 정의하거니와, 이성의 작용이 한편으로는 '이론적'이고, 다른 편으로는 '실천적'인 만큼, 이론이성의 법칙 곧 자연법칙과 함께 또한 실천이성의 법칙(Gesetz)이 있다. 실천이성의 법칙은 다시금 윤리인 것과, 법리적인 것으로 나뉘는데 전자를 "덕법칙(Tugendgesetz)"이라 하고, 후자는 "법법칙"이라 일컫는다. "너의 의지의 준칙이 항상 동시에 보편적 법칙수립의 원리로서 타당할 수 있도록, 그렇게 행위하라"(*KpV*, A54=V30)라는 '순수 실천이성의 원칙'이 이를테면 '인간 존엄성의 원칙', "네가 너 자신의 인격에서나 다른 모든 사람의 인격에서 인간(성)을 항상 동시에 목적으로 대하고 결코 한낱 수단으로 대하지 않도록, 그렇게 행위하라"(*GMS*, B66 이하=IV429)로 정식화된 것을 보편적인 덕법칙이라 한다면, 가장 보편적 법법칙은 이를테면 '자유 공존의 원칙', 즉 "너의 의사의 자유로운 사용이 보편적 법칙에 따라 어느 누구의 자유와도 공존할 수 있도록, 그렇게 행위하라"(*MS, RL*, AB34=VI231)라는 정식이겠다.

162

을 갖추게 될 때까지는 말이다. 비록 나쁜 체제로 인해 생겨난 **혁** A73
명의 격렬함을 통해 불법적으로 보다 합법칙적인 체제가 쟁취되어
있다 할지라도, 국민을 다시 옛 체제로 되돌아가게 하는 것을 더
이상 허용될 수 있는 일로 보아서는 안 될 것이다.[110] 비록 혁명 중
에 그에 폭력적으로 또는 악랄하게 관여한 자는 누구나 당연히 반 VIII373
란자의 형벌을 받게 된다 할지라도 말이다. 그러나 대외적인 국가
들의 관계에 관해 말하자면, 어떤 국가에 대해서, 그 국가가, 설령
전제적인 것이라 하더라도, 그 〔헌정〕체제 ─ 이 체제가 외부의 적
과 관련해서는 더 강력한 체제인바 ─ 를 폐지하도록 요구할 수
없다. 그런 한에서 그 국가는 타국들에 의해 곧장 병탄되는 위험에
빠지게 될 것이다. 그러니까 체제 개선의 저런 의도가 있다 할지라
도 더 좋은 시대 상황이 올 때까지 그 실행을 연기하는 것이 용인
되지 않으면 안 된다.※

※ 이것은 이성의 허용법칙들로서, 부정의와 맺어져 있는 공법의 상태도 B79
  온전한 변혁을 위해 모든 것이 저절로 성숙되거나, 평화적 수단을 통
  해 그런 성숙에 가까워질 때까지는 존속하게 둔다는 법칙이다. 왜냐하
  면 뭐가 됐든 하나의 **법적** 체제는, 설령 단지 미미한 수준에서 합법적
  일 따름이라고 하더라도, 전혀 없는 것보다는 낫고, **성급하게 한** 개혁 A74
  은 후자와 같은 운명(즉 무정부상태)을 맞을 수도 있기 때문이다. ─
  그러므로 국정지혜〔국가정책〕[111]는 사물들이 지금 있는 상태에서 공법

---

110) 칸트 『법이론』, A181=B211=VI323 참조.
111) 원어: Staatsweisheit.

그러므로 전제에 가담하는 (실행에서 결함이 있는) 도덕가들이 (성급하게 받아들였거나 칭송했던 조처들로 인해) 여러모로 국가정략과 어긋나는 일은 언제나 있을 수 있다. 그러나 경험은 이들의 이러한 자연과의 충돌에서도 이들을 차츰차츰 더 나은 궤도로 진입시킬 것이 틀림없다. 그 대신에 도덕을 내세우는 정치가들이 이성이 지

시규정하는 이념대로 선을 행할 **능력이** 없는 것이 인간의 자연본성이라는 구실하에 법/권리에 어긋나는 국정원리들[112]을 미화함으로써, 그들의 힘이 미치는 만큼, 개선되는 것을 **불가능하게 만들고**, 법의 훼손을 영구화한다.

이러한 국가정략적인 인사들은 실천〔력〕을 가지고 있다고 뽐내지만, 그 대신에 그들은 **책략**을 가지고 행동할 뿐이다. 그들은 한낱 (자신들의 사적 이익을 놓치지 않기 위하여) 현재의 지배적 권력에 맞장구침으로써, 국민을, 그리고 가능하다면, 전 세계라도 대가로 치를 것을 궁리하면서 말이다. 이것이 (**법칙수립〔입법〕적** 법률가가 아니라, 직업적인) 진짜 법률가들이 정치에까지 오르려 할 때 보이는

의 이상에 맞게 개혁하는 것을 의무로 삼는 것이다. 그러나 〔국정지혜는〕 혁명들을, 자연이 저절로 초래한 경우에는, 한층 더 강한 탄압을 위한 구실로가 아니라, 자유의 원리들에 기초한 법칙적인 체제가 유일하게 지속적인 체제이니 만큼, 근본적인 개혁을 통해 이를 성취하라고 하는 자연의 부름으로 이용하는 것이다.

---

112) 원어: Staatsprincipien.

방식이다. 왜냐하면 이들의 과업은 법칙수립〔입법〕 자체에 관해 사변하는 일이 아니라, 국법의 현재의 지시명령을 완수하는 것이 기 때문이다. 그래서 이들에게는 지금 현존하는 제정법적 〔헌정〕체 제는 무엇이나 최선의 것일 수밖에 없고, 만약 이것이 상부에서 변 경이 되면, 이제는 그 뒤따르는 체제가 최선의 것일 수밖에 없다. 이럴 경우 여기서는 모든 것이 각기 합당한 기계적 질서 안에 있는 VIII374 것이다. 그러나 모든 경우에 대비되어 있는 이들의 능란함이 그들 에게 **국가〔헌정〕체제**의 원리들 일반에 관해서도 법개념들에 따라 서 (그러니까 경험적으로가 아니라, 선험적으로) 판단할 수 있다는 망 B81 상을 불어넣으면, 그리고 그들이 **인간**을, 그리고 인간이 무엇을 이 루어낼 수 있는가를 알지 — 이를 위해서는 인간학적 고찰의 고차 적 입점이 필요하거니와 — 도 못하면서, **인간**을 안다고 — 그들 A76 은 많은 이들과 관계하기 때문에, 물론 이것을 기대할 수는 있다 — 떠벌리고, 이런 개념들을 가지고서 이성이 지시규정하는 바대 로의 국가법과 국제법에 다가가게 되면, 그들이 이렇게 넘어가는 것은 전횡과 다른 바 없는 짓이다. 이성의 개념들이 오직 자유원 리들에 따른 합법칙적인 강제를 정초하고자 하고, 이 강제를 통해 비로소 정당하게 영속적인 국가〔헌정〕체제가 가능한 그런 곳에서 도, 이들은 (전제적으로 주어진 강제법칙들에 의한 기제라는) 그들의 상 투적인 절차만을 좇을 것이니 말이다. 자칭 실천가는 이러한 과제 를 저러한 이념을 간과하고서 경험적으로, 즉 이제까지는 가장 잘 유지되어 왔으되 많은 점에서 법에 어긋나는 국가체제들이 어떻게 정비되었는가에 대한 경험을 바탕으로, 해결할 수 있다고 믿는다.

B82 — 그가 이를 위해 이용하고 있는 준칙들은 (물론 그가 이것들이 공개되도록 하지는 않지만) 대략 다음과 같은 궤변적 준칙에 귀착한다.

1. 行하라, 그리고 辨明하라.[113] (자국민이든, 이웃한 타 국민이든 이

A77 들에 대한 국가의 권리를) 독점으로 점취하기 위한 유리한 기회를 잡아라. 정당화〔변명〕는 **행위가 있은 후에 훨씬 더 쉽게** 그리고 그럴듯하게 이루어질 수 있고, 폭력도 미화될 수 있다.(특히 전자의 경우에는, 국내에서 상위 권력이 곧바로 입법 당국이 되는 것이니, 사람들이 이에 관해 따져보지도 못한 채, 그에 따를 수밖에 없다.) 먼저 설득력 있는 근거들을 생각해내고, 그에 대한 반론들이 비로소 사라질 것을 기다리려 하는 것보다는 그게 훨씬 쉽다. 이러한 뻔뻔함 자체가 행위의 적법성〔정당성〕에 대한 내적 확신의 모종의 외관을 주며, 幸運의 結果[114] 신〔神〕이 나중에 최선의 변호인이 된다.

2. 萬若 行했다면, 否定하라.[115] 너 자신이 과오를 범한 것을, 예

---

113) 원문: Fac et excusa.

114) bonus eventus. 로마 열두 신 중 하나로 간주되기도 하며, 농업 분야가 주관장 분야이다.

115) 원문: Si fecisti, nega.

컨대 너의 국민을 절망에 빠뜨리고, 폭동으로 이끌었다 해도, 그것 B83
이 **너의** 탓임을 부인하라. 오히려, 그것이 신민들이 반항한 탓임을
주장하라. 또는 네가 이웃 국민을 점령한 경우에도, 그것은, 인간
이 타인에 폭력으로 선수를 치지 않으면, 확실히 타인이 그에게 선 VIII375 A78
수를 쳐서 그를 점령하게 될 것을 계산할 수 있는 인간의 자연본
성의 탓임을 주장하라.

3. 分轄하라 그리고 支配하라.[116] 다시 말하자면, 너의 국민 중
특권을 가진 모모 주요 인사들이 있어서, 이들이 너를 한낱 그들
의 우두머리(同等한 者 中 第一人者)로 선출한 것뿐이라면, 저들을
서로 분열시키고, 이들을 국민과 이간시켜라. 그리하고서 국민들
에게 더 큰 자유를 주겠다고 현혹하면서 국민들의 편에 서라. 그러
면 만사가 너의 무제약적인 의지에 좌우될 것이다. 또는 그것이 외
국들이라면, 그들 사이의 불화를 야기하는 것은 약소국을 원조한
다는 겉모양 아래서 한 국가 한 국가를 차례로 복속시켜가는 상당
히 확실한 수단이다.

그런데 이러한 정치적 준칙들에 의해서는 아무도 속지 않을 것
이다. 왜냐하면 이런 것들은 모두 이미 보편적으로 알려져 있으니

---

116) 원문: Divide et impera.

B84 말이다. 또한 이러한 준칙들을 가지고서 그 부정의함이 확연히 폭로될까 보아 부끄러워하는 경우도 없다. 무릇 강대한 권력들은 일반 대중의 판단에 대해서는 부끄러워하는 일이 없고, 단지 한 강대 권력은 다른 강대 권력들 앞에서만 부끄러워할 뿐이며, 저 원칙

A79 들과 관련해서도, 그것들이 폭로되는 일이 아니라, 단지 그것들의 **실패**만이 그들을 부끄럽게 할 수 있다. (왜냐하면 그 준칙들의 도덕성에 관해서는 그들 모두가 생각이 서로 합치하기 때문이다.) 그리하여 그들에게는 언제나 그들이 확실하게 의지할 수 있는 **정치적 명예**, 곧 그것이 어떤 방법으로 얻어진 것이든 간에 **그들 권력의 확대**만이 남는다.※

※ 인간의 자연본성에 뿌리박고 있는 모종의 사악성을, 한 국가 안에서 함께 살고 있는 **사람들**은 아직도 긴가민가해 하고, 그래서 그 대신에, 아직 그다지 충분하게 진보하지 못한 문화의 결여(야만성)가 어느 정도 그들 사유방식[성향]의 반법칙적인 현상들의 원인인 것처럼 끌어대진다고 하더라도, 이러한 사악성은 **국가들** 상호 간의 대외 관계에서는 전혀 감출 수 없고 부정할 수 없을 만큼 현저하게 눈에 띈다. 각 국가의 내부에서는 그런 사악성이 시민적 법률의 강제에 의해 가려져 있다.

B85 왜냐하면 시민들 상호 간의 폭력으로의 경향성에는 더 큰 권력이, 곧 정부의 권력이 강력하게 맞대응하고, 그래서 전체에 대해서 도덕적 채색 — 理由들이 原因들은 아니다[117] — 을 할 뿐만 아니라, 반법칙적인 경향성들의 발발에 대해서는 빗장이 질러져서, 도덕적 소질이 법에 대

VIII376 A80 한 직접적인 존경으로 발전하는 일이 실제로 매우 쉽게 되기 때문이다. — 무릇 누구나 그가 타인 어느 누구도 똑같이 할 것이라고 기대할 수

---

117) 원문: causae non causae.

　자연상태의 전쟁적인 상태에서 인간 사이의 평화상태를 끌어내
려는, 이와 같은 비도덕적인 정략적 이론〔책략〕의 번쇄한 의론으   B86
로부터 적어도 다음과 같은 사실이 분명해진다. 즉 인간은 그들의   A81 VIII376
사적 관계에서도 그러하듯이 공적 관계에서도 법개념을 벗어날 수
는 없으며, 감히 정치를 공적으로 정략/책략의 수법에 의거할 수
는 없는 것이니, 그러니까 인간은 공법의 개념에 모든 복종을 거
부 ― 이것이 특히 국제법의 개념에서는 두드러져 보이거니와 ―
할 수는 없는 것이다. 오히려 인간은, 실천에서 법개념을 회피하

만 있다면, 그편에서 그도 법개념을 신성하게 여기고 성실하게 준수할
것이라고 믿는바, 저러한 보증을 부분적으로는 통치〔정부〕가 그에게
해준다. 그리고 나면 이러한 보증에 의해 도덕성을 **향한** 큰 발걸음이
(아직 도덕적 발걸음은 아닐지라도) 내디뎌진다. 무릇 도덕성이란 보
답을 고려하지 않고서도 그 자체를 위하여 이러한 의무개념에 충직한
것이다. ― 그러나 각자는 자기 자신에 대해서는 자기가 선하다고 생
각하면서도 타인 모두에게서는 악한 마음씨를 전제하기 때문에, 그들
은 서로 교호적으로 그들 모두는, **사실**로 말하자면, 거의 쓸모가 없다
는 판단을 입에 담는다. (이런 판단이 어디에서 유래하는지는, 그것을
자유로운 존재자인 인간의 **자연본성**에다 탓을 돌릴 수는 없기 때문에,   B86
해명되지 않은 채로 남을 수도 있다.) 그럼에도 법개념에 대한 존경은,
이에서 인간은 절대로 벗어날 수 없거니와, 인간이 법개념에 부합하게
될 수 있는 능력이 있다는 이론을 가장 엄숙하게 승인하므로, 누구나,
타인이야 그가 의욕하는 대로 처신한다 할지라도, 자기로서는 저 법개
념에 맞게 행위하지 않으면 안 된다는 것을 아는 바이다.

고, 교활한 권력에다 모든 법의 근원이자 유대가 되는 권위를 날조하기 위해서, 수백 가지 핑계와 꾸며대기를 짜내야 할 때, 실은 법개념 자체에 모든 걸맞은 명예를 표하고 있는 것이다. ― 이러한 궤변에 종지부를 찍기 위해서는, (비록 이런 궤변에 의해 미화된 부정의에 종지부를 찍지는 못하더라도) 그리고 지상의 권력들의 거짓 **대표자**들로 하여금, 그들이 그 유익함을 말하고 있는 것은 법이 아니라 폭력이며, 그 폭력에 의해 그들 자신이 마치 명령하는 무엇을 가진 것처럼 어조를 취하고 있음을 고백시키기 위해서는, 사람들이 자신과 타인을 속이는 환영을 들춰내고, 그로부터 영원한 평화에의 의도가 발현하는 최상의 원리를 찾아내고, 영원한 평화를 가로막는 모든 악은 다음의 사실에서 기인함을 지적하는 것이 좋을 것이다. 즉 정치적 도덕가는 도덕적 정치가가 당연하게 일을 마친 그 지점에서 일을 시작하며, 그리고 그는 이처럼 원칙들을 목적에 종속시킴으로써 (다시 말해, 말을 수레의 뒤에 맴으로써) 정치를 도덕과 일치시키려는 그 자신의 의도를 허사로 만들어버린다는 사실 말이다.

실천철학을 일관성 있게 하기 위해서는 제일 먼저 다음의 문제를, 즉 실천이성의 과제들에 있어서 그 시작이 **질료적 원리**, 곧 (의사의 대상인) **목적**에서 이루어져야만 하는지, 아니면 **형식적 원리**, 다시 말해 '너의 준칙이 (목적이야 무엇이 됐든지 간에) 보편적 법칙이 될 것을 네가 의욕할 수 있게끔, 그렇게 행위하라'[118)는 (외적 관계에서 순전히 자유에만 주목하는) 원리에서 이루어져야만 하는지를 결정하는 것이 필요하다.

전혀 의심할 것 없이 후자의 원리가 선행되어야만 한다. 무릇 이 후자는 법원리로서 무조건적인 필연성을 갖지만, 그 대신에 전자는 단지 앞에 놓인 목적의 경험적 조건, 곧 그 목적의 실현을 전제하고서만 강제적이니 말이다. 그래서 이러한 목적(예컨대 영원한 평화)이 의무라 할지라도, 이러한 의무 자체도, 외적으로 행위하는, 준칙들의 형식적 원리에서 도출된 것이어야만 할 터이다. ― 그런데 전자, 즉 **정치적 도덕가**의 원리(국가법, 국제법, 세계시민법의 문제)는 순전한 **기술의 과제**(技術的 問題)인 반면에, 후자는 **도덕적 정치가**의 원리로서, 그에게는 하나의 **윤리적 과제**(道德的 問題)이며, 영원한 평화를 인도하는 방법절차에 있어서 전자와는 천양지차가 난다. 이것은 사람들이 영원한 평화를 한낱 물리적 좋음으로서뿐만 아니라 의무로 인정함에서 생겨나오는 상태로서도 소망하기 때문이다.

A83

B89

---

118) 행위 준칙의 보편적 법칙: "그 준칙이 보편적 법칙이 될 것을, 그 준칙을 통해 네가 동시에 의욕할 수 있는, 오직 그런 준칙에 따라서만 행위하라." (*GMS*, B52=IV421) 또 앞서 거론한 바 있는 '순수 실천이성의 원칙': "너의 의지의 준칙이 항상 동시에 보편적 법칙수립의 원리로서 타당할 수 있도록, 그렇게 행위하라."(*KpV*, A54=V30) 참조.

첫째의 문제, 곧 국가-정략의 문제 해결을 위해서는, 자연의 기제를 소기의 목적에 이용하기 위해서 자연에 대한 많은 지식이 요구되는바, 그럼에도 이러한 모든 지식들이 그 성과에서 영원한 평화에 적중하는 것인지는 불확실하다. 그런데 이러한 사정은 공법의 세 부문 중 어느 것에 있어서나 마찬가지다. 과연 국민이 순종적이면서 동시에 번영을 누림에 있어서 엄격한 통치에 의한 것이 더 좋은지 또는 허영을 미끼로 하는 것이 더 좋은지, 또 유일한 최고권력에 의하는 것이 더 좋은지 또는 다수의 실권자의 합일체에 의한 것이 더 좋은지, 차라리 순전히 한 공직귀족에 의해 또는 내부의 국민권력[민권]에 의한 것이 더 좋은지, 그것도 장기간 번영을 유지하려면 어떻게 하는 것이 더 좋은지는 불확실하다. 사람들은 역사에서 모든 통치방식에 대해 정반대의 사례들을 가지고 있다. (단 하나 진정한-공화적 통치방식은 예외이나, 이 방식은 단지 도덕적 정치가만이 구상할 수 있는 것이다.) ― 더욱더 불확실한 것은 내각이 입안한 법규에 의거해 작성된 소위 **국제법**인데, 이런 국제법은 실제로는 아무런 실질내용이 없는 단지 말일 뿐으로, 이런 것이 기초하고 있는 계약들이라는 것도 그것들을 체결한 문서 안에 동시에 그것들을 위반하는 비밀스런 유보 조항을 함유하고 있다. ― 그에 반해 둘째 문제, 곧 **국정지혜[국가정책]의 문제**의 해결은 말하자면 저절로 부상하며, 그것은 누구에게나 명백한 것으로서, 온갖 술수를 무색하게 만들며, 곧장 목적으로 매진한다. 그러면서도 그것은 목적을 성급하게 폭력으로 끌어당기지 않고, 유리한 상황을 살피면서 끊임없이 그 목적에 접근하는 슬기를 상기시킨다.

다시 말하자면 이렇다. 즉 "우선 순수 실천이성의 나라와 그 나라의 **정의**를 위해 힘써라. 그러면 너희의 목적(영원한 평화의 은혜)은 저절로 받게 될 것이다."[119] 왜냐하면 도덕은 그 자체로 특성을, 그것도 공법의 도덕적 원칙들과 관련해서(그러니까 선험적으로 인식될 수 있는 정치와의 관계에서) 가지고 있은즉, 도덕이라는 것은 그 행태를 소기의 목적에, 즉 물리적인 것이든 윤리적인 것이든, 의도된 이익에 적게 의존시키면 적게 의존시킬수록, 그럼에도 그만큼 더 많이 이 목적에 보편적으로 합치하는 것이기 때문이다. 이러한 일은 바로, (한 국민 중에, 또는 여러 국민들 상호 관계 중에 있는) 선험적으로 주어진 보편적 의지가 있고, 이 의지만이 인간들 사이에 권리 있는/법적인 것을 규정하는 것이기 때문에 일어나는 것이다. 그러나 이러한 만인의 의지의 통합〔합일〕은 그 실행에서 일관성 있게 밟아질 때에만, 자연의 기제에 따라서도, 동시에, 목표한 결과를 만들어내고, 법개념에 효력을 마련해주는 원인이 될 수 있다. ─ 그래서 예컨대 "한 국민은 자유와 평등의 유일한 법개념에 따라서만 한 국가로 통합〔합일〕되어야 한다"라는 것은 도덕적 정치의 원칙이거니와, 이러한 원리는 정략〔영리함〕이 아니라, 의무

---

119) "먼저 하느님의 나라와 그분의 정의를 위해 힘쓰십시오. 그러면 여러분은 이런 것들도 다 저절로 받게 될 것입니다."(「마태오복음」 6, 34) 참조.

에 기초하고 있다. 그런데 이에 반해 정치적 도덕가들은 저런 원칙들을 무력화하고, 그것들의 의도를 허사로 만들, 사회에 들어서는 군중의 자연기제에 관해서 변설을 늘어놓거나, 고대나 근대의 잘못 조직된 〔헌정〕체제의 (예컨대 대의제 없는 민주주의 같은) 사례를 B92 들어서 그들의 반대 주장을 증명하려 할지도 모르겠다. 그래서 그들의 말은 귀 기울일 가치가 없다. 특히 그러한 부패한 이론은 자신이 예언한 해악을 스스로 일으키거니와, 이 이론에 의하면 인간은 여타의 살아 있는 기계들과 한 부류가 되고, 이런 기계들에는 자기들은 자유로운 존재자가 아니라는 의식이 내재할 수도 있는 바, 그것은 그들 존재자들을 그 자신의 판단에서 모든 세계존재자들 가운데서 가장 가련한 존재자로 만든다.

A87   비록 다소 허풍스럽게 들리고, 격언처럼 회자되지만, 참된 명제인 "正義가 이루어질지어다. 世上이 滅亡한다 해도"[120], 즉 독일어의미로는 "정의가 지배할지어다. 세상의 악한들이 모두 그로 인해 VIII379 파멸한다 해도"는 모든 간계나 폭력에 의해 이미 왜곡된 길들을 절단하는, 완강한 법원칙이다. 단, 이 원칙이 오해되지 않는다는 것을 전제하고서 말이다. 이 원칙이 가령 자기 자신의 권리를 최

---

120) 원문: fiat iustitia, pereat mundus. 아마도 Erasmus(1466~1536)의 영향을 받은 신성로마제국의 황제 Ferdinand I(1503~1564, 재위: 1558~1564)의 좌우명이었던 것으로 알려져 있다.

대한 엄격하게 활용하는 것을 허용하는 것 — 이것은 윤리적 의무와 상충하는 것이겠다 — 으로 오해되어서는 안 된다. 오히려 어느 누구에게도 그의 권리를 타인에 대한 혐오나 연민으로 인해 거부하거나 축소하지 않는 것이 권력자의 책무로 이해되어야 한다. 그런데 이를 위해서는 특히 순수한 법원리들에 따라 세워진 국가의 내적〔헌정〕체제가 요구되고, 그 다음에는 또한 국가 간의 다툼들을 (하나의 보편 국가를 유추해서) 법률적으로 조정하기 위해서 그 국가와 다른 멀고 가까운 이웃 국가들과의 통합의〔헌정〕체제가 요구된다. — 이 명제가 말하는 바는 다름 아니라, 정치적 준칙들은 그것들을 준수함으로써 기대되는 각국의 복지와 행복에서, 그러므로 각국이 대상으로 삼는 목적(즉 '의욕함')에서, 즉 국가정책의 최상의 (그러나 경험적인) 원리에서 나와서는 안 되고, 법의무의 순수한 개념(즉 그 원리가 선험적으로 순수 이성에 의해 주어져 있는 '해야 함〔당위〕')에서 나와야 한다는 것이다. 그로부터 나오는 물리적 결과가 무엇이든지 간에 말이다. 세계는 악인들이 적어진다고 해서 결코 멸망하지 않을 것이다. 도덕적으로 악한 것은 자기의 본성에서 떼어낼 수 없는 속성을 가지니, 즉 악한 것은 자기의 의도들에서 (특히 같은 마음씨를 가진〔똑같이 악한〕타자들과의 관계에서) 자기 자신에 반하고 자기 파괴적이며, 그래서 비록 느린 진보를 거쳐서이기는 하지만, (도덕적으로) 선한 원리에 자리를 내준다.

B93

A88

B94

* * *

　　그러므로 **객관적으로는**(이론에서는) 도덕과 정치 사이에는 전혀
싸움이 없다. 그에 반해 **주관적으로는**(인간의 이기적 성벽에서는 ─
이것은 이성준칙들에 기초해 있는 것이 아니기 때문에, 아직 실천이라고
불러서는 안 되는 것이거니와 ─) 싸움이 언제나 남을 것이고, 또 남
아도 좋다. 왜냐하면 이 싸움은 덕을 가는 숫돌로 쓰이기 때문이
다. ("惡에 屈服하지 말고, 그에 大膽하게 맞서 나가라"[121]는 원칙에 따른)
참된 용기는 이 경우, 확고한 각오로 해악과 맞서 싸우고, 그에 따
른 희생을 감수하는 데 있는 것이 아니라, 우리 자신 안에 있는 훨
씬 더 위험한 위선적이고 배신적이며 궤변적이기도 하면서, 인간
자연본성의 약점을 모든 위반을 정당화하기 위해 그럴싸하게 꾸며
대는 악한 원리를 직시하고, 그 간계를 무찌르는 데에 있다.

　　사실 정치적 도덕가는 다음과 같이 말할 수 있다. 즉 통치자와
국민, 또는 민족과 민족은, 그들이 서로 폭력적으로 또는 교활하
게 반목할 때, 설령 일반적으로 그들이, 유일하게 평화를 영원히
정초할 수 있을 법개념에 대해 모든 존경을 거부한다는 점에서 불
법을 행하고 있다 할지라도, **서로에 대해서는** 불법〔부당함〕을 행

---

121) 원문: tu ne cede malis, sed contra audentior ito. ─ Vergilius, *Aeneis*,
　　VI, 95.

하는 것이 아니라고 말이다. 왜냐하면 일방이 타방에 대한 의무를 위반한 것이지만, 저 타방도 바로 똑같이 상대방에 대하여 위법적인 생각을 품은 것이므로, 그들이 서로를 궤멸시킨다 해도, 그들 쌍방에게는 전적으로 정당한 일이 **일어나는** 것이니 말이다. 어쨌 A90 거나 이러한 종족 중에 이러한 놀이를 요원한 시대까지도 그치게 하지 않을 만큼은 언제나 충분히 남아 있을 것이니, 결국 뒷날의 후손들이 언젠가 그들에게서 경종을 울리는 사례를 취하게 될 것이다. 세계 운행에서의 섭리는 여기서 정당화된다. 왜냐하면 인간 안에 있는 도덕적 원리는 결코 소멸하지 않으며, 또 저 도덕적 원리에 따라 법적 이념들을 실연하기에 실용적으로 유능한 이성은 지속적으로 언제나 진보하는 문화를 통해 성장하기 때문이다. 그러나 또한 문화와 함께 저 위반들의 죄과도 커지지만 말이다. 그럼에도 창조 자체는, 즉 그러한 유형의 타락한 존재자가 도대체 B96 지상에 있어야 했다는 사실은, (만약 우리가 인류의 상태가 결코 더 개선되지도, 개선될 수도 없다고 상정한다면) 어떤 신정론〔神正論〕에 의해서도 정당화될 수 없는 것으로 보인다. 그러나 이러한 판정의 입점은 우리에게는 너무나 높은 것이어서, 우리로서는 알아낼 수 없는 최상 권세의 (지혜에 대한) 우리의 개념들을 이론적 견지에서는 적용할 수가 없다. ─ 만약 우리가, 순수한 법원리들이 객관적 A91 실재성을 갖는다는 것, 다시 말해 그것들이 실연될 수 있다는 것, 그리고 그에 따라, 경험적 정치가 제아무리 그에 대해 반박한다 할지라도, 국가 내에서 국민의 편에서, 그리고 더 나아가 국가 상호 간의 편에서 행해져야만 한다는 것을 가정하지 않는다면, 그러한 절망적인 귀결로 우리는 불가피하게 내몰릴 것이다. 그러므로 참된 정치는 먼저 도덕에게 경의를 표하지 않고서는 한 걸음도 내딛을 수가 없다. 비록 정치가 그 자체로는 어려운 기술이라고 하더라도, 정치의 도덕과의 합일은 전혀 기술이 아니다. 왜냐하면 이 양자가 상충하자마자, 정치는 풀 수 없는 매듭을 도덕은 잘라

B97 버리기 때문이다. — 인간에게 권리[122)는 그것이 지배 권력에게 제아무리 큰 희생을 치르게 한다 할지라도, 신성하게 지켜지지 않으면 안 된다. 여기서 사람들은 반절로 나누어, (법과 유용 사이에) 실용적으로-제약된 법의 중간물을 고안해낼 수는 없다. 오히려 모든 정치는 법 앞에 무릎을 꿇어야 하며, 그러나 그렇게 함으로써, 비록 느리기는 하지만, 정치는 지속적으로 빛날 단계에 이를 것을 희망할 수 있다.

---

122) AA: "인간의 권리".

II.
공법의 초월적 개념에 따른
정치의 도덕과의 일치에 관하여

만약 내가 법이론가들이 보통 생각하는 것과 같은 공법의 모든 **질료**〔**내용**〕(즉 국가 내에서 인간들 상호 간의 또는 국가들 상호 간의 여러 가지 경험적으로-주어진 관계들에 관한 내용)를 추상하면, 그래도 나에게 남는 것은 **공개성의 형식**이거니와, 법적 요구주장은 어느 것이나 그 공개 가능성을 함유하고 있다. 왜냐하면 저 공개성이 없이는 어떤 정의도 — 정의는 오직 **공적으로 알려질 수 있는** 것으로만 생각될 수 있다 —, 그러니까 어떠한 법도 — 법은 오직 정의에 의해서만 승인되는 것이다 — 있지 못할 것이기 때문이다.

이러한 공개 가능성을 어느 법적 요구주장이나 가지고 있고, 그러므로 이 공개 가능성은, 그것이 당해 경우에 있는지 없는지, 다시 말해 그것이 행위자의 원칙들과 합일될 수 있는지 없는지는 아주 쉽게 판정될 수 있어서, 사용하기 간편하면서도 선험적으로 이성에서 마주칠 수 있는 기준을 제시해준다. 이 기준에 의해 후자의 경우[123]에는 이를테면 순수 이성의 실험을 통해 그 권리주장의 거

---

123) 곧 행위자의 원칙들과 합일될 수 없는 경우.

짓(위법성)(法의 詐稱[124])을 곧바로 인식할 수 있다.

국가법이나 국제법의 개념이 함유하고 있는, 모든 경험적인 것 — 인간 자연본성의 사악한 요소가 이러한 것으로, 이런 것이 강제를 필연적이게 만들거니와 — 을 그렇게 추상하고 난 뒤에, 사람들은 다음의 명제를 공법의 **초월적 정식**[定式]이라고 부를 수 있다. 즉

"타인의 권리에 관계되면서, 그 준칙이 공개성과 화합되지 않는, 모든 행위는 옳지 않다/부당하다/불법적이다."

이 원리는 한낱 **윤리학적/윤리론적**(덕이론에 속하는 것)일 뿐만 아니라, **법학적/법리론적**[125](인간의 권리/법에 상관하는 것)으로 보여야 한다. 왜냐하면 그로 인해 나 자신의 의도가 허사가 되지 않게, 내가 **소리 내서**[**밖으로 알려지게 해서**]는 안 되며, 그것이 성공하려면 철저히 **비밀로 해야**만 하는, 그리고 **공적으로 고백한다**면 불가불 나의 기도에 대한 모든 이들의 저항을 불러일으킬 것이어서 내가 공적으로 고백할 수 없는 하나의 준칙이 이러한 필연적이고 보편적인, 그러니까 선험적으로 통찰할 수 있는, 나에 대한 만인의 반대 작업을 야기하거니와, 그것은 다름 아니라 그 준칙의 부정

B100

A94

---

124) 원어: praetensio iuris.

125) '윤리학적/윤리론적(ethisch)'–'법학적/법리론적(juridisch)'이라는 켤레개념의 사용에 관해서는 칸트 『윤리형이상학』(*MS*, *RL*), 서설 I(AB6=VI214)과 III(AB14/15=VI219) 참조.

의에서 비롯하는 것으로, 바로 이 부정의로써 그 준칙은 모든 사람을 위협하기 때문이다. — 더 나아가 이 원리는 한낱 **부정적**〔소극적〕인 것이다. 다시 말해, 그것은 단지 이에 의해서, 무엇이 타인에 대해 **옳지 않은/부당한/불법적인**지를 인식하게 하는 데에만 쓰인다. — 이 원리는 하나의 공리와 같이 증명할 필요 없이 – 확실하고, 게다가 공법의 다음과 같은 사례들에서 볼 수 있듯이, 쉽게 적용될 수 있다.

1. **국가법**(國家法), 곧 내국법**에 관하여**: 국가법 안에는 많은 이들이 대답하기가 어렵다고 여기는 문제가 나타나거니와, 공개성의 초월적 원리는 그것을 아주 쉽게 해결한다. 즉 "반란은 국민들에게 이른바 폭군(但只 名稱만이 아니라 그렇게 實行하는 者)의 압제적 폭력을 벗어던지기 위한 적법한 수단인가?" 하는 문제 말이다. 국민의 권리들이 훼손당하고 있으니, 폐위에 의해 그(폭군)에게는 아무런 불법〔부당함〕도 일어나지 않는다. 이 점은 의심의 여지가 없다. 그럼에도 불구하고 신민들이 이런 방식으로 자기들의 권리를 찾는 것은 최고로 옳지 않은/부당한/불법적인 일이다. 그리고 그들은 만약에 이 싸움에서 그들이 패하고, 그 때문에 나중에 가혹한 형벌을 받지 않을 수 없게 되었을 때에도 정의롭지 못하다〔부당하다〕고 불평할 수가 없다.[126]

B101

A95

---

126) 칸트는 기본적으로 저항권론을 반대한다. 『법이론』, A176=B206=VI320 이하; 「이론과 실천」, AA VIII, 301 참조.

이제 여기서 사람들이 이 문제를 법근거들의 교조적 연역을 통해 결정하고자 하면, 많은 것이 찬성과 반대로 갈려 논변될 수 있을 것이다. 그러나 공법의 공개성의 초월적 원리는 이런 번쇄함을 줄일 수 있다. 이 원리에 따라 국민은 시민적 계약을 마련하기 전에, 경우에 따라서 폭동을 기도할 수 있다는 준칙을 공적으로 인정하는 일을 감히 할 것인지를 자문해보면 된다. 만약 국가〔헌정〕체제를 세울 때에 사람들이 어떤 경우에는 〔국가〕원수에 대항하여 폭력을 행사한다는 것을 조건으로 삼고 싶어 한다면, 국민이 적법하게 원수 위에 군림하는 힘을 갖는다고 참칭할 수밖에 없다는 것을 쉽게 알 수 있는 바이다. 그러나 그렇게 되면, 저 원수는 원수가 아닐 터이다. 또는 이 두 가지[127]가 국가설립의 조건이 될 것 같으면, 국가설립은 전혀 가능하지 않을 터이다. 그런데 국가설립은 국민이 의도한 것이었다. 그러므로 반란의 불법성〔부당함/부정의함〕은, 반란의 준칙이, 사람들이 **그것을 공적으로 인정**하면, 자기 자신의 의도를 불가능하게 만들 것이라는 사실에 의해 밝혀지는 바이다. ― 그러므로 사람들은 이 준칙을 필연적으로 비밀에 부칠 수밖에 없다. ― 이 마지막 사항은 국가원수의 측에서는 꼭 필수적인 것은 아니겠다. 국가원수는, 반란의 주동자들이 국가원수 쪽에서 먼저 기본법을 위반했다고 제아무리 믿고 있다 해도, 모

B102

A96

---

127) 곧 국민은 저항권을 가지며, 국가에는 원수가 있다는.

든 반란은 그 주동자들이 사형으로 처벌될 것이라고 공언할 수 있다. 왜냐하면 만약 그가 **저항할 수 없는** 최고권력을 ― 국민들 중 어느 누가됐든 그를 타인들에 대해 보호할 권력을 충분하게 가지고 있지 못한 자는 국민에게 명령할 권리도 가지고 있지 않기 때문에, 모든 시민적〔헌정〕체제 안에도 이러한 최고권력은 그렇게 상정되지 않으면 안 된다 ― 가지고 있음을 의식하고 있다면, 그는 자기의 준칙을 공표함으로써 자기 자신의 의도가 허사가 될 것을 걱정할 필요가 없기 때문이다. 그리고 이것은 또한, 만약 국민의 저 반란이 성공을 거둘 경우, 저 원수는 신민의 위치로 돌아가 마찬가지로 어떠한 권리 회복을 위한 반란을 개시해서도 안 되되, 자기의 이전의 국사 수행에 대한 책임 추궁을 당할 두려움을 가질 필요가 없다는 사실과도 아주 잘 부합한다.

VIII383

B103

A97

2. **국제법에 관하여**: 오직 어떤 법적 상태(다시 말해, 그 아래에서 인간에게 권리/법이 실제로 분여될 수 있는 그러한 외적 조건)를 전제하고서만 하나의 국제법에 대해 이야기할 수 있다. 왜냐하면 하나의 국제법은 하나의 공법으로서 이미 그 개념 안에 각자〔각국〕에게 자기의 것을 규정하는, 보편적 의지의 공표를 함유하고 있기 때문이다. 그리고 이러한 法〔理〕的 狀態[128]는 어떤 계약으로부터 나와야 하는 것이려니와, 이 계약은 (그로부터 한 국가가 생기는 것과 똑같

---

128) 원어: status iuridicus.

은) 강제법칙들에 기초할 필요는 없고, 오히려 기껏해야 **영속적으로-자유로운** 연합의 계약, 즉 위에서[129] 언급했던 상이한 국가들의 연방 계약일 수 있겠다. 왜냐하면 서로 다른 (물리적 또는 도덕적) 인격들을 능동적으로 연결시키는, 어떤 **법적 상태** 없이는, 그러니까 자연상태에서는, 한낱 사법〔私法〕 외에 다른 것은 있을 수 없기 때문이다. — 여기서 이제 또 정치와 도덕(법이론으로 보아진 도덕)과의 싸움이 등장하는데, 이때에도 저 준칙들의 공개성의 기준은 마찬가지로 쉽게 적용된다. 그리하여 다만, 그 계약은 국가들을 그들 서로에 대항해서 또는 함께하여 다른 국가들에 대항해서 평화를 유지하고, 결코 정복하기 위한 것이 아닌 의도에서 결합시키는 것이다. — 이제 여기서 다음 경우들의 정치와 도덕 사이의 이율배반이 등장하거니와, 이에는 동시에 이 이율배반의 해결책이 결합된다.

a) "이러한 국가들의 하나가 타국에 어떤 것, 즉 원조 급부, 또는 특정 지역의 할양, 또는 지원금 등과 같은 것을 약속했는데, 그 국가의 안위가 걸린 경우가 발생하여 그 약속을 준수할 수 없는 상황에 처했을 때, 제기되는 문제는, 과연 그 국가는 이중적 인격으로 처신함으로써 저 약속 준수를 면할 수 있는가 하는 것이다. 즉 처음에 그 국가는 그의 국가 내에서 누구에게도 책임을 지지 않

---

129) 곧 제2 확정조항(AB30=VIII354 이하).

184

는 **주권자**로서, 그러나 그 다음에는 국가에 책임을 져야 하는 최고위 **국가공직자**로서 처신함으로써 그 약속 준수를 면할 수 있는지 하는 것이다. 이렇게 되면, 국가는 전자의 질〔자격〕에서 책무 진 B105 일을, 후자 질〔자격〕에서 면제받는다는 결론이 되고 만다" — 무릇 그러나 어떤 국가(또는 그 원수)가 이런 그의 준칙을 소리 내서 말하게 되면〔밖으로 알려지게 하면〕, 다른 국가들은 자연히 모두 그 국 VIII384 A99 가를 멀리하거나, 다른 국가들과 하나가 되어 그 국가의 참월함에 저항할 터이다. 이런 일은, 정치가 온갖 교활함을 갖춰도 이런 (공공연성의) 기반 위에서는 그 목적 자체를 허사로 만들 수밖에 없으며, 그러니까 저러한 준칙은 부당할 수밖에 없다는 것을 증명한다.

b) "두려울 정도의 크기(恐怖的인 勢力)로 성장한 인접 강국이 우려를 자아낼 때, 그 강국은 **할 수 있기** 때문에 〔약소국들을〕 억압**하고자 할 것**이라고 상정할 수 있는가? 그리고 이러한 상정이 약소국〔들〕에게 선행하는 침해가 없었음에도, (합일하여) 그 강국을 공격할 권리를 제공하는가?"[130] — 이 경우 이런 준칙에 수긍하여 밖으로 **알려지게** 하고자 하는 국가가 있다면 그 국가는 그 화를 단지 더 확실하게 그리고 더 **빠르게** 초래할 터이다. 왜냐하면 더 큰 강국이 약소국에 선수를 칠 것이고, 약소국들의 합일에 관해 말할 것 같으면, 그것은 '分轄하라 그리고 支配하라'[131]를 이용할 B106

---

130) 칸트 『법이론』, §56: A220=B250=VI346 참조.
131) 위의 A78=B83=VIII375 참조.

줄 아는 자에게는 단지 허약한 등나무 지팡이일 따름이다. — 그러므로 국가정략의 이러한 준칙은 공적으로 선언되면 필연적으로 자기 자신의 의도를 허사로 만들고, 그러므로 부당한 것이다.

c) "한 약소국이 그 위치로 인해 한 강대국의 〔영토적〕 연결을 끊고 있으되, 그 연결이 이 강대국의 유지를 위해서 필요할 때에, 이 강대국은 저 약소국을 복속시켜 자기와 합병하는 권리를 갖지 못하는가?" — 쉽게 알 수 있는 바이거니와, 강대국은 그러한 준칙을 정말이지 먼저 밖으로 알려지게 해서는 안 된다. 왜냐하면 약소국들이 조기에 합일을 이루든지, 아니면 다른 열강이 이 먹잇감을 두고 다툼을 벌일 것이기 때문이다. 그러니까 이 준칙은 그것이 공공연하게 됨으로써 스스로 쓸모없는 것이 된다. 그것은 그 준칙이 정당하지 못하고, 게다가 매우 높은 정도로 그럴 수 있다는 표시이다. 왜냐하면 부정의의 객체가 작다고 해도, 거기에서 입증된 부정의는 매우 클 수 있으니 말이다.

3. 세계시민법[132)]에 관하여: 이에 관해서는 이 자리에서는 말없이 지나간다. 왜냐하면 국제법에 유추함으로써 이것의 준칙들은 쉽게 제시될 수 있고 평가될 수 있기 때문이다.

---

132) "가능한 교류의 일정한 보편적인 법칙의 관점에서 제 국민의 가능한 통합체에 관한" 권리/법을 "세계시민법(ius cosmopoliticum)"이라 한다.(*MS, RL,* §62 참조)

* * *

이제 여기서 사람들은 국제법의 준칙들과 공개성의 화합 불가능성의 원리에서 정치와 (법이론으로서의) 도덕의 **불합치**의 좋은 표지〔標識〕를 보기는 한다. 그러나 이제 사람들은 대체 무엇이 그 아래에서 국제법[133]의 준칙들이 민족들의 권리[134]와 합치하는 조건인가를 배울 필요가 있다. 무릇 역으로, 공개성과 화합하는 준칙들이 그것 때문에 정의롭다고 추론될 수는 없기 때문이다. 왜냐하면 결정적인 최고권력을 가진 자는 자기의 준칙들을 숨길 필요가 없으니 말이다. — 국제법 일반을 가능하게 하는 조건인즉, 제일 먼저는 **법적 상태**가 실존한다는 사실이다. 왜냐하면 이러한 상태 없이는 공법이란 없으며, 사람들이 이런 상태 밖에서(즉 자연상태에서) 생각함직한 모든 법은 한낱 사법〔私法〕이기 때문이다. 그런데 우리가 위에서 보았던바, 순전히 전쟁을 멀리할 의도를 가진, 국가들의 연방상태는 그 국가들의 **자유**와 조화할 수 있는, 유일한 **법적** 상태이다. 그러므로 정치와 도덕의 합치는 오직 연방적 연합 — 그러므로 선험적인 법원리들에 따라서 주어지고 필연적인 — 에서만 가능하며, 모든 국가정략은 가능한 한 최대 한도로 저런 정치와 도덕의 합치를 이룩하는 데서 그 법적 기반을 갖게 되고, 이러

A101

VIII385

B108

---

133) 원어: das Völkerrecht.
134) 원어: das Recht der Völker.

한 목적이 없으면 그 모든 영리한 짓거리는 어리석음이자 은폐된 부정의가 되고 말 것이다. — 무릇 이러한 거짓정치는, 최상의 예수회 학파에 못지않은, 사례론〔설의론〕,[135] 즉 心中 留保를 갖고 있다. 즉 그것은 공적인 계약서를 작성하는 데 있어서 사람들이 그때그때 자기의 이익을 위해 의욕하는 바대로(예컨대 事實上의 狀態와 法律上의 狀態를 구별하는 등으로) 해석할 수 있는 표현들로 쓰는 것이다. — 〔또 거짓정치는〕 개연론[136]을 갖는즉, 그것은 다른 국가들에서 악한 의도를 꾸며 지어내거나, 또한 다른 국가들의 가능한 우세의 개연성을 다른 평화적인 국가들을 전복시키기 위한 법적 근거로 만드는 것이다. — 끝으로 〔거짓정치는〕 哲學的 罪惡(小罪, 쓸少한 것)을 저지르니, 이것은 한 **작은** 국가를 병탄하여, 만약 그를 통해 훨씬 **더 커진** 국가가 소위 더 큰 세계복지〔세계최선〕를 위해서 기여한다면, 이러한 병탄은 쉽게-용서받을 수 있는 사소한 일로 보는 것이다.※

A102

B109

---

135) 앞의 AB6=VIII344 참조.

136) 원어: Probabilismus. '어떤 행위를 하고자 하는 데에는 그 행위가 아마 옳을 수 있을 것이라는 한갓된 의견만으로 이미 충분하다'는 원칙. 도미니크 수도회의 Bartolomé de Medina(1527~1581)가 처음(1577) 주창한 원칙, "설령 반대되는 더 개연적인 의견이 있다고 할지라도, 하나의 개연적인 의견을 좇는 것은 정당하다(si est opinio probabilis, licitum est eam sequi, licet opposita est probabilior)"에서 비롯한 것으로 알려져 있으며, 예수회에서도 받아들임으로써 하나의 유력한 주의주장으로 등장하였다. 1793/94년의 「윤리형이상학 강의」에서도 칸트는 Baumgarten의 '도덕적 개연주의'(*Ethica Philosophica*, 1751, §193)에 대해서 비판한다.(XXVII, 622 참조)

이를 조장하는 것은, 자기 의도를 위하여 도덕에 관해 이때는 이런 말을 저때는 저런 말을 하는 정치의 두 혀 놀림〔일구이언〕이다. — 인간사랑과 인간의 **권리**〔법〕에 대한 존경, 이 두 가지는 의무이다. 그러나 전자는 단지 **조건적** 의무이고, 후자는 **무조건적**인, 단적으로 지시명령하는 의무이다. 선행〔친절〕의 달콤한 감정에 자신을 맡기고자 하는 자는 우선 이 〔후자의〕 의무를 위반하지 않았다는 것을 온전히 확실하게 하지 않으면 안 된다. 정치는 인간의 권리를 고위자들을 위해 희생시키기 위해 (윤리학으로서의) 도덕과 쉽게 합의한다. 그러나 정치는 그가 그 앞에서 무릎을 꿇지

A103

VIII386

B110

※ 이런 준칙들에 대한 전거들을 궁정고문관 **가르베**[137) 씨의 논고 「도덕과 정치의 결합에 관하여」(1788)[138)에서 볼 수 있다. 이 존경스러운 학자는 서두에서 이 물음에 대해 만족스런 답을 제시할 수 없다고 고백하고 있다. 그러나 그에 대해 제기된 반론들을 온전히 제거할 수 없다는 고백과 함께한 것이기는 하지만, 이러한 결합을 인정한다는 것은, 이런 결합을 악용하려는 경향이 아주 강한 이들에 대해서는 바람직스러운 것보다는 더 크게 양보를 한 것으로 보인다.

---

137) Christian Garve(1742~1798) 칸트 당대 계몽주의 통속철학자. 칸트 〈『순수이성비판』에 대한 괴팅겐 서평〉(1782) 집필자 중 한 사람으로 그 뒤 칸트와 교류하였음.(칸트, 『형이상학 서설』, 덧붙임 1, 아카넷, 2012 참조)

138) 원논문: "Abhandlung über die Verbindung der Moral mit der Politik oder einige Betrachtungen über die Frage, inwiefern es möglich sei, die Moral des Privatlebens bei der Regierung der Staaten zu beobachten〔도덕과 정치의 결합에 관한 논고, 또는 국가들의 통치에서 사생활의 도덕을 관찰하는 일이 어디까지 가능한지 하는 물음에 관한 몇 고찰〕"(Breslau 1788).

않으면 안 될 후자의 의미의 (법/권리 이론으로서의) 도덕과의 화합은 아예 기피하고, 차라리 도덕의 모든 실재성을 부인하고 모든 의무들을 순정한 호의에 입각해서 해석하는 것을 바람직한 일로 본다. 그럼에도 빛을 기피하는 정치의 이러한 간계는 철학에 의해 저 정치의 준칙들이 공개됨으로써 쉽게 허사가 될 터이다. 만약 정치가 감히 철학자에게 자기 준칙들을 공개하도록 하기만 한다면 말이다.

이러한 관점에서 나는 하나의 다른 초월적이며 긍정적인, 공법의 원리를 제안하는바, 그 정식〔定式〕은 다음과 같다. 즉

"(그 목적을 놓치지 않기 위해서) 공개성을 **필요로 하는** 모든 준칙들은 법 및 정치와 합일되어〔하나가 되어〕 합치한다."

무릇, 준칙들이 오직 공개성을 통해서만 그 목적을 달성할 수 있다면, 그것들은 공중〔公衆〕의 보편적 목적(즉 행복)에 맞지 않으면 안 되며, 이러한 목적에 합치하는 것(즉 공중으로 하여금 자기의 상태에 만족하도록 하는 것)이 정치의 본래 과제이다. 그러나 이러한 목적이 **오직** 공개성을 통해서**만**, 다시 말해 그 준칙들에 대한 모든 불신을 떨쳐버림으로써만 달성할 수 있는 것이어야 한다면, 또한 이 준칙들은 공중의 법/권리와도 조화를 이루지 않으면 안 된다. 왜냐하면 이러한 상태에서만 모든 이의 목적들의 합일이 가능하기 때문이다. ― 이 원리에 대한 더 이상의 전개와 해설을 나는 다른 기회로 미룰 수밖에 없다. 다만 한 가지, 이 원리가 초월적 정

190

식〔定式〕이라는 사실은 법칙의 질료인, (행복이론의) 모든 경험적 조건을 멀리하고, 순전히 보편적 합법칙성의 형식만을 고려함으로써 알게 될 것이다.

＊　＊　＊

비록 단지 무한히 진보하면서 접근할 수밖에 없다 할지라도, 공법의 상태를 실현하는 일이 의무라면, 그리고 동시에 그렇게 할 근거 있는 희망이 있다면, 이제까지 그릇되게도 그렇게 불렸던 평화조약〔和約〕(본래는 휴전상태)에 뒤따를 **영원한 평화**는 공허한 이념이 아니라, 오히려 차츰차츰 해결되어, (똑같은 진보가 일어나는 시간이 아마도 점점 더 짧아져갈 것이기 때문에) 그 목표에 끊임없이 더 가까이 다가서는 하나의 과제이다.

덧붙임

「기미 독립 〈선언서〉」
(1919. 3. 1)

宣言書(선언서)[1]

吾等(오등)은 玆(자)에 我(아) 朝鮮(조선)의 獨立國(독립국)임과 朝鮮人(조선인)의 自主民(자주민)임을 宣言(선언)하노라. 此(차)로써 世界萬邦(세계 만방)에 告(고)하야 人類平等(인류 평등)의 大義(대의)를 克明(극명)하며, 此(차)로써 子孫萬代(자손 만대)에 誥(고)하야 民族自尊(민족 자존)의 正權(정권)을 永有(영유)케 하노라.

半萬年(반만 년) 歷史(역사)의 權威(권위)를 仗(장)하야 此(차)를 宣言(선언)함이며, 二千萬(이천만) 民衆(민중)의 誠忠(성충)을 合(합)하야 此(차)를 佈明(포명)함이며, 民族(민족)의 恒久如一(항구 여일)한 自由

---

1) 본문 표기는 『고등학교 국어(하)』, 1999, 교육부, 20~24면에 따름.

發展(자유 발전)을 爲(위)하야 此(차)를 主張(주장)함이며, 人類的(인류적) 良心(양심)의 發露(발로)에 基因(기인)한 世界改造(세계 개조)의 대기운(大機運)에 順應幷進(순응 병진)하기 爲(위)하야 此(차)를 提起(제기)함이니, 是(시)ㅣ 天(천)의 明命(명명)이며, 時代(시대)의 大勢(대세)ㅣ며, 全人類(전 인류) 共存同生權(공존 동생권)의 正當(정당)한 發動(발동)이라, 天下何物(천하 하물)이던지 此(차)를 沮止抑制(저지 억제)치 못할지니라.

舊時代(구시대)의 遺物(유물)인 侵略主義(침략주의), 强權主義(강권주의)의 犧牲(희생)을 作(작)하야 有史以來(유사 이래) 累千年(누천 년)에 처음으로 異民族(이민족) 箝制(겸제)의 痛苦(통고)를 嘗(상)한 지 今(금)에 十年(십 년)을 過(과)한지라, 我(아) 生存權(생존권)의 剝喪(박상)됨이 무릇 幾何(기하)ㅣ이며, 心靈上(심령상) 發展(발전)의 障礙(장애)됨이 무릇 幾何(기하)ㅣ며 民族的(민족적) 尊榮(존영)의 毁損(훼손)됨이 무릇 幾何(기하)ㅣ며, 新銳(신예)와 獨創(독창)으로써 世界文化(세계 문화)의 大潮流(대조류)에 寄與補神(기여 보비)할 機緣(기연)을 遺失(유실)함이 무릇 幾何(기하)ㅣ뇨.

噫(희)라, 舊來(구래)의 抑鬱(억울)을 宣暢(선창)하려 하면, 時下(시하)의 苦痛(고통)을 擺脫(파탈)하려 하면, 將來(장래)의 脅威(협위)를 芟除(삼제)하려 하면, 民族的(민족적) 良心(양심)과 國家的(국가적) 廉義(염의)의 壓縮銷殘(압축 소잔)을 興奮伸張(흥분 신장)하려 하면, 各個(각개) 人格(인격)의 正當(정당)한 發達(발달)을 遂(수)하려 하면, 可憐

(가련)한 子弟(자제)에게 苦恥的(고치적) 財産(재산)을 遺與(유여)치 안이하려 하면, 子子孫孫(자자손손)의 永久完全(영구 완전)한 慶福(경복)을 導迎(도영)하려 하면, 最大急務(최대 급무)가 民族的(민족적) 獨立(독립)을 確實(확실)케 함이니, 二千萬(이천만) 各個(각개)가 人(인)마다 方寸(방촌)의 刃(인)을 懷(회)하고, 人類通性(인류 통성)과 時代良心(시대 양심)이 正義(정의)의 軍(군)과 人道(인도)의 干戈(간과)로써 護援(호원)하는 今日(금일), 吾人(오인)은 進(진)하야 取(취)하매 何强(하강)을 挫(좌)치 못하랴. 退(퇴)하야 作(작)하매 何志(하지)를 展(전)치 못하랴.

丙子修好條規(병자수호조규) 以來(이래) 時時種種(시시종종)의 金石盟約(금석 맹약)을 食(식)하얏다 하야 日本(일본)의 無信(무신)을 罪(죄)하려 안이 하노라. 學者(학자)는 講壇(강단)에서, 政治家(정치가)는 實際(실제)에서, 我(아) 祖宗世業(조종 세업)을 植民地視(식민지시)하고, 我(아) 文化民族(문화 민족)을 土昧人遇(토매인우)하야, 한갓 征服者(정복자)의 快(쾌)를 貪(탐)할 뿐이오, 我(아)의 久遠(구원)한 社會基礎(사회 기초)와 卓犖(탁락)한 民族心理(민족 심리)를 無視(무시)한다 하야 日本(일본)의 少義(소의)함을 責(책)하려 안이 하노라. 自己(자기)를 策勵(책려)하기에 急(급)한 吾人(오인)은 他(타)의 怨尤(원우)를 暇(가)치 못하노라. 現在(현재)를 綢繆(주무)하기에 急(급)한 吾人(오인)은 宿昔(숙석)의 懲辨(징변)을 暇(가)치 못하노라. 今日(금일) 吾人(오인)의 所任(소임)은 다만 自己(자기)의 建設(건설)이 有(유)할 뿐이오, 決(결)코 他(타)의 破壞(파괴)에 在(재)치 안이하도다. 嚴肅(엄숙)한 良

心(양심)의 命令(명령)으로써 自家(자가)의 新運命(신운명)을 開拓(개
척)함이오, 決(결)코 舊怨(구원)과 一時的(일시적) 感情(감정)으로써 他
(타)를 嫉逐排斥(질축 배척)함이 안이로다. 舊思想(구사상), 舊勢力(구
세력)에 羈縻(기미)된 日本(일본) 爲政家(위정가)의 功名的(공명적) 犧
牲(희생)이 된 不自然(부자연), 又(우) 不合理(불합리)한 錯誤狀態(착오
상태)를 改善匡正(개선광정)하야, 自然(자연), 又(우) 合理(합리)한 正經
大原(정경 대원)으로 歸還(귀환)케 함이로다. 當初(당초)에 民族的(민족
적) 要求(요구)로서 出(출)치 안이한 兩國倂合(양국 병합)의 結果(결과)
가, 畢竟(필경) 姑息的(고식적) 威壓(위압)과 差別的(차별적) 不平(불평)
과 統計數字上(통계 숫자상) 虛飾(허식)의 下(하)에서 利害相反(이해 상
반)한 兩(양) 民族間(민족 간)에 永遠(영원)히 和同(화동)할 수 업는 怨
溝(원구)를 去益深造(거익 심조)하는 今來實績(금래 실적)을 觀(관)하
라. 勇明果敢(용명 과감)으로써 舊誤(구오)를 廓正(확정)하고, 眞正(진
정)한 理解(이해)와 同情(동정)에 基本(기본)한 友好的(우호적) 新局面
(신국면)을 打開(타개)함이 彼此間(피차간) 遠禍召福(원화 소복)하는 捷
徑(첩경)임을 明知(명지)할 것 안인가. 또, 二千萬(이천만) 含憤蓄怨(함
분 축원)의 民(민)을 威力(위력)으로써 拘束(구속)함은 다만 東洋(동양)
의 永久(영구)한 平和(평화)를 保障(보장)하는 所以(소이)가 안일 뿐 안
이라, 此(차)로 因(인)하야 東洋安危(동양 안위)의 主軸(주축)인 四億萬
(사억만) 支那人(지나인)의 日本(일본)에 對(대)한 危懼(위구)와 猜疑(시
의)를 갈스록 濃厚(농후)케 하야, 그 結果(결과)로 東洋(동양) 全局(전

198

국)이 共倒同亡(공도 동망)의 悲運(비운)을 招致(초치)할 것이 明(명)하니, 今日(금일) 吾人(오인)의 朝鮮獨立(조선독립)은 朝鮮人(조선인)으로 하야금 正當(정당)한 生榮(생영)을 遂(수)케 하는 同時(동시)에, 日本(일본)으로 하야금 邪路(사로)로서 出(출)하야 東洋(동양) 支持者(지지자)인 重責(중책)을 全(전)케 하는 것이며, 支那(지나)로 하야금 夢寐(몽매)에도 免(면)하지 못하는 不安(불안), 恐怖(공포)로서 脫出(탈출)케 하는 것이며, 또 東洋平和(동양 평화)로 重要(중요)한 一部(일부)를 삼는 世界平和(세계 평화), 人類幸福(인류 행복)에 必要(필요)한 階段(계단)이 되게 하는 것이라. 이 엇지 區區(구구)한 感情上(감정상) 問題(문제)ㅣ리오.

아아, 新天地(신천지)가 眼前(안전)에 展開(전개)되도다. 威力(위력)의 時代(시대)가 去(거)하고 道義(도의)의 時代(시대)가 來(내)하도다. 過去(과거) 全世紀(전세기)에 鍊磨長養(연마장양)된 人道的(인도적) 精神(정신)이 바야흐로 新文明(신문명)의 曙光(서광)을 人類(인류)의 歷史(역사)에 投射(투사)하기 始(시)하도다. 新春(신춘)이 世界(세계)에 來(내)하야 萬物(만물)의 回蘇(회소)를 催促(최촉)하는도다. 凍氷寒雪(동빙 한설)에 呼吸(호흡)을 閉蟄(폐칩)한 것이 彼一時(피 일시)의 勢(세)ㅣ라 하면, 和風暖陽(화풍 난양)에 氣脈(기맥)을 振舒(진서)함은 此一時(차 일시)의 勢(세)ㅣ니, 天地(천지)의 復運(복운)에 際(제)하고 世界(세계)의 變潮(변조)를 乘(승)한 吾人(오인)은 아모 躊躇(주저)할 것 업스며, 아모 忌憚(기탄)할 것 업도다. 我(아)의 固有(고유)한 自由權(자유권)을 護全(호전)하야 生旺(생왕)의 樂(낙)을 飽享(포향)할 것이며, 我(아)의 自足(자족)한 獨創力(독창력)을 發揮(발휘)하야 春滿(춘만)한 大界(대계)에 民族的(민족적) 精華(정화)를 結紐(결뉴)할지로다.

吾等(오등)이 玆(자)에 奮起(분기)하도다. 良心(양심)이 我(아)와 同存(동존)하며 眞理(진리)가 我(아)와 幷進(병진)하는도다. 男女老少(남녀 노소) 업시 陰鬱(음울)한 古巢(고소)로서 活潑(활발)히 起來(기래)하야 萬彙群象(만휘 군상)으로 더부러 欣快(흔쾌)한 復活(부활)을 成遂(성수)하게 되도다. 千百世(천백 세) 祖靈(조령)이 吾等(오등)을 陰佑(음우)하며 全世界(전세계) 氣運(기운)이 吾等(오등)을 外護(외호)하나니, 着手(착수)가 곳 成功(성공)이라. 다만, 前頭(전두)의 光明(광명)으로 驀進(맥진)할 따름인뎌.

公約三章(공약 삼 장)

一. 今日(금일) 吾人(오인)의 此擧(차거)는 正義(정의), 人道(인도), 生存(생존), 尊榮(존영)을 爲(위)하는 民族的(민족적) 要求(요구) ㅣ 니, 오즉 自由的(자유적) 精神(정신)을 發揮(발휘)할 것이오, 決(결)코 排他的(배타적) 感情(감정)으로 逸走(일주)하지 말라.

一. 最後(최후)의 一人(일인)까지, 最後(최후)의 一刻(일각)까지 民族

(민족)의 正當(정당)한 意思(의사)를 快(쾌)히 發表(발표)하라.

一. 一切(일체)의 行動(행동)은 가장 秩序(질서)를 尊重(존중)하야, 吾人(오인)의 主張(주장)과 態度(태도)로 하야금 어대까지던지 光明正大(광명 정대)하게 하라.

朝鮮建國 4252년 3월 1일 朝鮮民族代表

孫秉熙, 吉善宙, 李弼柱, 白龍成, 金完圭, 金秉祚, 金昌俊, 權東鎭, 權秉悳, 羅龍煥, 羅仁協, 梁旬伯, 梁漢默, 劉如大, 李甲成, 李明龍, 李昇薰, 李鍾勳, 李鍾一, 林禮煥, 朴準承, 朴熙道, 朴東完, 申洪植, 申錫九, 吳世昌, 吳華英, 鄭春洙, 崔聖模, 崔 麟, 韓龍雲, 洪秉箕, 洪其兆

국제연맹규약[1]

채택: 1919. 6. 28

발효: 1920. 1. 10

종료: 1946. 4. 18

체약국은, 전쟁에 호소하지 않을 의무를 수락하고, 각 국가 간의 공명정대한 관계를 규율하며, 각국 정부 간의 행위를 규율하는 현실의 규준으로서 국제법의 원칙을 확립하며, 조직된 인민들 상호간의 교섭에 있어 정의를 보지하며 또한 엄연히 모든 조약상의 의무를 존중하며,

---

1) 1919. 6. 28. 서명(베르사이유); 1920. 1. 10. 발효; 1946. 4. 18. 종료.

　개정: 제1차 개정, 1921. 10. 5. 서명 개방(제네바).

　　　　제4조: 1926. 7. 29. 발효; 51 LNTS(no. 1241) 361.

　　　　제6조 최종항: 1924. 8. 13. 발효; 27 LNTS(no. 695) 349.

　　　　제12조: 1924. 9. 26. 발효; 29 LNTS(no. 733) 67.

　　　　제13조: 1924. 9. 26. 발효; 29 LNTS(no. 734) 73.

　　　　제15조: 1924. 9. 26. 발효; 29 LNTS(no. 735) 79.

　　　　제6조, 제16조, 제26조: 미발효.

　　　제2차 개정, 1924. 9. 27. 서명 개방(제네바); 미발효.

　　　제3차 개정, 1925. 9. 21. 서명 개방(제네바); 미발효.

　　　제4차 개정, 1938. 9. 30. 서명 개방(제네바); 미발효.

이로써 국제협력을 촉진하며 또한 각 국가 간의 평화와 안전을 달성하기 위하여, 이에 국제연맹규약을 협정한다.

제1조

1. 본 규약부속서에 열기된 서명국 및 유보 없이 본 규약에 가입하는 본 부속서에 열기된 기타의 국가를 국제연맹의 원연맹국으로 한다. 이 가입국은 본 규약의 효력발생 후 2개월 이내에 선언서를 관련사무국에 기탁하여 행하여야 한다. 이 가입의 통고는 다른 모든 연맹국에 보내져야 한다.

2. 부속서에 열기되지 아니한 국가, 영지 또는 식민지로서 완전한 자치를 가진 것은 그의 가입에 있어서 총회의 2/3의 동의를 얻었을 때 연맹국이 될 수 있다. 단, 그의 국제의무를 준수한다는 진지한 의도에 관하여 유효한 보장을 주고 또 그의 육·해 및 공군의 병력과 군비에 관하여 연맹이 규정할 수 있는 바의 준칙을 수락할 것을 요한다.

3. 연맹국은 2년의 예고로서 연맹에서 탈퇴할 수 있다. 단, 탈퇴시까지 그의 모든 국제적 의무 및 본 규약상의 의무를 이행하여야 한다.

제2조

본 규약에 의한 연맹의 행동은 연맹총회, 연맹이사회 및 부속된 상설연맹사무국에 의해 행하여진다.

제3조

1. 연맹총회는 연맹국의 대표자로 조직한다.

2. 연맹총회는 연맹본부소재지 또는 따로 정하여질 수 있는 장소에서 정기적으로 및 필요에 따라서 수시로 개최한다.

3. 연맹총회는 연맹의 행동범위에 속하거나 또는 세계평화에 영향을 미치는 일체의 사항을 그 회의에서 처리한다.

4. 연맹국은 연맹총회의 회의에 있어서 각 1개의 투표권을 가지며 또한 3명 이하의 대표자를 파견할 수 있다.

제4조

1. 연맹이사회는 주된 동맹 및 합연국과 다른 4개 연맹국의 대표자로써 조직한다. 이 4개 연맹국은 총회의 재량에 의하여 수시로 선정한다.

   연맹총회가 최초로 선정하는 4개 연맹국의 대표가 임명될 때까지는 벨지움, 브라질, 서반아 및 희랍의 대표를 연맹이사회원으로 한다.

2. ⓐ 연맹이사회는 총회의 과반수의 동의가 있을 때에는 연맹이사회에서 언제나 대표를 파견할 연맹국을 추가하여 지정할 수 있다. 연맹이사회는 총회의 전기와 같은 동의로써 총회에 의하여 선정되며 연맹이사회에 대표를 파견할 연맹국의 수를 증가시킬 수 있다.

ⓑ 연맹총회는 연맹이사회의 비상임이사국의 선거에 관한 규칙 특히 그의 임기 및 재선의 조건에 관한 규칙을 2/3의 다수로써 정한다.

3. 연맹이사회는 연맹본부소재지 또는 따로 정할 수 있는 장소에서 필요에 따라 수시로 그리고 적어도 매년 1회 개최한다.

4. 연맹이사회는 연맹의 행동범위에 속하거나 또는 세계평화에 영향을 미치는 일체의 사항을 그 회의에서 처리한다.

5. 연맹이사회에 대표를 내지 아니한 어떤 연맹국이라도 특히 그의 이익에 영향을 미치는 사항의 심의 중 연맹이사회의 회의에 이사회원으로서 참석하는 대표 1명을 파견하도록 초청받는다.

6. 연맹이사회에 대표를 내는 각 연맹국은 연맹이사회회의에서 1개의 투표권을 가지며 또한 1명의 대표자를 참가시킬 수 있다.

제5조

1. 본 규약 중 또는 본 조약의 조항 중 별단의 명문이 있는 경우를 제외하고는 총회 또는 이사회의 회의의 의결은 그 회의에 대표를 내는 연맹국 전부의 동의를 요한다.

2. 연맹총회 또는 연맹이사회의 회의에 있어서 절차에 관한 모든 사항은 특수사항 조사위원의 임명과 아울러 총회 또는 이사회가 이를 정한다. 이 경우에 있어서는 그 회의에 대표를 낸 연맹국의 과반수에 의하여 결정할 수 있다.

3. 연맹총회의 제1회 회의 및 연맹이사회의 제1회 회의는 미합중국 대통령이 이를 소집한다.

제6조

1. 상설연맹이사국은 연맹본부소재지에 설치된다. 연맹사무국에는 사무총장 1명과 필요한 사무관 및 직원을 둔다.
2. 초대 사무총장은 부속서에서 지정되며, 그 후의 사무총장은 총회 과반수의 동의를 얻어 이사회가 임명한다.
3. 연맹사무국의 사무관 및 직원은 연맹이사회의 동의를 얻어 사무총장이 임명한다.
4. 사무총장은 연맹총회 및 연맹이사회의 모든 회의에 있어서 그 자격으로서 행동한다.
5. 연맹의 경비는 연맹총회가 결정하는 비율에 따라서 연맹국이 부담한다.

제7조

1. 연맹본부소재지는 제네바로 한다.
2. 연맹이사회는 언제든지 그의 결정에 의하여 타 장소에 연맹본부 소재지를 정할 수 있다.
3. 연맹 하에서의 또는 이와 관계되는 모든 지위는 사무국을 포함하여 남녀에게 균등하게 개방된다.

4. 연맹국의 대표자 및 연맹직원은 연맹의 사무에 종사하는 동안 외교관의 특권 및 면제를 향유한다.

5. 연맹, 연맹의 직원 또는 연맹회의에 참석하는 대표자의 사용건물 및 기타의 재산은 불가침이다.

제8조

1. 연맹국은 평화유지를 위해서 그의 군비를 국가의 안전 및 국제의무의 공동행동에 의한 강제에 지장이 없는 최저한도까지 축소할 필요가 있다는 것을 인정한다.

2. 연맹이사회는 각국 정부의 심의와 결정을 위하여 각국의 지리적 위치와 사정을 참작하여 군비축소에 관한 안을 작성하여야 한다.

3. 이 안은 적어도 10년마다 재심의와 개정을 받아야 한다.

4. 각국 정부가 이 안을 채택하였을 때에는 연맹이사회의 동의 없이는 이 안에서 정한 군비의 한도를 초과할 수 없다.

5. 연맹국은 민영에 의한 병기 및 군용기재의 제조가 중대한 이의를 면할 수 없다는 것을 인정한다. 따라서 연맹이사회는 이 제조에 따르는 폐해를 방지할 수 있는 방법을 권고하되, 그들의 안전에 필요한 병기 및 군용기재를 제조할 수 없는 연맹의 수요에 관하여서는 상당한 고려를 하여야 한다.

6. 연맹국은 그의 군비의 규모, 육·해 및 공군의 기획과 군사상의 목적에 제공될 공업의 상황에 관하여 충분하고 숨김없는 보도

를 교환할 것을 약속한다.

제9조

제1조 및 제8조의 규정의 실행과 육·해 및 공군의 문제 전반에 관하여 연맹이사회에 권고할 상설위원회를 설치한다.

제10조

연맹국은 모든 연맹국의 영토안전 및 정치적 독립을 존중하고 또 외부의 침략에 대하여 이를 옹호할 것을 약속한다. 전기한 침략의 경우 또는 침략의 위협 혹은 위험이 있는 경우에는 연맹이사회는 본조의 의무를 이행할 수단을 권고하여야 한다.

제11조

1. 전쟁 또는 전쟁의 위협은 어떤 연맹국에게, 직접적인 영향 유무를 불문하고 연맹 전체의 이해관계사항인 것을 이에 성명한다. 따라서 연맹은 국제평화를 옹호하기 위하여 적당하며 유효하다고 인정되는 조치를 취할 수 있다. 그러한 긴급사태가 발생한 경우에는 사무총장은 어떤 연맹국의 요청으로 곧 연맹이사회의 회의를 소집한다.

2. 국제관계에 영향을 미치는 모든 사태로서 국제평화 또는 그 기초인 각국 간의 우호적 양해를 교란시킬 우려가 있는 것에 관하

여 연맹총회 또는 연맹이사회의 주의를 환기함은 연맹 각국의
우호적인 권리라는 것을 또한 성명한다.

제12조

1. 연맹국은 그들 사이에 국교단절에 이를 우려가 있는 분쟁이 발
   생한 경우에는 그 사건을 중재재판, 사법적 해결 또는 연맹이사
   회의 사실심사에 부탁할 것과 또는 중재재판관의 판결, 사법재
   판의 판결 또는 연맹이사회의 보고 후 3개월을 경과할 때까지는
   어떠한 경우에 있어서도 전쟁에 호소하지 않을 것을 약속한다.

2. 본조에 의한 모든 경우에 있어서 중재재판관의 판결 또는 사법
   재판의 판결은 상당한 기간 내에, 그리고 연맹이사회의 보고는
   분쟁사건의 부탁 후 6개월 이내에 행하여야 한다.

제13조

1. 연맹국은 그들 사이에 중재재판 또는 사법적 해결에 부탁할 수
   있다고 인정되는 분쟁이 발생하여 그 분쟁이 외교적 수단에 의
   하여 만족할 만한 해결을 얻지 못한 경우에는 이 사건 전부를
   중재재판 또는 사법적 해결에 부탁할 것을 약속한다.

2. 조약의 해석, 국제법상의 문제, 국제의무의 위반으로 되는 사실
   의 존부 및 이 위반에 대한 배상의 범위 및 성질에 관한 분쟁은
   일반적으로 중재재판 또는 사법적 해결에 부탁할 수 있는 사항

에 속한다는 것을 성명한다.

3. 심리를 위하여 분쟁사건을 부탁할 재판소는 제14조의 규정에 의하여 설립된 상설국제사법재판소 또는 당사국간의 합의로서 정하여진 혹은 당사국 내에 현존하는 조약의 규정에서 정하여진 재판소로 한다.

4. 연맹국은 일체의 판결을 성실히 이행하여야 하며 또한 판결에 복종하는 당사국에 대해서는 전쟁에 호소하지 않을 것을 약속한다. 판결을 이행하지 않을 경우 연맹이사회는 그 이행을 기하기 위해 필요한 조치를 제의하여야 한다.

제14조

연맹이사회는 상설국제사법재판소설치안을 작성하여 이를 연맹국에 채택하도록 회부하여야 한다. 이 재판소는 분쟁당사국이 그에게 부탁하는 국제적 성질을 가지는 어떠한 분쟁이나 재판할 권한을 가진다. 또한 이 재판소는 연맹이사회 또는 연맹총회가 부탁하는 모든 분쟁 또는 문제에 관하여 의견을 제출할 수 있다.

제15조

1. 연맹국간에 국교단절에 이를 우려가 있는 분쟁이 발생하여 제13조에 의한 중재재판 또는 사법적 해결에 부탁되지 아니하는 경우에는 연맹국은 이 사건을 연맹이사회에 부탁할 것을 약속

한다. 분쟁의 어떠한 당사국이나 분쟁의 존재를 사무총장에게 통고함으로써 전기의 부탁을 할 수 있다. 사무총장은 이에 관한 충분한 조사 및 심리에 필요한 모든 조치를 취한다.

2. 이 목적을 위하여 분쟁당사국은 가능한 한 속히 이 사건에 관한 진술서를 모든 관련사실 및 서류와 함께 사무총장에게 제출하여야 하며 연맹이사회는 즉시 그 공표를 명할 수 있다.

3. 연맹이사회는 분쟁의 해결에 노력해야 하며 그 노력이 성공한 경우에는 적당하다고 인정하는 바에 따라서 이 분쟁에 관한 사실과 설명 및 그 해결조건을 기재한 조서를 공표한다.

4. 분쟁이 해결되지 아니한 경우에는 연맹이사회는 전원일치 또는 과반수의 투표에 의하여 이 분쟁사실의 진술과 그 분쟁에 관하여 공정하며 적당하다고 인정되는 권고를 기재한 보고서를 작성하여 공표한다.

5. 연맹이사회에 대표를 낸 어떠한 연맹국이나 이 분쟁의 사실 및 이에 관한 자국의 결정에 대하여 진술서를 공표할 수 있다.

6. 연맹이사회의 보고서가 분쟁당사국의 대표자를 제외한 타연맹이사회원의 전부의 동의를 얻은 경우에는 연맹국은 이 보고서의 권고에 따르는 분쟁당사국에 대하여 전쟁에 호소하지 않을 것을 약속한다.

7. 연맹이사회에 있어서 분쟁당사국의 대표자를 제외한 타연맹이사회원 전부의 동의있는 보고서를 얻지 못한 경우에는 연맹국은

권리와 정의를 유지하기 위하여 필요하다고 인정되는 조치를 취할 권리를 유보한다.

8. 분쟁당사국의 일방이 그들 사이의 분쟁이 국제법상 오로지 그 당사국의 국내관할권에 속한 사항에 관하어 발생한 것이라고 주장하고 연맹이사회가 그렇게 인정한 경우에는 연맹이사회는 그 취지를 보고하고 또한 그 분쟁의 해결에 관한 아무런 권고도 하지 않을 것으로 한다.

9. 연맹이사회는 본조에 의한 모든 경우에 있어서 분쟁을 연맹총회에 이양할 수 있다. 분쟁당사국의 일방의 요청이 있는 경우 또한 이를 연맹총회에 이양한다. 단, 전기한 요청은 분쟁을 연맹이사회에 부탁한 후 14일 이내에 행함을 요한다.

10. 연맹이사회의 행동 및 권한에 속하는 본조 및 제12조의 규정은 연맹총회에 이양시킨 사건에 관하여 전부 이를 연맹총회의 행동 및 권한에 적용한다. 단, 각 경우에 분쟁당사국의 대표자를 제외한 연맹이사국에 대표자를 낸 연맹국 및 기타 연맹국 과반수의 대표자에 의하여 동의를 얻은 연맹총회의 보고서는 분쟁당사국의 대표자를 제외한 타연맹이사회원 전부의 동의를 얻은 연맹이사회의 보고서와 동일한 효력을 가진다.

제16조

1. 제12조, 제13조 또는 제15조에 의한 약속을 무시하고 전쟁에 호

소한 연맹국은 당연히 다른 모든 연맹국에 대하여 전쟁행위를 한 것으로 간주한다. 기타 모든 연맹국은 규약에 위반한 국가에 대하여 즉시 모든 통상 또는 재정상의 관계를 단절하고 자국민과 규약에 위반한 국가의 국민간의 모든 교통을 금지하고 또 규약에 위반한 국가의 국민과 연맹국이든 아니든 기타 모든 국가의 국민 사이의 모든 재정적·통상적 또는 개인적 교통을 방지할 것을 약속한다.

2. 연맹이사회는 전항의 경우에 있어서 연맹의 약속을 옹호하기 위해 사용할 병력에 대하여 연맹각국이 제공할 육·해 및 공군의 분담정도를 관계정부에 제안할 의무를 진다.

3. 연맹국은 본조에 의해 취해지는 재정적 및 경제적 조치에서 야기되는 손실과 불편을 최소한도로 하기 위해 상호간에 원조할 것, 연맹의 1국에 대한 위약국의 특수한 조치에 대항하기 위해 상호간 원조할 것과 연맹의 약속을 옹호하기 위해 협력하는 연맹국 군대의 영역통과에 관해 필요한 조치를 취할 것을 약속한다.

4. 연맹의 약속에 위반한 연맹국에 대해서는 연맹이사회에 대표를 내는 모든 기타 연맹국 대표자의 연맹이사회에 있어서의 일치된 투자로써 연맹으로부터 이를 제명할 것을 성명할 수 있다.

제17조

1. 연맹국과 비연맹국간 또는 비연맹국 상호간에 분쟁이 발생한 경

우에는 이러한 분쟁의 해결을 위할 연맹국의 의무를 연맹이사회가 정당하다고 인정되는 조건에 따라 비연맹국이 수락할 것을 권유한다. 그러한 권유가 수락된 경우에는 제12조 내지 제16조의 규정은 연맹이사회가 필요하다고 인정하는 수정을 가하여 적용한다.

2. 전항의 권유를 행한 경우에 연맹이사회는 즉시 분쟁사정의 사실심사를 개시하고 당해 사정 하에서 가장 좋고 또 유효하다고 인정되는 행동을 권고한다.

3. 권유를 받은 국가가 그러한 분쟁의 해결을 위한 연맹국의 의무의 수락을 거부하고 어떤 연맹국에 대해 전쟁에 호소하는 경우에는 제16조의 규정은 그러한 행동을 취하는 국가에 대해 적용한다.

4. 권유를 받은 분쟁당사국의 쌍방이 그러한 분쟁의 해결을 위한 연맹국의 의무의 수락을 거부한 경우에는 연맹이사회는 적대행위를 방지하고 분쟁을 해결할 조치 및 권고를 행할 수 있다.

제18조

앞으로 연맹국이 체결할 모든 조약 또는 국제협정은 즉시 연맹사무국에 등록하며 연맹사무국은 가급적 속히 이를 공표해야 한다. 이러한 조약 또는 국제협정은 전기의 등록을 완료할 때까지는 구속력이 발생하지 않는다.

제19조

연맹총회는 적용불능하게 된 조약의 재심의와 그 계속의 결과 세계 평화를 위태롭게 할 가능성이 있는 국제상태의 심의를 수시로 연맹국에게 권고할 수 있다.

제20조

1. 연맹국은 본 규약의 조항과 양립하지 않는 연맹국 상호간의 모든 의무 또는 양해가 자국에 관한 한 모두 본 규약에 의하여 폐기될 것이라는 것을 승인하며 또한 앞으로 본 규약의 조항과 양립되지 않는 모든 약정을 체결하지 않을 것을 서약한다.

2. 연맹국이 되기 전에 본 규약의 조항과 양립하지 않는 의무를 부담한 연맹국은 즉시 이러한 의무를 해제할 수 있는 조치를 취해야 한다.

제21조

본 규약은 중재재판조약과 같은 국제협정 또는 몬로주의와 같은 일정한 지역에 관한 협정으로서 평화의 유지를 확보하기 위한 것의 효력에는 어떠한 영향도 미치지 않는다.

제22조

1. 이번 전쟁의 결과로서 종전에 지배하던 국가의 통치로부터 벗어

난 식민지 및 영토로서 현세계의 극심한 생존경쟁상태 하에서 아직도 자립할 수 없는 인민들이 거주하는 것에 대해서는 이 인민의 복지와 발달이 문명의 신성한 사명이며 또 그 사명수행의 보장이 본 규약 중에 구체화되어야 한다는 원칙이 적용되어야 한다.

2. 이 원칙을 실현하는 가장 좋은 방법은 상술한 인민에 대한 후견의 임무를 선진국으로서 자원, 경험 또는 지리적 위치로 인하여 이 책임을 가장 잘 질 수 있고 또 이를 수락할 용의가 있는 국가에 위임되고 이 국가로 하여금 연맹을 대신하여 수임국으로서의 후견의 임무를 행하게 함에 있다.

3. 위임의 성질에 대해서는 인민의 발달의 정도, 영역의 지리적 위치 및 경제상태와 기타 이와 유사한 사정에 의해 차이를 설정할 것을 요한다.

4. 종전의 터키제국에 속하였던 어떤 부족은 독립국으로서 가승인을 받을 수 있을 정도로 발달하였지만 그가 자립할 수 있는 시기까지 수임국에 의해 시정상의 조언과 원조를 받을 것으로 한다. 수임국의 선정에 있어서는 상술한 부족의 희망이 주로 고려되어야 한다.

5. 타 인민 특히 중앙아프리카의 인민은 수임국이 다음과 같은 조건에서 그 영역에 대한 시정책임을 져야 할 단계에 놓여 있다. 즉 공공질서 및 선량한 풍속에 반하지 않는 한 양심과 신앙의 자유를 허락하며 노예의 매매, 무기 혹은 주정의 거래와 같은 폐

습의 방지와 축성 또는 육·해군의 기지설치 및 경찰 또는 지역
적방위 이외의 목적을 위한 토착민의 군사훈련의 방지가 보장되
어야 하며 또한 기타 연맹국의 통상 및 무역에 관해 기회균등이
확보되어야 한다.

6. 서남아프리카 및 남태평양제도와 같은 영역은 인구의 희소, 면
   적의 협소, 문명의 중심으로부터의 원격 또는 수임국영역과의
   근접과 기타의 사정으로 인해 수임국영역의 구성부분으로서 그
   국법 하에서 가장 잘 통치될 수 있다. 단, 수임국은 토착민의 이
   익을 위해 전기의 보장을 부여하여야 한다.

7. 각 위임의 경우에 있어서 수임국은 그 위임된 영역에 관한 연보
   를 연맹이사회에 제출하여야 한다.

8. 수임국이 행할 권한, 통제 및 시정의 정도는 사전에 연맹국간의
   합의가 없는 경우에는 연맹이사회는 각 경우에 있어서 명백히
   규정하여야 한다.

9. 수임국의 연보를 수리 조사하고 또 수임의 실행에 관한 모든 사
   항에 대해 연맹이사회에 권고하기 위하여 상설위원회를 설치하
   여야 한다.

제23조

연맹국은 현행 또는 앞으로 체결될 국제조약의 규정에 따라 다음과
같은 것을 행한다.

1. 자국 내에 있어서 및 그의 통상산업관계가 미치는 모든 국가에 있어서 남녀 및 아동을 위해 공평하고 인도적인 노동조건을 확보할 것에 노력하며 또 이 목적을 위하여 필요한 국제기구를 설립 유지할 것.
2. 자국의 감리에 속하는 영역내의 토착민에 대해 공정한 대우를 확보할 것을 약속할 것.
3. 부인 및 아동이 매매와 아편 및 유해약물의 거래에 관한 협정의 실행에 관하여 일반감독을 연맹에 위임할 것.
4. 공동이익을 위하여 무기 및 탄약의 거래를 통제할 필요가 있는 국가들과의 그 거래에 관한 일반적 감독을 연맹에 위임할 것.
5. 교통과 통과의 자유 및 모든 연맹국의 통상에 대한 공평한 대우를 확보하기 위하여 그 방법을 강구할 것.
   이에 관하여는 1914년 내지 1918년의 전쟁 중 황폐화한 지역의 특수사정을 고려하여야 한다.
6. 질병의 예방 및 박멸을 위해 국제적 이해관계사항에 관해 조치를 취하도록 노력할 것.

제24조
1. 일반조약에 의해 이미 설립된 국제사무국은 그 조약당사국의 승인이 있는 경우 모두 연맹의 지휘 하에 귀속시켜야 한다. 국제이해관계사항의 처리를 위해 앞으로 설치될 국제사무국 및 위원회

는 모두 연맹의 지휘 하에 귀속시킬 것으로 한다.

2. 일반조약에 의해 규정된 국제이해관계사항으로서 국제사무국 또는 위원회의 통제 하에 놓이지 않는 것에 관하여서 연맹사무국은 당사국의 청구에 의해 연맹이사회의 동의를 얻어 모든 관계정보를 수집하여 배부하고 기타 필요하거나 또는 요망되는 모든 원조를 부여하여야 한다.

3. 연맹이사회는 연맹의 지휘 하에 귀속시킨 사무국 또는 위원회의 경비를 연맹사무국의 경비 중에 편입할 수 있다.

제25조

연맹국은 전 세계를 통해 건강의 증진, 질병의 예방 및 고통의 경감을 목적으로 하는 공인된 국민적십자기관의 설립 및 협력을 장려 촉진할 것을 약속한다.

제26조

1. 본 규약의 개정은 연맹이사회를 구성하는 대표자를 내는 연맹국과 연맹총회를 구성하는 대표자를 내는 연맹국의 과반수에 의해 비준되었을 때에 효력을 발생한다.

2. 전항의 개정은 동의하지 않음을 표시한 어떠한 연맹국도 약속하지 못하며 이 경우에 있어서 그 연맹국은 연맹국의 지위를 상실한다.

Covenant of the
League of Nations[1]
(1919)

THE HIGH CONTRACTING PARTIES,

In order to promote international co-operation and to achieve international peace and security

by the acceptance of obligations not to resort to war,

by the prescription of open, just and honourable relations between nations,

by the firm establishment of the understandings of international law as the actual rule of conduct among Governments, and

---

1) Manley O. Hudson, ed., International Legislation, vol. 1, pp. 1~42 + vol. 8, pp. 152~156; 13 AJIL Supp. 128 (1919) 참조.

by the maintenance of justice and a scrupulous respect for all treaty obligations in the dealings of organised peoples with one another,

Agree to this Covenant of the League of Nations.

ARTICLE 1

The original Members of the League of Nations shall be those of the Signatories which are named in the Annex to this Covenant and also such of those other States named in the Annex as shall accede without reservation to this Covenant. Such accession shall be effected by a Declaration deposited with the Secretariat within two months of the coming into force of the Covenant. Notice thereof shall be sent to all other Members of the League.

Any fully self-governing State, Dominion or Colony not named in the Annex may become a Member of the League if its admission is agreed to by two-thirds of the Assembly, provided that it shall give effective guarantees of its sincere intention to observe its international obligations, and shall accept such regulations as may be prescribed by the League in regard to its military, naval and air forces and armaments.

Any Member of the League may, after two years' notice of its intention so to do, withdraw from the League, provided that all its international obligations and all its obligations under this Covenant shall have been fulfilled at the time of its withdrawal.

ARTICLE 2

The action of the League under this Covenant shall be effected through the instrumentality of an Assembly and of a Council, with a permanent Secretariat.

ARTICLE 3

The Assembly shall consist of Representatives of the Members of the League.

The Assembly shall meet at stated intervals and from time to time as occasion may require at the Seat of the League or at such other place as may be decided upon.

The Assembly may deal at its meetings with any matter within the sphere of action of the League or affecting the peace of the world. At meetings of the Assembly each Member of the League shall have one vote, and may have not more than three Representatives.

ARTICLE 4

The Council shall consist of Representatives of the Principal Allied and Associated Powers, together with Representatives of four other Members of the League. These four Members of the League shall be selected by the Assembly from time to time in its discretion. Until the appointment of the Representatives of the four Members of the League first selected by the Assembly, Representatives of Belgium, Brazil, Spain and Greece shall be members of the Council.

With the approval of the majority of the Assembly, the Council may name additional Members of the League whose Representatives shall always be members of the Council; the Council, with like approval may increase the number of Members of the League to be selected by the Assembly for representation on the Council.

The Council shall meet from time to time as occasion may require, and at least once a year, at the Seat of the League, or at such other place as may be decided upon.

The Council may deal at its meetings with any matter within the sphere of action of the League or affecting the peace of the world.

Any Member of the League not represented on the Council shall be invited to send a Representative to sit as a member at any meeting of the Council during the consideration of matters specially affecting the interests of that Member of the League.

At meetings of the Council, each Member of the League represented on the Council shall have one vote, and may have not more than one Representative.

ARTICLE 5

Except where otherwise expressly provided in this Covenant or by the terms of the present Treaty, decisions at any meeting of the Assembly or of the Council shall require the agreement of all the Members of the League represented at the meeting.

All matters of procedure at meetings of the Assembly or of the Council, including the appointment of Committees to investigate particular matters, shall be regulated by the Assembly or by the Council and may be decided by a majority of the Members of the League represented at the meeting.

The first meeting of the Assembly and the first meeting of the Council shall be summoned by the President of the United States of America.

ARTICLE 6

The permanent Secretariat shall be established at the Seat of the League. The Secretariat shall comprise a Secretary General and such secretaries and staff as may be required.

The first Secretary General shall be the person named in the Annex; thereafter the Secretary General shall be appointed by the Council with the approval of the majority of the Assembly.

The secretaries and staff of the Secretariat shall be appointed by the Secretary General with the approval of the Council.

The Secretary General shall act in that capacity at all meetings of the Assembly and of the Council.

The expenses of the League shall be borne by the Members of the League in the proportion decided by the Assembly.

ARTICLE 7

The Seat of the League is established at Geneva.

The Council may at any time decide that the Seat of the League shall be established elsewhere.

All positions under or in connection with the League, including the Secretariat, shall be open equally to men and women.

Representatives of the Members of the League and officials of the League when engaged on the business of the League shall enjoy diplomatic privileges and immunities.

The buildings and other property occupied by the League or its officials or by Representatives attending its meetings shall be inviolable.

ARTICLE 8

The Members of the League recognise that the maintenance of peace requires the reduction of national armaments to the lowest point consistent with national safety and the enforcement by common action of international obligations.

The Council, taking account of the geographical situation

and circumstances of each State, shall formulate plans for such reduction for the consideration and action of the several Governments. Such plans shall be subject to reconsideration and revision at least every ten years.

After these plans shall have been adopted by the several Governments, the limits of armaments therein fixed shall not be exceeded without the concurrence of the Council.

The Members of the League agree that the manufacture by private enterprise of munitions and implements of war is open to grave objections. The Council shall advise how the evil effects attendant upon such manufacture can be prevented, due regard being had to the necessities of those Members of the League which are not able to manufacture the munitions and implements of war necessary for their safety.

The Members of the League undertake to interchange full and frank information as to the scale of their armaments, their military, naval and air programmes and the condition of such of their industries as are adaptable to war-like purposes.

ARTICLE 9

A permanent Commission shall be constituted to advise the Council on the execution of the provisions of Articles 1 and 8 and on military, naval and air questions generally.

ARTICLE 10

The Members of the League undertake to respect and preserve as against external aggression the territorial integrity and existing political independence of all Members of the League. In case of any such aggression or in case of any threat or danger of such aggression the Council shall advise upon the means by which this obligation shall be fulfilled.

ARTICLE 11

Any war or threat of war, whether immediately affecting any of the Members of the League or not, is hereby declared a matter of concern to the whole League, and the League shall take any action that may be deemed wise and effectual to safeguard the peace of nations. In case any such emergency should arise the Secretary General shall on the request of any Member of the League forthwith summon a meeting of the Council.

It is also declared to be the friendly right of each Member of the League to bring to the attention of the Assembly or of the Council any circumstance whatever affecting international relations which threatens to disturb international peace or the good understanding between nations upon which peace depends.

ARTICLE 12

The Members of the League agree that, if there should arise between them any dispute likely to lead to a rupture they will submit the matter either to arbitration or judicial settlement or to enquiry by the Council, and they agree in no case to resort to war until three months after the award by the arbitrators or the judicial decision, or the report by the Council. In any case under this Article the award of the arbitrators or the judicial decision shall be made within a reasonable time, and the report of the Council shall be made within six months after the submission of the dispute.

ARTICLE 13

The Members of the League agree that whenever any dispute shall arise between them which they recognise to be suitable for submission to arbitration or judicial settlement and which cannot be satisfactorily settled by diplomacy, they will submit the whole subject-matter to arbitration or judicial settlement.

Disputes as to the interpretation of a treaty, as to any question of international law, as to the existence of any fact which if established would constitute a breach of any international obligation, or as to the extent and nature of the reparation to be made for any such breach, are declared to be among those which are generally suitable for submission to arbitration or judicial settlement.

For the consideration of any such dispute, the court to which the case is referred shall be the Permanent Court of International Justice, established in accordance with Article 14, or any tribunal agreed on by the parties to the dispute or stipulated in any convention existing between them.

The Members of the League agree that they will carry out in full good faith any award or decision that may be rendered, and that they will not resort to war against a Member of the League which complies therewith. In the event of any failure to carry out such an award or decision, the Council shall propose what steps should be taken to give effect thereto.

ARTICLE 14

The Council shall formulate and submit to the Members of the League for adoption plans for the establishment of a Permanent Court of International Justice. The Court shall be competent to hear and determine any dispute of an international character which the parties thereto submit to it. The Court may also give an advisory opinion upon any dispute or question referred to it by the Council or by the Assembly.

ARTICLE 15

If there should arise between Members of the League any dispute likely to lead to a rupture, which is not submitted to arbitration or judicial settlement in accordance with Article 13, the Members of the League agree that they will submit the matter to the Council. Any party to the dispute may effect such submission by giving notice of the existence of the dispute to the Secretary General, who will make all necessary arrangements for a full investigation and consideration thereof.

For this purpose the parties to the dispute will communicate to the Secretary General, as promptly as possible, statements of their case with all the relevant facts and papers, and the Council may forthwith direct the publication thereof.

The Council shall endeavour to effect a settlement of the dispute, and if such efforts are successful, a statement shall be made public giving such facts and explanations regarding the dispute and the terms of settlement thereof as the Council may deem appropriate.

If the dispute is not thus settled, the Council either unanimously or by a majority vote shall make and publish a report containing a statement of the facts of the dispute and the recommendations which are deemed just and proper in regard thereto.

Any Member of the League represented on the Council may make public a statement of the facts of the dispute and of its conclusions regarding the same.

If a report by the Council is unanimously agreed to by the

members thereof other than the Representatives of one or more of the parties to the dispute, the Members of the League agree that they will not go to war with any party to the dispute which complies with the recommendations of the report.

If the Council fails to reach a report which is unanimously agreed to by the members thereof, other than the Representatives of one or more of the parties to the dispute, the Members of the League reserve to themselves the right to take such action as they shall consider necessary for the maintenance of right and justice.

If the dispute between the parties is claimed by one of them, and is found by the Council, to arise out of a matter which by international law is solely within the domestic jurisdiction of that party, the Council shall so report, and shall make no recommendation as to its settlement.

The Council may in any case under this Article refer the dispute to the Assembly. The dispute shall be so referred at the request of either party to the dispute, provided that such request be made within fourteen days after the submission of the dispute to the Council.

In any case referred to the Assembly, all the provisions of this Article and of Article 12 relating to the action and powers of the

Council shall apply to the action and powers of the Assembly, provided that a report made by the Assembly, if concurred in by the Representatives of those Members of the League represented on the Council and of a majority of the other Members of the League, exclusive in each case of the Representatives of the parties to the dispute, shall have the same force as a report by the Council concurred in by all the members thereof other than the Representatives of one or more of the parties to the dispute.

ARTICLE 16

Should any Member of the League resort to war in disregard of its covenants under Articles 12, 13 or 15, it shall ipso facto be deemed to have committed an act of war against all other Members of the League, which hereby undertake immediately to subject it to the severance of all trade or financial relations, the prohibition of all intercourse between their nationals and the nationals of the covenant-breaking State, and the prevention of all financial, commercial or personal intercourse between the nationals of the covenant-breaking State and the nationals of any other State, whether a Member of the League or not.

It shall be the duty of the Council in such case to recommend to the several Governments concerned what effective military, naval or air force the Members of the League shall severally contribute to the armed forces to be used to protect the covenants of the League.

The Members of the League agree, further, that they will mutually support one another in the financial and economic measures which are taken under this Article, in order to minimise the loss and inconvenience resulting from the above measures, and that they will mutually support one another in resisting any special measures aimed at one of their number by the covenant-breaking State, and that they will take the necessary steps to afford passage through their territory to the forces of any of the Members of the League which are co-operating to protect the covenants of the League.

Any Member of the League which has violated any covenant of the League may be declared to be no longer a Member of the League by a vote of the Council concurred in by the Representatives of all the other Members of the League represented thereon.

ARTICLE 17

In the event of a dispute between a Member of the League and a State which is not a Member of the League, or between States not Members of the League, the State or States not Members of the League shall be invited to accept the obligations of membership in the League for the purposes of such dispute, upon such conditions as the Council may deem just. If such invitation is accepted, the provisions of Articles 12 to 16 inclusive shall be applied with such modifications as may be deemed necessary by the Council.

Upon such invitation being given the Council shall immediately institute an inquiry into the circumstances of the dispute and recommend such action as may seem best and most effectual in the circumstances.

If a State so invited shall refuse to accept the obligations of membership in the League for the purposes of such dispute, and shall resort to war against a Member of the League, the provisions of Article 16 shall be applicable as against the State taking such action.

If both parties to the dispute when so invited refuse to accept the obligations of membership in the League for the purposes of such dispute, the Council may take such measures and make such recommendations as will prevent hostilities and will result in the settlement of the dispute.

ARTICLE 18

Every treaty or international engagement entered into hereafter by any Member of the League shall be forthwith registered with the Secretariat and shall as soon as possible be published by it. No such treaty or international engagement shall be binding until so registered.

ARTICLE 19

The Assembly may from time to time advise the reconsideration by Members of the League of treaties which have become inapplicable and the consideration of international conditions whose continuance might endanger the peace of the world.

ARTICLE 20

The Members of the League severally agree that this Covenant is accepted as abrogating all obligations or understandings inter se which are inconsistent with the terms thereof, and solemnly undertake that they will not hereafter enter into any engagements inconsistent with the terms thereof.

In case any Member of the League shall, before becoming a Member of the League, have undertaken any obligations inconsistent with the terms of this Covenant, it shall be the duty of such Member to take immediate steps to procure its release from such obligations.

ARTICLE 21

Nothing in this Covenant shall be deemed to affect the validity of international engagements, such as treaties of arbitration or regional understandings like the Monroe doctrine, for securing the maintenance of peace.

ARTICLE 22

To those colonies and territories which as a consequence of the late war have ceased to be under the sovereignty of the

States which formerly governed them and which are inhabited by peoples not yet able to stand by themselves under the strenuous conditions of the modern world, there should be applied the principle that the well-being and development of such peoples form a sacred trust of civilisation and that securities for the performance of this trust should be embodied in this Covenant.

The best method of giving practical effect to this principle is that the tutelage of such peoples should be entrusted to advanced nations who by reason of their resources, their experience or their geographical position can best undertake this responsibility, and who are willing to accept it, and that this tutelage should be exercised by them as Mandatories on behalf of the League.

The character of the mandate must differ according to the stage of the development of the people, the geographical situation of the territory, its economic conditions and other similar circumstances.

Certain communities formerly belonging to the Turkish Empire have reached a stage of development where their existence as independent nations can be provisionally recognized subject to the rendering of administrative advice and assistance by a Mandatory until such time as they are able to stand alone. The wishes of these communities must be a principal consideration in the selection of the Mandatory.

Other peoples, especially those of Central Africa, are at such a stage that the Mandatory must be responsible for the administration of the territory under conditions which will guarantee freedom of conscience and religion, subject only to the maintenance of public order and morals, the prohibition of abuses such as the slave trade, the arms traffic and the liquor traffic, and the prevention of the establishment of fortifications or military and naval bases and of military training of the natives for other than police purposes and the defence of territory, and will also secure equal opportunities for the trade and commerce of other Members of the League.

There are territories, such as South-West Africa and certain of the South Pacific Islands, which, owing to the sparseness of their population, or their small size, or their remoteness from the centres of civilisation, or their geographical contiguity to the territory of the Mandatory, and other circumstances, can be best administered under the laws of the Mandatory as integral portions of its territory, subject to the safeguards above mentioned in the interests of the indigenous population.

In every case of mandate, the Mandatory shall render to the Council an annual report in reference to the territory committed to its charge.

The degree of authority, control, or administration to be exercised by the Mandatory shall, if not previously agreed upon by the Members of the League, be explicitly defined in each case by the Council.

A permanent Commission shall be constituted to receive and examine the annual reports of the Mandatories and to advise the Council on all matters relating to the observance of the mandates.

ARTICLE 23

Subject to and in accordance with the provisions of international conventions existing or hereafter to be agreed upon, the Members of the League:

(a) will endeavour to secure and maintain fair and humane conditions of labour for men, women, and children, both in their own countries and in all countries to which their commercial and industrial relations extend, and for that purpose will establish and maintain the necessary international organisations;

(b) undertake to secure just treatment of the native inhabitants of territories under their control;

(c) will entrust the League with the general supervision over the execution of agreements with regard to the traffic in women and children, and the traffic in opium and other dangerous drugs;

(d) will entrust the League with the general supervision of the trade in arms and ammunition with the countries in which the control of this traffic is necessary in the common interest;

(e) will make provision to secure and maintain freedom of communications and of transit and equitable treatment for the commerce of all Members of the League. In this connection, the special necessities of the regions devastated during the war of 1914~1918 shall be borne in mind;

(f) will endeavour to take steps in matters of international concern for the prevention and control of disease.

ARTICLE 24

There shall be placed under the direction of the League all international bureaux already established by general treaties if the parties to such treaties consent. All such international bureaux and all commissions for the regulation of matters of international interest hereafter constituted shall be placed under the direction of the League.

In all matters of international interest which are regulated by general convention but which are not placed under the control of international bureaux or commissions, the Secretariat of the League shall, subject to the consent of the Council and if desired by the parties, collect and distribute all relevant information and shall render any other assistance which may be necessary or desirable.

The Council may include as part of the expenses of the Secretariat the expenses of any bureau or commission which is placed under the direction of the League.

ARTICLE 25

The Members of the League agree to encourage and promote the establishment and co-operation of duly authorised voluntary national Red Cross organisations having as purposes the improvement of health, the prevention of disease and the mitigation of suffering throughout the world.

ARTICLE 26

Amendments to this Covenant will take effect when ratified by the Members of the League whose Representatives compose the Council and by a majority of the Members of the League whose Representatives compose the Assembly.

No such amendments shall bind any Member of the League which signifies its dissent therefrom, but in that case it shall cease to be a Member of the League.

국제연합 헌장[1]

채택: 1945. 6. 26 (샌프란시스코)

발효: 1945. 10. 24[2]

전문

우리 연합국 국민들은

- 우리 일생 중에 두 번이나 말할 수 없는 슬픔을 인류에 가져온 전쟁의 불행에서 다음 세대를 구하고,

- 기본적 인권, 인간의 존엄 및 가치, 남녀 및 대소 각국의 평등권 에 대한 신념을 재확인하며,

---

1) 한국 1991. 8. 5 수락; 1991. 9. 18 발효(조약 제1059호); 관보: 1991. 9. 24.

2) 개정: 1963. 12. 17. 채택(제23조, 제27조, 제61조); 1965. 8. 31. 발효; GA Res. 1991 A and B(XVIII), UN Doc. A/5515; 557 UNTS(no. 8132) 143.
1965. 12. 20. 채택(제109조); 1968. 6. 12. 발효; GA Res. 2101(XX), UN Doc. A/6014; 638 UNTS(no. 8132) 308.
1971. 12. 20. 채택(제61조); 1973. 9. 24. 발효; GA Res. 2847(XXVI), UN Doc. A/8429; 892 UNTS(no. 8132) 119.

- 정의와 조약 및 기타 국제법의 연원으로부터 발생하는 의무에 대한 존중이 계속 유지될 수 있는 조건을 확립하며,
- 너 많은 자유 속에서 사회적 진보와 생활수준의 향상을 촉진할 것을 결의하였다.

그리고 이러한 목적을 위하여

- 관용을 실천하고 선량한 이웃으로서 상호간 평화롭게 같이 생활하며,
- 국제평화와 안전을 유지하기 위하여 우리들의 힘을 합하며,
- 공동이익을 위한 경우 이외에는 무력을 사용하지 아니한다는 것을, 원칙의 수락과 방법의 설정에 의하여, 보장하고,
- 모든 국민의 경제적 및 사회적 발전을 촉진하기 위하여 국제기관을 이용한다는 것을 결의하면서,

이러한 목적을 달성하기 위하여 우리의 노력을 결집할 것을 결정하였다.

따라서 우리 각자의 정부는, 샌프란시스코에 모인, 유효하고 타당한 것으로 인정된 전권위임장을 제시한 대표를 통하여, 이 국제연합헌장에 동의하고, 국제연합이라는 국제기구를 이에 설립한다.

제1장 목적과 원칙

제1조

국제연합의 목적은 다음과 같다.

1. 국제평화와 안전을 유지하고, 이를 위하여 평화에 대한 위협의 방지, 제거 그리고 침략행위 또는 기타 평화의 파괴를 진압하기 위한 유효한 집단적 조치를 취하고 평화의 파괴로 이를 우려가 있는 국제적 분쟁이나 사태의 조정·해결을 평화적 수단에 의하여 또한 정의와 국제법의 원칙에 따라 실현한다.

2. 사람들의 평등권 및 자결의 원칙의 존중에 기초하여 국가 간의 우호관계를 발전시키며, 세계평화를 강화하기 위한 기타 적절한 조치를 취한다.

3. 경제적·사회적·문화적 또는 인도적 성격의 국제문제를 해결하고 또한 인종·성별·언어 또는 종교에 따른 차별 없이 모든 사람의 인권 및 기본적 자유에 대한 존중을 촉진하고 장려함에 있어 국제적 협력을 달성한다.

4. 이러한 공동의 목적을 달성함에 있어서 각국의 활동을 조화시키는 중심이 된다.

제2조

이 기구 및 그 회원국은 제1조에 명시한 목적을 추구함에 있어서 다음의 원칙에 따라 행동한다.

1. 기구는 모든 회원국의 주권평등 원칙에 기초한다.

2. 모든 회원국은 회원국의 지위에서 발생하는 권리와 이익을 그들 모두에 보장하기 위하여, 이 헌장에 따라 부과되는 의무를 성실히 이행한다.

3. 모든 회원국은 그들의 국제분쟁을 국제평화와 안전 그리고 정의를 위태롭게 하지 아니하는 방식으로 평화적 수단에 의하여 해결한다.

4. 모든 회원국은 그 국제관계에 있어서 다른 국가의 영토보전이나 정치적 독립에 대하여 또는 국제연합의 목적과 양립하지 아니하는 어떠한 기타 방식으로도 무력의 위협이나 무력행사를 삼간다.

5. 모든 회원국은 국제연합이 이 헌장에 따라 취하는 어떠한 조치에 있어서도 모든 원조를 다하며, 국제연합이 방지조치 또는 강제조치를 취하는 대상이 되는 어떠한 국가에 대하여도 원조를 삼간다.

6. 기구는 국제연합의 회원국이 아닌 국가가, 국제평화와 안전을 유지하는데 필요한 한, 이러한 원칙에 따라 행동하도록 확보한다.

7. 이 헌장의 어떠한 규정도 본질상 어떤 국가의 국내 관할권안에 있는 사항에 간섭할 권한을 국제연합에 부여하지 아니하며, 또

는 그러한 사항을 이 헌장에 의한 해결에 맡기도록 회원국에 요구하지 아니한다. 다만, 이 원칙은 제7장에 의한 강제조치의 적용을 해하지 아니한다.

제2장 회원국의 지위

제3조

국제연합의 원회원국은, 샌프란시스코에서 국제기구에 관한 연합국 회의에 참가한 국가 또는 1942년 1월 1일의 연합국 선언에 서명한 국가로서, 이 헌장에 서명하고 제110조에 따라 이를 비준한 국가이다.

제4조

1. 국제연합의 회원국 지위는 이 헌장에 규정된 의무를 수락하고, 이러한 의무를 이행할 능력과 의사가 있다고 기구가 판단하는 그 밖의 평화애호국 모두에 개방된다.
2. 그러한 국가의 국제연합회원국으로의 승인은 안전보장이사회의 권고에 따라 총회의 결정에 의하여 이루어진다.

제5조

안전보장이사회에 의하여 취하여지는 방지조치 또는 강제조치의 대상이 되는 국제연합회원국에 대하여는 총회가 안전보장이사회의 권고에 따라 회원국으로서의 권리와 특권의 행사를 정지시킬 수 있다. 이러한 권리와 특권의 행사는 안전보장이사회에 의하여 회복될 수 있다.

제6조

이 헌장에 규정된 원칙을 끈질기게 위반하는 국제연합회원국은 총회가 안전보장이사회의 권고에 따라 기구로부터 제명할 수 있다.

제3장 기 관

제7조

1. 국제연합의 주요기관으로서 총회·안전보장이사회·경제사회이사회·신탁통치이사회·국제사법재판소 및 사무국을 설치한다.
2. 필요하다고 인정되는 보조기관은 이 헌장에 따라 설치될 수 있다.

제8조

국제연합은 남녀가 어떠한 능력으로서든 그리고 평등의 조건으로 그 주요기관 및 보조기관에 참가할 자격이 있음에 대하여 어떠한 제한도 두어서는 아니 된다.

제4장 총 회

구성

제9조

1. 총회는 모든 국제연합회원국으로 구성된다.

2. 각 회원국은 총회에 5인 이하의 대표를 가진다.

임무 및 권한

제10조

총회는 이 헌장의 범위 안에 있거나 또는 이 헌장에 규정된 어떠한 기관의 권한 및 임무에 관한 어떠한 문제 또는 어떠한 사항도 토의할 수 있으며, 그리고 제12조에 규정된 경우를 제외하고는, 그러한 문제 또는 사항에 관하여 국제연합회원국 또는 안전보장이사회 또는 이 양자에 대하여 권고할 수 있다.

제11조

1. 총회는 국제평화와 안전의 유지에 있어서의 협력의 일반원칙을, 군비축소 및 군비규제를 규율하는 원칙을 포함하여 심의하고, 그러한 원칙과 관련하여 회원국이나 안전보장이사회 또는 이 양

자에 대하여 권고할 수 있다.

2. 총회는 국제연합회원국이나 안전보장이사회 또는 제35조 제2항에 따라 국제연합회원국이 아닌 국가에 의하여 총회에 회부된 국제평화와 안전의 유지에 관한 어떠한 문제도 토의할 수 있으며, 제12조에 규정된 경우를 제외하고는 그러한 문제와 관련하여 1 또는 그 이상의 관계국이나 안전보장이사회 또는 이 양자에 대하여 권고할 수 있다. 그러한 문제로서 조치를 필요로 하는 것은 토의의 전 또는 후에 총회에 의하여 안전보장 이사회에 회부된다.

3. 총회는 국제평화와 안전을 위태롭게 할 우려가 있는 사태에 대하여 안전보장이사회의 주의를 환기할 수 있다.

4. 이 조에 규정된 총회의 권한은 제10조의 일반적 범위를 제한하지 아니한다.

제12조

1. 안전보장이사회가 어떠한 분쟁 또는 사태와 관련하여 이 헌장에서 부여된 임무를 수행하고 있는 동안에는 총회는 이 분쟁 또는 사태에 관하여 안전보장이사회가 요청하지 아니하는 한 어떠한 권고도 하지 아니한다.

2. 사무총장은 안전보장이사회가 다루고 있는 국제평화와 안전의 유지에 관한 어떠한 사항도 안전보장이사회의 동의를 얻어 매

회기 중 총회에 통고하며, 또한 사무총장은, 안전보장이사회가 그러한 사항을 다루는 것을 중지한 경우, 즉시 총회 또는 총회가 회기 중이 아닐 경우에는 국제연합회원국에 마찬가지로 통고한다.

제13조

1. 총회는 다음의 목적을 위하여 연구를 발의하고 권고한다.

   가. 정치적 분야에 있어서 국제협력을 촉진하고, 국제법의 점진적 발달 및 그 법전화를 장려하는 것.

   나. 경제, 사회, 문화, 교육 및 보건 분야에 있어서 국제협력을 촉진하며 그리고 인종, 성별, 언어 또는 종교에 관한 차별 없이 모든 사람을 위하여 인권 및 기본적 자유를 실현하는 데 있어 원조하는 것.

2. 전기 제1항 나호에 규정된 사항에 관한 총회의 추가적 책임, 임무 및 권한은 제9장과 제10장에 규정된다.

제14조

제12조 규정에 따를 것을 조건으로 총회는 그 원인에 관계없이 일반적 복지 또는 국가 간의 우호관계를 해할 우려가 있다고 인정되는 어떠한 사태도 이의 평화적 조정을 위한 조치를 권고할 수 있다. 이 사태는 국제연합의 목적 및 원칙을 정한 이 헌장규정의 위반으로부터 발

생하는 사태를 포함한다.

제15조

1. 총회는 안전보장이사회로부터 연례보고와 특별보고를 받아 심의한다. 이 보고는 안전보장이사회가 국제평화와 안전을 유지하기 위하여 결정하거나 또는 취한 조치의 설명을 포함한다.
2. 총회는 국제연합의 다른 기관으로부터 보고를 받아 심의한다.

제16조

총회는 제12장과 제13장에 의하여 부과된 국제신탁통치제도에 관한 임무를 수행한다. 이 임무는 전략지역으로 지정되지 아니한 지역에 관한 신탁통치협정의 승인을 포함한다.

제17조

1. 총회는 기구의 예산을 심의하고 승인한다.
2. 기구의 경비는 총회에서 배정한 바에 따라 회원국이 부담한다.
3. 총회는 제57조에 규정된 전문기구와의 어떠한 재정약정 및 예산약정도 심의하고 승인하며, 당해 전문기구에 권고할 목적으로 그러한 전문기구의 행정적 예산을 검사한다.

표결

제18조

1. 총회의 각 구성국은 1개의 투표권을 가진다.

2. 중요문제에 관한 총회의 결정은 출석하여 투표하는 구성국의 3분의 2의 다수로 한다. 이러한 문제는 국제평화와 안전의 유지에 관한 권고, 안전보장이사회의 비상임이사국의 선출, 경제사회이사회의 이사국의 선출, 제86조 제1항 다호에 의한 신탁통치이사회의 이사국의 선출, 신회원국의 국제연합 가입의 승인, 회원국으로서의 권리 및 특권의 정지, 회원국의 제명, 신탁통치제도의 운영에 관한 문제 및 예산문제를 포함한다.

3. 기타 문제에 관한 결정은 3분의 2의 다수로 결정될 문제의 추가적 부문의 결정을 포함하여 출석하여 투표하는 구성국의 과반수로 한다.

제19조

기구에 대한 재정적 분담금의 지불을 연체한 국제연합회원국은 그 연체금액이 그때까지의 만 2년간 그 나라가 지불하였어야 할 분담금의 금액과 같거나 또는 초과하는 경우 총회에서 투표권을 가지지 못한다. 그럼에도 총회는 지불의 불이행이 그 회원국이 제어할 수 없는 사정에 의한 것임이 인정되는 경우 그 회원국의 투표를 허용할 수 있다.

절차

제20조

총회는 연례정기회기 및 필요한 경우에는 특별회기로서 모인다. 특별회기는 안전보장이사회의 요청 또는 국제연합회원국의 과반수의 요청에 따라 사무총장이 소집한다.

제21조

총회는 그 자체의 의사규칙을 채택한다. 총회는 매회기마다 의장을 선출한다.

제22조

총회는 그 임무의 수행에 필요하다고 인정되는 보조기관을 설치할 수 있다.

제5장 안전보장이사회

구성

제23조

1. 안전보장이사회는 15개 국제연합회원국으로 구성된다. 중화민국, 불란서, 소비에트사회주의공화국연방, 영국 및 미합중국은 안전보장이사회의 상임이사국이다. 총회는 먼저 국제평화와 안전의 유지 및 기구의 기타 목적에 대한 국제연합회원국의 공헌과 또한 공평한 지리적 배분을 특별히 고려하여 그 외 10개의 국제연합회원국을 안전보장이사회의 비상임이사국으로 선출한다.

2. 안전보장이사회의 비상임이사국은 2년의 임기로 선출된다. 안전보장이사회의 이사국이 11개국에서 15개국으로 증가된 후 최초의 비상임이사국 선출에서는, 추가된 4개 이사국 중 2개 이사국은 1년의 임기로 선출된다. 퇴임이사국은 연이어 재선될 자격을 가지지 아니한다.

3. 안전보장이사회의 각 이사국은 1인의 대표를 가진다.

임무와 권한

제24조

1. 국제연합의 신속하고 효과적인 조치를 확보하기 위하여, 국제연합회원국은 국제평화와 안전의 유지를 위한 일차적 책임을 안전보장이사회에 부여하며, 또한 안전보장이사회가 그 책임 하에 의무를 이행함에 있어 회원국을 대신하여 활동하는 것에 동의한다.

2. 이러한 의무를 이행함에 있어 안전보장이사회는 국제연합의 목적과 원칙에 따라 활동한다. 이러한 의무를 이행하기 위하여 안전보장이사회에 부여된 특정한 권한은 제6장, 제7장, 제8장 및 제12장에 규정된다.

3. 안전보장이사회는 연례보고 및 필요한 경우 특별보고를 총회에 심의하도록 제출한다.

제25조

국제연합회원국은 안전보장이사회의 결정을 이 헌장에 따라 수락하고 이행할 것을 동의한다.

제26조

세계의 인적 및 경제적 자원을 군비를 위하여 최소한으로 전용함으로써 국제평화와 안전의 확립 및 유지를 촉진하기 위하여, 안전보장이사회는 군비규제체제의 확립을 위하여 국제연합회원국에 제출되는 계획을 제47조에 규정된 군사참모위원회의 원조를 받아 작성할 책임을 진다.

표결

제27조

1. 안전보장이사회의 각 이사국은 1개의 투표권을 가진다.

2. 절차사항에 관한 안전보장이사회의 결정은 9개 이사국의 찬성투표로써 한다.

3. 그 외 모든 사항에 관한 안전보장이사회의 결정은 상임이사국의 동의 투표를 포함한 9개 이사국의 찬성투표로써 한다. 다만, 제6장 및 제52조 제3항에 의한 결정에 있어서는 분쟁당사국은 투표를 기권한다.

절차

제28조

1. 안전보장이사회는 계속적으로 임무를 수행할 수 있도록 조직된다. 이를 위하여 안전보장이사회의 각 이사국은 기구의 소재지에 항상 대표를 둔다.

2. 안전보장이사회는 정기회의를 개최한다. 이 회의에 각 이사국은

희망하는 경우, 각료 또는 특별히 지명된 다른 대표에 의하여 대표될 수 있다.

3. 안전보상이사회는 그 사업을 가장 쉽게 할 수 있다고 판단되는 기구의 소재지외의 장소에서 회의를 개최할 수 있다.

제29조

안전보장이사회는 그 임무의 수행에 필요하다고 인정되는 보조기관을 설치할 수 있다.

제30조

안전보장이사회는 의장선출방식을 포함한 그 자체의 의사규칙을 채택한다.

제31조

안전보장이사회의 이사국이 아닌 어떠한 국제연합회원국도 안전보장이사회가 그 회원국의 이해에 특히 영향이 있다고 인정하는 때에는 언제든지 안전보장이사회에 회부된 어떠한 문제의 토의에도 투표권 없이 참가할 수 있다.

제32조

안전보장이사회의 이사국이 아닌 국제연합회원국 또는 국제연합 회원국이 아닌 어떠한 국가도 안전보장이사회에서 심의 중인 분쟁의 당사자인 경우에는 이 분쟁에 관한 토의에 투표권 없이 참가하도록 초청된다. 안전보장이사회는 국제연합회원국이 아닌 국가의 참가에 공정하다고 인정되는 조건을 정한다.

제6장 분쟁의 평화적 해결

제33조

1. 어떠한 분쟁도 그의 계속이 국제평화와 안전의 유지를 위태롭게 할 우려가 있는 것일 경우, 그 분쟁의 당사자는 우선 교섭, 심사, 중개, 조정, 중재재판, 사법적 해결, 지역적 기관 또는 지역적 약정의 이용 또는 당사자가 선택하는 다른 평화적 수단에 의한 해결을 구한다.

2. 안전보장이사회는 필요하다고 인정하는 경우 당사자에 대하여 그 분쟁을 그러한 수단에 의하여 해결하도록 요청한다.

제34조

안전보장이사회는 어떠한 분쟁에 관하여도, 또는 국제적 마찰이 되거나 분쟁을 발생하게 할 우려가 있는 어떠한 사태에 관하여도, 그 분쟁 또는 사태의 계속이 국제평화와 안전의 유지를 위태롭게 할 우려가 있는지 여부를 결정하기 위하여 조사할 수 있다.

제35조

1. 국제연합회원국은 어떠한 분쟁에 관하여도, 또는 제34조에 규정된 성격의 어떠한 사태에 관하여도, 안전보장이사회 또는 총회의 주의를 환기할 수 있다.

2. 국제연합회원국이 아닌 국가는 자국이 당사자인 어떠한 분쟁에 관하여도, 이 헌장에 규정된 평화적 해결의 의무를 그 분쟁에 관하여 미리 수락하는 경우에는 안전보장이사회 또는 총회의 주의를 환기할 수 있다.

3. 이 조에 의하여 주의가 환기된 사항에 관한 총회의 절차는 제11조 및 제12조의 규정에 따른다.

제36조

1. 안전보장이사회는 제33조에 규정된 성격의 분쟁 또는 유사한 성격의 사태의 어떠한 단계에 있어서도 적절한 조정절차 또는 조정방법을 권고할 수 있다.

2. 안전보장이사회는 당사자가 이미 채택한 분쟁해결절차를 고려하여야 한다.

3. 안전보장이사회는, 이 조에 의하여 권고를 함에 있어서, 일반적으로 법률적 분쟁이 국제사법재판소규정의 규정에 따라 당사자

에 의하여 동 재판소에 회부되어야 한다는 점도 또한 고려하여
야 한다.

제37조

1. 제33조에 규정된 성격의 분쟁당사자는, 동조에 규정된 수단에
   의하여 분쟁을 해결하지 못하는 경우, 이를 안전보장이사회에
   회부한다.

2. 안전보장이사회는 분쟁의 계속이 국제평화와 안전의 유지를 위
   태롭게 할 우려가 실제로 있다고 인정하는 경우 제36조에 의하
   여 조치를 취할 것인지 또는 적절하다고 인정되는 해결조건을
   권고할 것인지를 결정한다.

제38조

제33조 내지 제37조의 규정을 해하지 아니하고, 안전보장이사회는
어떠한 분쟁에 관하여도 모든 당사자가 요청하는 경우 그 분쟁의 평화
적 해결을 위하여 그 당사자에게 권고할 수 있다.

제7장 평화에 대한
위협, 평화의 파괴 및 침략행위에 관한 조치

제39조

안전보장이사회는 평화에 대한 위협, 평화의 파괴 또는 침략행위의 존재를 결정하고, 국제평화와 안전을 유지하거나 이를 회복하기 위하여 권고하거나, 또는 제41조 및 제42조에 따라 어떠한 조치를 취할 것인지를 결정한다.

제40조

사태의 악화를 방지하기 위하여 안전보장이사회는 제39조에 규정된 권고를 하거나 조치를 결정하기 전에 필요하거나 바람직하다고 인정되는 잠정조치에 따르도록 관계당사자에게 요청할 수 있다. 이 잠정조치는 관계당사자의 권리, 청구권 또는 지위를 해하지 아니한다. 안전보장이사회는 그러한 잠정조치의 불이행을 적절히 고려한다.

제41조

안전보장이사회는 그의 결정을 집행하기 위하여 병력의 사용을 수반하지 아니하는 어떠한 조치를 취하여야 할 것인지를 결정할 수 있으며, 또한 국제연합회원국에 대하여 그러한 조치를 적용하도록 요청할 수 있다. 이 조치는 경제관계 및 철도, 항해, 항공, 우편, 전신, 무선통

신 및 다른 교통통신수단의 전부 또는 일부의 중단과 외교관계의 단절을 포함할 수 있다.

제42조

안전보장이사회는 제41조에 규정된 조치가 불충분할 것으로 인정하거나 또는 불충분한 것으로 판명되었다고 인정하는 경우에는, 국제평화와 안전의 유지 또는 회복에 필요한 공군, 해군 또는 육군에 의한 조치를 취할 수 있다. 그러한 조치는 국제연합회원국의 공군, 해군 또는 육군에 의한 시위, 봉쇄 및 다른 작전을 포함할 수 있다.

제43조

1. 국제평화와 안전의 유지에 공헌하기 위하여 모든 국제연합회원국은 안전보장이사회의 요청에 의하여 그리고 1 또는 그 이상의 특별협정에 따라, 국제평화와 안전의 유지 목적상 필요한 병력, 원조 및 통과권을 포함한 편의를 안전보장이사회에 이용하게 할 것을 약속한다.
2. 그러한 협정은 병력의 수 및 종류, 그 준비정도 및 일반적 배치와 제공될 편의 및 원조의 성격을 규율한다.
3. 그 협정은 안전보장이사회의 발의에 의하여 가능한 한 신속히 교섭되어야 한다. 이 협정은 안전보장이사회와 회원국 간에 또는 안전보장이사회와 회원국집단 간에 체결되며, 서명국 각자의

헌법상의 절차에 따라 동 서명국에 의하여 비준되어야 한다.

제44조

안전보장이사회는 무력을 사용하기로 결정한 경우 이사회에서 대표되지 아니하는 회원국에게 제43조에 따라 부과된 의무의 이행으로서 병력의 제공을 요청하기 전에 그 회원국이 희망한다면 그 회원국 병력 중 파견부대의 사용에 관한 안전보장이사회의 결정에 참여하도록 그 회원국을 초청한다.

제45조

국제연합이 긴급한 군사조치를 취할 수 있도록 하기 위하여, 회원국은 합동의 국제적 강제조치를 위하여 자국의 공군파견부대를 즉시 이용할 수 있도록 유지한다. 이러한 파견부대의 전력과 준비정도 및 합동조치를 위한 계획은 제43조에 규정된 1 또는 그 이상의 특별협정에 규정된 범위 안에서 군사참모위원회의 도움을 얻어 안전보장이사회가 결정한다.

제46조

병력사용계획은 군사참모위원회의 도움을 얻어 안전보장이사회가 작성한다.

제47조

1. 국제평화와 안전의 유지를 위한 안전보장이사회의 군사적 필요, 안전보장이사회의 재량에 맡기어진 병력의 사용 및 지휘, 군비 규제 그리고 가능한 군비축소에 관한 모든 문제에 관하여 안전 보장이사회에 조언하고 도움을 주기 위하여 군사참모위원회를 설치한다.

2. 군사참모위원회는 안전보장이사회 상임이사국의 참모총장 또는 그의 대표로 구성된다. 이 위원회에 상임위원으로서 대표되지 아니하는 국제연합회원국은 위원회의 책임의 효과적인 수행을 위하여 위원회의 사업에 동 회원국의 참여가 필요한 경우에는 위원회에 의하여 그와 제휴하도록 초청된다.

3. 군사참모위원회는 안전보장이사회 하에 안전보장이사회의 재량에 맡기어진 병력의 전략적 지도에 대하여 책임을 진다. 그러한 병력의 지휘에 관한 문제는 추후에 해결한다.

4. 군사참모위원회는 안전보장이사회의 허가를 얻어 그리고 적절한 지역기구와 협의한 후 지역소위원회를 설치할 수 있다.

제48조

1. 국제평화와 안전의 유지를 위한 안전보장이사회의 결정을 이행하는데 필요한 조치는 안전보장이사회가 정하는 바에 따라 국제연합 회원국의 전부 또는 일부에 의하여 취하여진다.

2. 그러한 결정은 국제연합회원국에 의하여 직접적으로 또한 국제
연합 회원국이 그 구성국인 적절한 국제기관에 있어서의 이들
회원국의 조치를 통히어 이행된다.

제49조

국제연합회원국은 안전보장이사회가 결정한 조치를 이행함에 있어
상호원조를 제공하는 데에 참여한다.

제50조

안전보장이사회가 어느 국가에 대하여 방지조치 또는 강제조치를
취하는 경우, 국제연합회원국인지 아닌지를 불문하고 어떠한 다른 국
가도 자국이 이 조치의 이행으로부터 발생하는 특별한 경제문제에 직
면한 것으로 인정하는 경우, 동 문제의 해결에 관하여 안전보장이사회
와 협의할 권리를 가진다.

제51조

이 헌장의 어떠한 규정도 국제연합회원국에 대하여 무력공격이 발
생한 경우, 안전보장이사회가 국제평화와 안전을 유지하기 위하여 필
요한 조치를 취할 때까지 개별적 또는 집단적 지위의 고유한 권리를 침
해하지 아니한다. 자위권을 행사함에 있어 회원국이 취한 조치는 즉시
안전보장이사회에 보고된다. 또한 이 조치는, 안전보장이사회가 국제

평화와 안전의 유지 또는 회복을 위하여 필요하다고 인정하는 조치를 언제든지 취한다는, 이 헌장에 의한 안전보장이사회의 권한과 책임에 어떠한 영향도 미치지 아니한다.

제8장 지역적 약정

제52조

1. 이 헌장의 어떠한 규정도, 국제평화와 안전의 유지에 관한 사항으로서 지역적 조치에 적합한 사항을 처리하기 위하여 지역적 약정 또는 지역적 기관이 존재하는 것을 배제하지 아니한다. 다만, 이 약정 또는 기관 및 그 활동이 국제연합의 목적과 원칙에 일치하는 것을 조건으로 한다.

2. 그러한 약정을 체결하거나 그러한 기관을 구성하는 국제연합 회원국은 지역적 분쟁을 안전보장이사회에 회부하기 전에 이 지역적 약정 또는 지역적 기관에 의하여 그 분쟁의 평화적 해결을 성취하기 위하여 모든 노력을 다한다.

3. 안전보장이사회는 관계국의 발의에 의하거나 안전보장이사회의 회부에 의하여 그러한 지역적 약정 또는 지역적 기관에 의한 지역적 분쟁의 평화적 해결의 발달을 장려한다.

4. 이 조는 제34조 및 제35조의 적용을 결코 해하지 아니한다.

제53조

1. 안전보장이사회는 그 권위 하에 취하여지는 강제조치를 위하여 적질한 경우에는 그러한 지역적 약정 또는 지역적 기관을 이용한다. 다만, 안전보장이사회의 허가 없이는 어떠한 강제조치도 지역적 약정 또는 지역적 기관에 의하여 취하여져서는 아니 된다. 그러나 이 조 제2항에 규정된 어떠한 적국에 대한 조치이든지 제107조에 따라 규정된 것 또는 적국에 의한 침략 정책의 재현에 대비한 지역적 약정에 규정된 것은, 관계정부의 요청에 따라 기구가 그 적국에 의한 새로운 침략을 방지할 책임을 질 때까지는 예외로 한다.

2. 이 조 제1항에서 사용된 적국이라는 용어는 제2차 세계대전 중에 이 헌장 서명국의 적국이었던 어떠한 국가에도 적용된다.

제54조

안전보장이사회는 국제평화와 안전의 유지를 위하여 지역적 약정 또는 지역적 기관에 의하여 착수되었거나 또는 계획되고 있는 활동에 대하여 항상 충분히 통보받는다.

제9장 경제적 및 사회적 국제협력

제55조

사람의 평등권 및 자결원칙의 존중에 기초한 국가 간의 평화롭고 우호적인 관계에 필요한 안정과 복지의 조건을 창조하기 위하여, 국제연합은 다음을 촉진한다.

가. 보다 높은 생활수준, 완전고용 그리고 경제적 및 사회적 진보와 발전의 조건.

나. 경제, 사회, 보건 및 관련국제문제의 해결 그리고 문화 및 교육상의 국제협력.

다. 인종, 성별, 언어 또는 종교에 관한 차별이 없는 모든 사람을 위한 인권 및 기본적 자유의 보편적 존중과 준수.

제56조

모든 회원국은 제55조에 규정된 목적의 달성을 위하여 기구와 협력하여 공동의 조치 및 개별적 조치를 취할 것을 약속한다.

제57조

1. 정부간 협정에 의하여 설치되고 경제, 사회, 문화, 교육, 보건 분야 및 관련분야에 있어서 기본적 문서에 정한대로 광범위한 국제적 책임을 지는 각종 전문기구는 제63조의 규정에 따라 국제

연합과 제휴관계를 설정한다.

2. 이와 같이 국제연합과 제휴관계를 설정한 기구는 이하 전문기구라 한다.

제58조

기구는 전문기구의 정책과 활동을 조정하기 위하여 권고한다.

제59조

기구는 적절한 경우 제55조에 규정된 목적의 달성에 필요한 새로운 전문기구를 창설하기 위하여 관계국 간의 교섭을 발의한다.

제60조

이 장에서 규정된 기구의 임무를 수행할 책임은 총회와 총회의 권위하에 경제사회이사회에 부과된다. 경제사회이사회는 이 목적을 위하여 제10장에 규정된 권한을 가진다.

제10장 경제사회이사회

구성

제61조

1. 경제사회이사회는 총회에 의하여 선출된 54개 국제연합회원국으로 구성된다.

2. 제3항의 규정에 따를 것을 조건으로, 경제사회이사회의 18개 이사국은 3년의 임기로 매년 선출된다. 퇴임이사국은 연이어 재선될 자격이 있다.

3. 경제사회이사회의 이사국이 27개국에서 54개국으로 증가된 후 최초의 선거에서는, 그 해 말에 임기가 종료되는 9개 이사국을 대신하여 선출되는 이사국에 더하여, 27개 이사국이 추가로 선출된다. 총회가 정한 약정에 따라, 이러한 추가의 27개 이사국 중 그렇게 선출된 9개 이사국의 임기는 1년의 말에 종료되고, 다른 9개 이사국의 임기는 2년의 말에 종료된다.

4. 경제사회이사회의 각 이사국은 1인의 대표를 가진다.

임무와 권한

제62조

1. 경제사회이사회는 경제, 사회, 문화, 교육, 보건 및 관련국제사항에 관한 연구 및 보고를 하거나 또는 발의할 수 있으며, 아울러 그러한 사항에 관하여 총회, 국제연합회원국 및 관계전문기구에 권고할 수 있다.

2. 이사회는 모든 사람을 위한 인권 및 기본적 자유의 존중과 준수를 촉진하기 위하여 권고할 수 있다.

3. 이사회는 그 권한에 속하는 사항에 관하여 총회에 제출하기 위한 협약안을 작성할 수 있다.

4. 이사회는 국제연합이 정한 규칙에 따라 그 권한에 속하는 사항에 관하여 국제회의를 소집할 수 있다.

제63조

1. 경제사회이사회는 제57조에 규정된 어떠한 기구와도, 동 기구가 국제연합과 제휴관계를 설정하는 조건을 규정하는 협정을 체결할 수 있다. 그러한 협정은 총회의 승인을 받아야 한다.

2. 이사회는 전문기구와의 협의, 전문기구에 대한 권고 및 총회와 국제연합회원국에 대한 권고를 통하여 전문기구의 활동을 조정할 수 있다.

제64조

1. 경제사회이사회는 전문기구로부터 정기보고를 받기 위한 적절한 조치를 취할 수 있다. 이사회는, 이사회의 권고와 이사회의 권한에 속하는 사항에 관한 총회의 권고를 실시하기 위하여 취하여진 조치에 관하여 보고를 받기 위하여, 국제연합회원국 및 전문기구와 약정을 체결할 수 있다.

2. 이사회는 이러한 보고에 관한 의견을 총회에 통보할 수 있다.

제65조

경제사회이사회는 안전보장이사회에 정보를 제공할 수 있으며, 안전보장이사회의 요청이 있을 때에는 이를 원조한다.

제66조

1. 경제사회이사회는 총회의 권고의 이행과 관련하여 그 권한에 속하는 임무를 수행한다.

2. 이사회는 국제연합회원국의 요청이 있을 때와 전문기구의 요청이 있을 때에는 총회의 승인을 얻어 용역을 제공할 수 있다.

3. 이사회는 이 헌장의 다른 곳에 규정되거나 총회에 의하여 이사회에 부과된 다른 임무를 수행한다.

표결

제67조

1. 경제사회이사회의 각 이사국은 1개의 투표권을 가진다.
2. 경제사회이사회의 결정은 출석하여 투표하는 이사국의 과반수에 의한다.

절차

제68조

경제사회이사회는 경제적 및 사회적 분야의 위원회, 인권의 신장을 위한 위원회 및 이사회의 임무수행에 필요한 다른 위원회를 설치한다.

제69조

경제사회이사회는 어떠한 국제연합회원국에 대하여도, 그 회원국과 특히 관계가 있는 사항에 관한 심의에 투표권 없이 참가하도록 초청한다.

제70조

경제사회이사회는 전문기구의 대표가 이사회의 심의 및 이사회가 설치한 위원회의 심의에 투표권 없이 참가하기 위한 약정과 이사회의 대표가 전문기구의 심의에 참가하기 위한 약정을 체결할 수 있다.

제71조

경제사회이사회는 그 권한 내에 있는 사항과 관련이 있는 비정부간 기구와의 협의를 위하여 적절한 약정을 체결할 수 있다. 그러한 약정은 국제기구와 체결할 수 있으며 적절한 경우에는 관련 국제연합회원국과의 협의 후에 국내기구와도 체결할 수 있다.

제72조

1. 경제사회이사회는 의장의 선정방법을 포함한 그 자체의 의사규칙을 채택한다.
2. 경제사회이사회는 그 규칙에 따라 필요한 때에 회합하며, 동 규칙은 이사국 과반수의 요청에 의한 회의소집의 규정을 포함한다.

제11장 비자치지역에 관한 선언

제73조

주민이 아직 완전한 자치를 행할 수 있는 상태에 이르지 못한 지역의 시정(施政)의 책임을 지거나 또는 그 책임을 맡는 국제연합회원국은, 그 지역 주민의 이익이 가장 중요하다는 원칙을 승인하고, 그 지역 주민의 복지를 이 헌장에 의하여 확립된 국제평화와 안전의 체제 안에서 최고도로 증진시킬 의무와 이를 위하여 다음을 행할 의무를 신성한 신탁으로서 수락한다.

　가. 관계주민의 문화를 적절히 존중함과 아울러 그들의 정치적, 경제적, 사회적 및 교육적 발전, 공정한 대우, 그리고 학대로부터의 보호를 확보한다.

　나. 각 지역 및 그 주민의 특수사정과 그들의 서로 다른 발전단계에 따라 자치를 발달시키고, 주민의 정치적 소망을 적절히 고려하며, 또한 주민의 자유로운 정치제도의 점진적 발달을 위하여 지원한다.

　다. 국제평화와 안전을 증진한다.

　라. 이 조에 규정된 사회적, 경제적 및 과학적 목적을 실제적으로 달성하기 위하여 건설적인 발전조치를 촉진하고 연구를 장려하며 상호간 및 적절한 경우에는 전문적 국제단체와 협력한다.

　마. 제12장과 제13장이 적용되는 지역외의 위의 회원국이 각각 책임을 지는 지역에서의 경제적, 사회적 및 교육적 조건에 관한 기술적 성격의 통계 및 다른 정보를, 안전보장과 헌법상의 고려에 따라 필요한 제한을 조건으로 하여, 정보용으로 사무총장에 정기적으로 송부한다.

제74조

국제연합회원국은 이 장이 적용되는 지역에 관한 정책이, 그 본국 지역에 관한 정책과 마찬가지로 세계의 다른 지역의 이익과 복지가 적절히 고려되는 가운데에, 사회적, 경제적 및 상업적 사항에 관하여 선린주의의 일반원칙에 기초하여야 한다는 점에 또한 동의한다.

제12장 국제신탁통치제도

제75조
국제연합은 금후의 개별적 협정에 의하여 이 제도하에 두게 될 수 있는 지역의 시정 및 감독을 위하여 그 권위 하에 국제신탁통치제도를 확립한다. 이 지역은 이하 신탁통치지역이라 한다.

제76조
신탁통치제도의 기본적 목적은 이 헌장 제1조에 규정된 국제연합의 목적에 따라 다음과 같다.

가. 국제평화와 안전을 증진하는 것.

나. 신탁통치지역 주민의 정치적, 경제적, 사회적 및 교육적 발전을 촉진하고, 각 지역 및 그 주민의 특수사정과 관계주민이 자유롭게 표명한 소망에 적합하도록, 그리고 각 신탁통치협정의 조항이 규정하는 바에 따라 자치 또는 독립을 향한 주민의 점진적 발달을 촉진하는 것.

다. 인종, 성별, 언어 또는 종교에 관한 차별 없이 모든 사람을 위한 인권과 기본적 자유에 대한 존중을 장려하고, 전 세계 사람들의 상호의존의 인식을 장려하는 것.

라. 위의 복적의 달성에 영향을 미치지 아니하고 제80조의 규정에 따를 것을 조건으로, 모든 국제연합회원국 및 그 국민을 위하여 사회적, 경제적 및 상업적 사항에 대한 평등한 대우 그리고 또한 그 국민을 위한 사법상의 평등한 대우를 확보하는 것.

제77조

1. 신탁통치제도는 신탁통치협정에 의하여 이 제도 하에 두게 될 수 있는 다음과 같은 범주의 지역에 적용된다.

   가. 현재 위임통치 하에 있는 지역.

   나. 제2차 세계대전의 결과로서 적국으로부터 분리될 수 있는 지역.

   다. 시정에 책임을 지는 국가가 자발적으로 그 제도 하에 두는 지역.

2. 위의 범주 안의 어떠한 지역을 어떠한 조건으로 신탁통치제도 하에 두게 될 것인가에 관하여는 금후의 협정에서 정한다.

제78조

국제연합회원국 간의 관계는 주권평등원칙의 존중에 기초하므로 신탁통치제도는 국제연합회원국이 된 지역에 대하여는 적용하지 아니한다.

제79조

신탁통치제도 하에 두게 되는 각 지역에 관한 신탁통치의 조항은, 어떤 변경 또는 개정을 포함하여 직접 관계국에 의하여 합의되며, 제83조 및 제85조에 규정된 바에 따라 승인된다. 이 직접 관계국은 국제연합회원국의 위임통치 하에 있는 지역의 경우, 수임국을 포함한다.

제80조

1. 제77조, 제79조 및 제81조에 의하여 체결되고, 각 지역을 신탁통치제도 하에 두는 개별적인 신탁통치협정에서 합의되는 경우를 제외하고 그리고 그러한 협정이 체결될 때까지, 이 헌장의 어떠한 규정도 어느 국가 또는 국민의 어떠한 권리, 또는 국제연합회원국이 각기 당사국으로 되는 기존의 국제문서의 조항도 어떠한 방법으로도 변경하는 것으로 직접 또는 간접으로 해석되지 아니한다.

2. 이 조 제1항은 제77조에 규정한 바에 따라 위임통치지역 및 기타지역을 신탁통치제도 하에 두기 위한 협정의 교섭 및 체결의 지체 또는 연기를 위한 근거를 부여하는 것으로 해석되지 아니한다.

제81조

신탁통치협정은 각 경우에 있어 신탁통치지역을 시정하는 조건을 포함하며, 신탁통치지역의 시정을 행할 당국을 지정한다. 그러한 당국은 이하 시정권자라 하며 1 또는 그 이상의 국가, 또는 기구 자체일 수 있다.

제82조

어떠한 신탁통치협정에 있어서도 제43조에 의하여 체결되는 특별 협정을 해하지 아니하고 협정이 적용되는 신탁통치지역의 일부 또는 전부를 포함하는 1 또는 그 이상의 전략지역을 지정할 수 있다.

제83조

1. 전략지역에 관한 국제연합의 모든 임무는 신탁통치협정의 조항과 그 변경 또는 개정의 승인을 포함하여 안전보장이사회가 행한다.
2. 제76조에 규정된 기본목적은 각 전략지역의 주민에 적용된다.
3. 안전보장이사회는, 신탁통치협정의 규정에 따를 것을 조건으로 또한 안전보장에 대한 고려에 영향을 미치지 아니하고, 전략지역에서의 정치적, 경제적, 사회적 및 교육적 사항에 관한 신탁통치제도하의 국제연합의 임무를 수행하기 위하여 신탁통치이사회의 원조를 이용한다.

제84조

신탁통치지역이 국제평화와 안전유지에 있어 그 역할을 하는 것을 보장하는 것이 시정권자의 의무이다. 이 목적을 위하여, 시정권자는 이 점에 관하여 시정권자가 안전보장이사회에 대하여 부담하는 의무를 이행함에 있어서 또한 지역적 방위 및 신탁통치지역 안에서의 법과 질서의 유지를 위하여 신탁통치지역의 의용군, 편의 및 원조를 이용할 수 있다.

제85조

1. 전략지역으로 지정되지 아니한 모든 지역에 대한 신탁통치협정과 관련하여 국제연합의 임무는, 신탁통치협정의 조항과 그 변경 또는 개정의 승인을 포함하여, 총회가 수행한다.

2. 총회의 권위 하에 운영되는 신탁통치이사회는 이러한 임무의 수행에 있어 총회를 원조한다.

제13장 신탁통치이사회

구성

제86조

1. 신탁통치이사회는 다음의 국제연합회원국으로 구성한다.

   가. 신탁통치지역을 시정하는 회원국.

나. 신탁통치지역을 시정하지 아니하나 제23조에 국명이 언급된
　　　　회원국.

　　다. 총회에 의하여 3년의 임기로 선출된 다른 회원국. 그 수는
　　　　신탁통치이사회의 이사국의 총수를 신탁통치지역을 시정하
　　　　는 국제연합회원국과 시정하지 아니하는 회원국 간에 균분
　　　　하도록 확보하는 데 필요한 수로 한다.

　2. 신탁통치이사회의 각 이사국은 이사회에서 자국을 대표하도록
　　특별한 자격을 가지는 1인을 지명한다.

임무와 권한

제87조

총회와, 그 권위 하의 신탁통치이사회는 그 임무를 수행함에 있어
다음을 할 수 있다.

가. 시정권자가 제출하는 보고서를 심의하는 것.

나. 청원의 수리 및 시정권자와 협의하여 이를 심사하는 것.

다. 시정권자와 합의한 때에 각 신탁통치지역을 정기적으로 방문하
　　는 것.

라. 신탁통치협정의 조항에 따라 이러한 조치 및 다른 조치를 취하
　　는 것.

제88조

신탁통치이사회는 각 신탁통치지역 주민의 정치적, 경제적, 사회적 및 교육적 발전에 질문서를 작성하며, 또한 총회의 권능 안에 있는 각 신탁통치 지역의 시정권자는 그러한 질문서에 기초하여 총회에 연례보고를 행한다.

표결

제89조

1. 신탁통치이사회의 각 이사국은 1개의 투표권을 가진다.
2. 신탁통치이사회의 결정은 출석하여 투표하는 이사국의 과반수로 한다.

절차

제90조

1. 신탁통치이사회는 의장 선출방식을 포함한 그 자체의 의사규칙을 채택한다.
2. 신탁통치이사회는 그 규칙에 따라 필요한 경우 회합하며, 그 규칙은 이사국 과반수의 요청에 의한 회의의 소집에 관한 규정을 포함한다.

제91조

신탁통치이사회는 적절한 경우 경제사회이사회 그리고 전문기구가 각각 관련된 사항에 관하여 전문기구의 원조를 이용한다.

제14장 국제사법재판소

제92조

국제사법재판소는 국제연합의 주요한 사법기관이다. 재판소는 부속된 규정에 따라 임무를 수행한다. 이 규정은 상설국제사법재판소 규정에 기초하며, 이 헌장의 불가분의 일부를 이룬다.

제93조

1. 모든 국제연합회원국은 국제사법재판소 규정의 당연 당사국이다.
2. 국제연합회원국이 아닌 국가는 안전보장이사회의 권고에 의하여 총회가 각 경우에 결정하는 조건으로 국제사법재판소 규정의 당사국이 될 수 있다.

제94조

1. 국제연합의 각 회원국은 자국이 당사자가 되는 어떤 사건에 있

어서도 국제사법재판소의 결정에 따를 것을 약속한다.

2. 사건의 당사자가 재판소가 내린 판결에 따라 자국이 부담하는 의무를 이행하지 아니하는 경우에는 타방의 당사자는 안전보장이사회에 제소할 수 있다. 안전보장이사회는 필요하다고 인정하는 경우 판결을 집행하기 위하여 권고하거나 취하여야 할 조치를 결정할 수 있다.

제95조

이 헌장의 어떠한 규정도 국제연합회원국이 그들 간의 분쟁의 해결을 이미 존재하거나 장래에 체결될 협정에 의하여 다른 법원에 의뢰하는 것을 방해하지 아니한다.

제96조

1. 총회 또는 안전보장이사회는 어떠한 법적 문제에 관하여도 권고적 의견을 줄 것을 국제사법재판소에 요청할 수 있다.

2. 총회에 의하여 그러한 권한이 부여될 수 있는 국제연합의 다른 기관 및 전문기구도 언제든지 그 활동범위 안에서 발생하는 법적 문제에 관하여 재판소의 권고적 의견을 또한 요청할 수 있다.

제15장 사무국

제97조

사무국은 1인의 사무총장과 기구가 필요로 하는 직원으로 구성한다. 사무총장은 안전보장이사회의 권고로 총회가 임명한다. 사무총장은 기구의 수석행정직원이다.

제98조

사무총장은 총회, 안전보장이사회, 경제사회이사회 및 신탁통치 이사회의 모든 회의에 사무총장의 자격으로 활동하며, 이러한 기관에 의하여 그에게 위임된 다른 임무를 수행한다. 사무총장은 기구의 사업에 관하여 총회에 연례보고를 한다.

제99조

사무총장은 국제평화와 안전의 유지를 위협한다고 그 자신이 인정하는 어떠한 사항에도 안전보장이사회의 주의를 환기할 수 있다.

제100조

1. 사무총장과 직원은 그들의 임무수행에 있어서 어떠한 정부 또는 기구 외의 어떠한 다른 당국으로부터도 지시를 구하거나 받지 아니한다. 사무총장과 직원은 기구에 대하여만 책임을 지는 국

제공무원으로서의 지위를 손상할 우려가 있는 어떠한 행동도 삼간다.

2. 각 국제연합회원국은 사무총장 및 직원의 책임의 전적으로 국제적인 성격을 존중할 것과 그들의 책임수행에 있어서 그들에게 영향을 행사하려 하지 아니할 것을 약속한다.

제101조

1. 직원은 총회가 정한 규칙에 따라 사무총장에 의하여 임명된다.

2. 경제사회이사회, 신탁통치이사회 그리고 필요한 경우에는 국제연합의 다른 기관에 적절한 직원이 상임으로 배속된다. 이 직원은 사무국의 일부를 구성한다.

3. 직원의 고용과 근무조건의 결정에 있어서 가장 중요한 고려사항은 최고수준의 능률, 능력 및 성실성을 확보할 필요성이다. 가능한 한 광범위한 지리적 기초에 근거하여 직원을 채용하는 것의 중요성에 관하여 적절히 고려한다.

제16장 잡 칙

제102조

1. 이 헌장이 발효한 후 국제연합회원국이 체결하는 모든 조약과

모든 국제협정은 가능한 한 신속히 사무국에 등록되고 사무국에 의하여 공표된다.

2. 이 조 제1항의 규성에 따라 등록되시 아니한 조약 또는 국제협정의 당사국은 국제연합의 어떠한 기관에 대하여도 그 조약 또는 협정을 원용할 수 없다.

제103조

국제연합회원국의 헌장 상의 의무와 다른 국제협정 상의 의무가 상충되는 경우에는 이 헌장 상의 의무가 우선한다.

제104조

기구는 그 임무의 수행과 그 목적의 달성을 위하여 필요한 법적 능력을 각 회원국의 영역 안에서 향유한다.

제105조

1. 기구는 그 목적의 달성에 필요한 특권 및 면제를 각 회원국의 영역 안에서 향유한다.

2. 국제연합회원국의 대표 및 기구의 직원은 기구와 관련된 그들의 임무를 독립적으로 수행하기 위하여 필요한 특권과 면제를 마찬가지로 향유한다.

3. 총회는 이 조 제1항 및 제2항의 적용세칙을 결정하기 위하여 권

고하거나 이 목적을 위하여 국제연합회원국에게 협약을 제안할 수 있다.

제17장 과도적 안전보장조치

제106조

안전보장이사회가 제42조 상의 책임의 수행을 개시할 수 있다고 인정하는 제43조에 규정된 특별협정이 발효할 때까지, 1943년 10월 30일에 모스크바에서 서명된 4개국 선언의 당사국 및 불란서는 그 선언 제5항의 규정에 따라 국제평화와 안전의 유지를 위하여 필요한 공동조치를 기구를 대신하여 취하기 위하여 상호간 및 필요한 경우 다른 국제연합회원국과 협의한다.

제107조

이 헌장의 어떠한 규정도 제2차 세계대전 중 이 헌장 서명국의 적이었던 국가에 관한 조치로서, 그러한 조치에 대하여 책임을 지는 정부가 그 전쟁의 결과로서 취하였거나 허가한 것을 무효로 하거나 배제하지 아니한다.

제18장 개 정

제108조

이 헌장의 개정은 총회 구성국의 3분의 2의 투표에 의하여 채택되고, 안전보장이사회의 모든 상임이사국을 포함한 국제연합회원국의 3분의 2에 의하여 각자의 헌법상 절차에 따라 비준되었을 때, 모든 국제연합회원국에 대하여 발효한다.

제109조

1. 이 헌장을 재심의하기 위한 국제연합회원국 전체회의는 총회 구성국의 3분의 2의 투표와 안전보장이사회의 9개 이사국의 투표에 의하여 결정되는 일자 및 장소에서 개최될 수 있다. 각 국제연합회원국은 이 회의에서 1개의 투표권을 가진다.

2. 이 회의의 3분의 2의 투표에 의하여 권고된 이 헌장의 어떠한 변경도, 안전보장이사회의 모든 상임이사국을 포함한 국제연합회원국의 3분의 2에 의하여 그들 각자의 헌법상 절차에 따라 비준되었을 때 발효한다.

3. 그러한 회의가 이 헌장의 발효 후 총회의 제10차 연례회기까지 개최되지 아니하는 경우에는 그러한 회의를 소집하는 제안이 총회의 동 회기의 의제에 포함되어야 하며, 회의는 총회 구성국의 과반수의 투표와 안전보장이사회의 7개 이사국의 투표에 의하

여 결정되는 경우에 개최된다.

제19장 비준 및 서명

제110조

1. 이 헌장은 서명국에 의하여 그들 각자의 헌법상 절차에 따라 비준된다.

2. 비준서는 미합중국 정부에 기탁되며, 동 정부는 모든 서명국과 기구의 사무총장이 임명된 경우에는 사무총장에게 각 기탁을 통고한다.

3. 이 헌장은 중화민국, 불란서, 소비에트사회주의공화국연방, 영국과 미합중국 및 다른 서명국의 과반수가 비준서를 기탁한 때에 발효한다. 비준서 기탁 의정서는 발효 시 미합중국 정부가 작성하여 그 등본을 모든 서명국에 송부한다.

4. 이 헌장이 발효한 후에 이를 비준하는 이 헌장의 서명국은 각자의 비준서 기탁일에 국제연합의 원회원국이 된다.

제111조

중국어, 불어, 러시아어, 영어 및 스페인어본이 동등하게 정본인 이 헌장은 미합중국 정부의 문서보관소에 기탁된다. 이 헌장의 인증등본은 동 정부가 다른 서명국 정부에 송부한다.

이상의 증거로서, 연합국 정부의 대표들은 이 헌장에 서명하였다.

1945년 6월 26일 샌프란시스코시에서 작성하였다.

〔국제연합 헌장〕

The Charter of the United Nations[1]

Preamble

WE THE PEOPLES OF THE UNITED NATIONS DETERMINED

· to save succeeding generations from the scourge of war,
  which twice in our lifetime has brought untold sorrow to
  mankind, and

· to reaffirm faith in fundamental human rights, in the dignity
  and worth of the human person, in the equal rights of men
  and women and of nations large and small, and

· to establish conditions under which justice and respect for

---

1) UNCIO XV, pp. 335, 355; 39 AJIL Supp. 190, 215 (1945).
   UN Website 참조.

the obligations arising from treaties and other sources of international law can be maintained, and

· to promote social progress and better standards of life in larger freedom,

AND FOR THESE ENDS

· to practice tolerance and live together in peace with one another as good neighbours, and

· to unite our strength to maintain international peace and security, and

· to ensure, by the acceptance of principles and the institution of methods, that armed force shall not be used, save in the common interest, and

· to employ international machinery for the promotion of the economic and social advancement of all peoples,

HAVE RESOLVED TO COMBINE OUR EFFORTS TO ACCOMPLISH THESE AIMS

Accordingly, our respective Governments, through representatives assembled in the city of San Francisco, who have exhibited their full powers found to be in good and due form, have agreed to the present Charter of the United Nations and do hereby establish an international organization to be known as the United Nations.

CHAPTER I: PURPOSES AND PRINCIPLES

Article 1

The Purposes of the United Nations are:

1. To maintain international peace and security, and to that end: to take effective collective measures for the prevention and removal of threats to the peace, and for the suppression of acts of aggression or other breaches of the peace, and to bring about by peaceful means, and in conformity with the principles of justice and international law, adjustment or settlement of international disputes or situations which might lead to a breach of the peace;

2. To develop friendly relations among nations based on respect for the principle of equal rights and self-determination of peoples, and to take other appropriate

measures to strengthen universal peace;

3. To achieve international co-operation in solving international problems of an economic, social, cultural, or humanitarian character, and in promoting and encouraging respect for human rights and for fundamental freedoms for all without distinction as to race, sex, language, or religion; and

4. To be a centre for harmonizing the actions of nations in the attainment of these common ends.

Article 2

The Organization and its Members, in pursuit of the Purposes stated in Article 1, shall act in accordance with the following Principles.

1. The Organization is based on the principle of the sovereign equality of all its Members.

2. All Members, in order to ensure to all of them the rights and benefits resulting from membership, shall fulfill in good faith the obligations assumed by them in accordance with the present Charter.

3. All Members shall settle their international disputes by

peaceful means in such a manner that international peace and security, and justice, are not endangered.

4. All Members shall refrain in their international relations from the threat or use of force against the territorial integrity or political independence of any state, or in any other manner inconsistent with the Purposes of the United Nations.

5. All Members shall give the United Nations every assistance in any action it takes in accordance with the present Charter, and shall refrain from giving assistance to any state against which the United Nations is taking preventive or enforcement action.

6. The Organization shall ensure that states which are not Members of the United Nations act in accordance with these Principles so far as may be necessary for the maintenance of international peace and security.

7. Nothing contained in the present Charter shall authorize the United Nations to intervene in matters which are essentially within the domestic jurisdiction of any state or shall require the Members to submit such matters to settlement under the present Charter; but this principle shall not prejudice the application of enforcement measures under Chapter Vll.

CHAPTER II: MEMBERSHIP

Article 3

The original Members of the United Nations shall be the states which, having participated in the United Nations Conference on International Organization at San Francisco, or having previously signed the Declaration by United Nations of 1 January 1942, sign the present Charter and ratify it in accordance with Article 110.

Article 4

1. Membership in the United Nations is open to all other peace-loving states which accept the obligations contained in the present Charter and, in the judgment of the Organization, are able and willing to carry out these obligations.

2. The admission of any such state to membership in the United Nations will be effected by a decision of the General Assembly upon the recommendation of the Security Council.

Article 5

A Member of the United Nations against which preventive or enforcement action has been taken by the Security Council may be suspended from the exercise of the rights and privileges of membership by the General Assembly upon the recommendation of the Security Council. The exercise of these rights and privileges may be restored by the Security Council.

Article 6

A Member of the United Nations which has persistently violated the Principles contained in the present Charter may be expelled from the Organization by the General Assembly upon the recommendation of the Security Council.

CHAPTER III: ORGANS

Article 7

1. There are established as principal organs of the United Nations: a General Assembly, a Security Council, an Economic and Social Council, a Trusteeship Council, an International Court of Justice and a Secretariat.
2. Such subsidiary organs as may be found necessary may be established in accordance with the present Charter.

Article 8

The United Nations shall place no restrictions on the eligibility of men and women to participate in any capacity and under conditions of equality in its principal and subsidiary organs.

CHAPTER IV: THE GENERAL ASSEMBLY

COMPOSITION

Article 9

1. The General Assembly shall consist of all the Members of the United Nations.
2. Each Member shall have not more than five represent-atives in the General Assembly.

FUNCTIONS and POWERS

Article 10

The General Assembly may discuss any questions or any matters within the scope of the present Charter or relating to the powers and functions of any organs provided for in the present Charter, and, except as provided in Article 12, may make recommendations to the Members of the United Nations or to the Security Council or to both on any such questions or matters.

Article 11

1. The General Assembly may consider the general principles of co-operation in the maintenance of international peace and security, including the principles governing disarmament and the regulation of armaments, and may make recommendations with regard to such principles to the Members or to the Security Council or to both.

2. The General Assembly may discuss any questions relating to the maintenance of international peace and security brought before it by any Member of the United Nations, or by the Security Council, or by a state which is not a Member of the United Nations in accordance with Article 35, paragraph 2, and, except as provided in Article 12, may make recommendations with regard to any such questions to the state or states concerned or to the Security Council or to both. Any such question on which action is necessary shall be referred to the Security Council by the General Assembly either before or after discussion.

3. The General Assembly may call the attention of the Security Council to situations which are likely to endanger

international peace and security.

4. The powers of the General Assembly set forth in this Article shall not limit the general scope of Article 10.

Article 12

1. While the Security Council is exercising in respect of any dispute or situation the functions assigned to it in the present Charter, the General Assembly shall not make any recommendation with regard to that dispute or situation unless the Security Council so requests.

2. The Secretary-General, with the consent of the Security Council, shall notify the General Assembly at each session of any matters relative to the maintenance of international peace and security which are being dealt with by the Security Council and shall similarly notify the General Assembly, or the Members of the United Nations if the General Assembly is not in session, immediately the Security Council ceases to deal with such matters.

Article 13

1. The General Assembly shall initiate studies and make recommendations for the purpose of: a. promoting international co-operation in the political field and encouraging the progressive development of international law and its codification; b. promoting international co-operation in the economic, social, cultural, educational, and health fields, and assisting in the realization of human rights and fundamental freedoms for all without distinction as to race, sex, language, or religion.

2. The further responsibilities, functions and powers of the General Assembly with respect to matters mentioned in paragraph 1 (b) above are set forth in Chapters IX and X.

Article 14

Subject to the provisions of Article 12, the General Assembly may recommend measures for the peaceful adjustment of any situation, regardless of origin, which it deems likely to impair the general welfare or friendly relations among nations, including situations resulting from a violation of the provisions of the present Charter setting forth the Purposes and Principles of the United Nations.

Article 15

1. The General Assembly shall receive and consider annual and special reports from the Security Council; these reports shall include an account of the measures that the Security Council has decided upon or taken to maintain international peace and security.

2. The General Assembly shall receive and consider reports from the other organs of the United Nations.

Article 16

The General Assembly shall perform such functions with respect to the international trusteeship system as are assigned to it under Chapters XII and XIII, including the approval of the trusteeship agreements for areas not designated as strategic.

Article 17

1. The General Assembly shall consider and approve the budget of the Organization.

2. The expenses of the Organization shall be borne by the Members as apportioned by the General Assembly.

3. The General Assembly shall consider and approve any financial and budgetary arrangements with specialized agencies referred to in Article 57 and shall examine the administrative budgets of such specialized agencies with a view to making recommendations to the agencies concerned.

VOTING

Article 18

1. Each member of the General Assembly shall have one vote.

2. Decisions of the General Assembly on important questions shall be made by a two-thirds majority of the members present and voting. These questions shall include:

recommendations with respect to the maintenance of international peace and security, the election of the non-permanent members of the Security Council, the election of the members of the Economic and Social Council, the election of members of the Trusteeship Council in accordance with paragraph 1 (c) of Article 86, the admission of new Members to the United Nations, the suspension of the rights and privileges of membership, the expulsion of Members, questions relating to the operation of the trusteeship system, and budgetary questions.

3. Decisions on other questions, including the determination of additional categories of questions to be decided by a two-thirds majority, shall be made by a majority of the members present and voting.

Article 19

A Member of the United Nations which is in arrears in the payment of its financial contributions to the Organization shall have no vote in the General Assembly if the amount of its arrears equals or exceeds the amount of the contributions due from it for the preceding two full years. The General Assembly may, nevertheless, permit such a Member to vote if it is satisfied that the failure to pay is due to conditions beyond the control of the Member.

PROCEDURE

Article 20

The General Assembly shall meet in regular annual sessions and in such special sessions as occasion may require. Special sessions shall be convoked by the Secretary-General at the request of the Security Council or of a majority of the Members of the United Nations.

Article 21

The General Assembly shall adopt its own rules of procedure. It shall elect its President for each session.

Article 22

The General Assembly may establish such subsidiary organs as it deems necessary for the performance of its functions.

CHAPTER V: THE SECURITY COUNCIL

COMPOSITION

Article 23

1. The Security Council shall consist of fifteen Members of the United Nations. The Republic of China, France, the Union of Soviet Socialist Republics, the United Kingdom of Great Britain and Northern Ireland, and the United States of America shall be permanent members of the Security Council. The General Assembly shall elect ten other Members of the United Nations to be non-permanent members of the Security Council, due regard being specially paid, in the first instance to the contribution of Members of

the United Nations to the maintenance of international peace and security and to the other purposes of the Organization, and also to equitable geographical distribution.

2. The non-permanent members of the Security Council shall be elected for a term of two years. In the first election of the non-permanent members after the increase of the membership of the Security Council from eleven to fifteen, two of the four additional members shall be chosen for a term of one year. A retiring member shall not be eligible for immediate re-election.

3. Each member of the Security Council shall have one representative.

FUNCTIONS and POWERS

Article 24

1. In order to ensure prompt and effective action by the United Nations, its Members confer on the Security Council primary responsibility for the maintenance of international peace and security, and agree that in carrying out its duties under this

responsibility the Security Council acts on their behalf.

2. In discharging these duties the Security Council shall act in accordance with the Purposes and Principles of the United Nations. The specific powers granted to the Security Council for the discharge of these duties are laid down in Chapters VI, VII, VIII, and XII.

3. The Security Council shall submit annual and, when necessary, special reports to the General Assembly for its consideration.

Article 25

The Members of the United Nations agree to accept and carry out the decisions of the Security Council in accordance with the present Charter.

Article 26

In order to promote the establishment and maintenance of international peace and security with the least diversion for armaments of the world's human and economic resources, the

Security Council shall be responsible for formulating, with the assistance of the Military Staff Committee referred to in Article 47, plans to be submitted to the Members of the United Nations for the establishment of a system for the regulation of armaments.

VOTING

Article 27

1. Each member of the Security Council shall have one vote.

2. Decisions of the Security Council on procedural matters shall be made by an affirmative vote of nine members.

3. Decisions of the Security Council on all other matters shall be made by an affirmative vote of nine members including the concurring votes of the permanent members; provided that, in decisions under Chapter VI, and under paragraph 3 of Article 52, a party to a dispute shall abstain from voting.

PROCEDURE

Article 28

1. The Security Council shall be so organized as to be able to function continuously. Each member of the Security Council shall for this purpose be represented at all times at the seat of the Organization.

2. The Security Council shall hold periodic meetings at which each of its members may, if it so desires, be represented by a member of the government or by some other specially designated representative.

3. The Security Council may hold meetings at such places other than the seat of the Organization as in its judgment will best facilitate its work.

Article 29

The Security Council may establish such subsidiary organs as it deems necessary for the performance of its functions.

Article 30

The Security Council shall adopt its own rules of procedure, including the method of selecting its President.

Article 31

Any Member of the United Nations which is not a member of the Security Council may participate, without vote, in the discussion of any question brought before the Security Council whenever the latter considers that the interests of that Member are specially affected.

Article 32

Any Member of the United Nations which is not a member of the Security Council or any state which is not a Member of the United Nations, if it is a party to a dispute under consideration by the Security Council, shall be invited to participate, without vote, in the discussion relating to the dispute. The Security Council shall lay down such conditions as it deems just for the participation of a state which is not a Member of the United Nations.

CHAPTER VI:
PACIFIC SETTLEMENT OF DISPUTES

Article 33

1. The parties to any dispute, the continuance of which is likely to endanger the maintenance of international peace and security, shall, first of all, seek a solution by negotiation, enquiry, mediation, conciliation, arbitration, judicial settlement, resort to regional agencies or arrangements, or other peaceful means of their own choice.
2. The Security Council shall, when it deems necessary, call upon the parties to settle their dispute by such means.

Article 34

The Security Council may investigate any dispute, or any situation which might lead to international friction or give rise to a dispute, in order to determine whether the continuance of the dispute or situation is likely to endanger the maintenance of international peace and security.

Article 35

1. Any Member of the United Nations may bring any dispute, or any situation of the nature referred to in Article 34, to the attention of the Security Council or of the General Assembly.

2. A state which is not a Member of the United Nations may bring to the attention of the Security Council or of the General Assembly any dispute to which it is a party if it accepts in advance, for the purposes of the dispute, the obligations of pacific settlement provided in the present Charter.

3. The proceedings of the General Assembly in respect of matters brought to its attention under this Article will be subject to the provisions of Articles 11 and 12.

Article 36

1. The Security Council may, at any stage of a dispute of the

nature referred to in Article 33 or of a situation of like nature, recommend appropriate procedures or methods of adjustment.

2. The Security Council should take into consideration any procedures for the settlement of the dispute which have already been adopted by the parties.

3. In making recommendations under this Article the Security Council should also take into consideration that legal disputes should as a general rule be referred by the parties to the International Court of Justice in accordance with the provisions of the Statute of the Court.

Article 37

1. Should the parties to a dispute of the nature referred to in Article 33 fail to settle it by the means indicated in that Article, they shall refer it to the Security Council.

2. If the Security Council deems that the continuance of the dispute is in fact likely to endanger the maintenance of international peace and security, it shall decide whether to take action under Article 36 or to recommend such terms of settlement as it may consider appropriate.

Article 38

Without prejudice to the provisions of Articles 33 to 37, the Security Council may, if all the parties to any dispute so request, make recommendations to the parties with a view to a pacific settlement of the dispute.

CHAPTER VII:
ACTION WITH RESPECT TO THREATS TO THE PEACE, BREACHES OF THE PEACE, AND ACTS OF AGGRESSION

Article 39

The Security Council shall determine the existence of any threat to the peace, breach of the peace, or act of aggression and shall make recommendations, or decide what measures shall be taken in accordance with Articles 41 and 42, to maintain or restore international peace and security.

Article 40

In order to prevent an aggravation of the situation, the Security Council may, before making the recommendations or deciding upon the measures provided for in Article 39, call upon the parties concerned to comply with such provisional measures as it deems necessary or desirable. Such provisional measures shall be without prejudice to the rights, claims, or position of the parties concerned. The Security Council shall duly take account of failure to comply with such provisional measures.

Article 41

The Security Council may decide what measures not involving the use of armed force are to be employed to give effect to its decisions, and it may call upon the Members of the United Nations to apply such measures. These may include complete or partial interruption of economic relations and of rail, sea, air, postal, telegraphic, radio, and other means of communication, and the severance of diplomatic relations.

Article 42

Should the Security Council consider that measures provided for in Article 41 would be inadequate or have proved to be inadequate, it may take such action by air, sea, or land forces as may be necessary to maintain or restore international peace and security. Such action may include demonstrations, blockade, and other operations by air, sea, or land forces of Members of the United Nations.

Article 43

1. All Members of the United Nations, in order to contribute to the maintenance of international peace and security, undertake to make available to the Security Council, on its call and in accordance with a special agreement or agreements, armed forces, assistance, and facilities, including rights of passage, necessary for the purpose of maintaining international peace and security.

2. Such agreement or agreements shall govern the numbers and types of forces, their degree of readiness and general

location, and the nature of the facilities and assistance to be provided.

3. The agreement or agreements shall be negotiated as soon as possible on the initiative of the Security Council. They shall be concluded between the Security Council and Members or between the Security Council and groups of Members and shall be subject to ratification by the signatory states in accordance with their respective constitutional processes.

Article 44

When the Security Council has decided to use force it shall, before calling upon a Member not represented on it to provide armed forces in fulfilment of the obligations assumed under Article 43, invite that Member, if the Member so desires, to participate in the decisions of the Security Council concerning the employment of contingents of that Member's armed forces.

Article 45

In order to enable the United Nations to take urgent military measures, Members shall hold immediately available national air–force contingents for combined international enforcement action. The strength and degree of readiness of these contingents and plans for their combined action shall be determined within the limits laid down in the special agreement or agreements referred to in Article 43, by the Security Council with the assistance of the Military Staff Committee.

Article 46

Plans for the application of armed force shall be made by the Security Council with the assistance of the Military Staff Committee.

Article 47

1. There shall be established a Military Staff Committee to advise and assist the Security Council on all questions relating to the Security Council's military requirements for the maintenance of international peace and security, the employment and command of forces placed at its disposal,

the regulation of armaments, and possible disarmament.

2. The Military Staff Committee shall consist of the Chiefs of Staff of the permanent members of the Security Council or their representatives. Any Member of the United Nations not permanently represented on the Committee shall be invited by the Committee to be associated with it when the efficient discharge of the Committee's responsibilities requires the participation of that Member in its work.

3. The Military Staff Committee shall be responsible under the Security Council for the strategic direction of any armed forces placed at the disposal of the Security Council. Questions relating to the command of such forces shall be worked out subsequently.

4. The Military Staff Committee, with the authorization of the Security Council and after consultation with appropriate regional agencies, may establish regional sub-committees.

Article 48

1. The action required to carry out the decisions of the Security Council for the maintenance of international peace and

security shall be taken by all the Members of the United Nations or by some of them, as the Security Council may determine.

2. Such decisions shall be carried out by the Members of the United Nations directly and through their action in the appropriate international agencies of which they are members.

Article 49

The Members of the United Nations shall join in affording mutual assistance in carrying out the measures decided upon by the Security Council.

Article 50

If preventive or enforcement measures against any state are taken by the Security Council, any other state, whether a Member of the United Nations or not, which finds itself confronted with special economic problems arising from the carrying out of those measures shall have the right to consult the Security Council with regard to a solution of those problems.

Article 51

Nothing in the present Charter shall impair the inherent right of individual or collective self-defence if an armed attack occurs against a Member of the United Nations, until the Security Council has taken measures necessary to maintain international peace and security. Measures taken by Members in the exercise of this right of self-defence shall be immediately reported to the Security Council and shall not in any way affect the authority and responsibility of the Security Council under the present Charter to take at any time such action as it deems necessary in order to maintain or restore international peace and security.

CHAPTER VIII:

REGIONAL ARRANGEMENTS

Article 52

1. Nothing in the present Charter precludes the existence of regional arrangements or agencies for dealing with such matters relating to the maintenance of international peace and security as are appropriate for regional action provided that such arrangements or agencies and their activities are consistent with the Purposes and Principles of the United Nations.

2. The Members of the United Nations entering into such arrangements or constituting such agencies shall make every effort to achieve pacific settlement of local disputes through such regional arrangements or by such regional agencies before referring them to the Security Council.

3. The Security Council shall encourage the development of pacific settlement of local disputes through such regional arrangements or by such regional agencies either on the initiative of the states concerned or by reference from the

Security Council.

4. This Article in no way impairs the application of Articles 34 and 35.

Article 53

1. The Security Council shall, where appropriate, utilize such regional arrangements or agencies for enforcement action under its authority. But no enforcement action shall be taken under regional arrangements or by regional agencies without the authorization of the Security Council, with the exception of measures against any enemy state, as defined in paragraph 2 of this Article, provided for pursuant to Article 107 or in regional arrangements directed against renewal of aggressive policy on the part of any such state, until such time as the Organization may, on request of the Governments concerned, be charged with the responsibility for preventing further aggression by such a state.

2. The term enemy state as used in paragraph 1 of this Article applies to any state which during the Second World War has been an enemy of any signatory of the present Charter.

Article 54

The Security Council shall at all times be kept fully informed of activities undertaken or in contemplation under regional arrangements or by regional agencies for the maintenance of international peace and security.

CHAPTER IX: INTERNATIONAL ECONOMIC AND SOCIAL CO-OPERATION

Article 55

With a view to the creation of conditions of stability and well-being which are necessary for peaceful and friendly relations among nations based on respect for the principle of equal rights and self-determination of peoples, the United Nations shall promote:

a. higher standards of living, full employment, and conditions of economic and social progress and development;

b. solutions of international economic, social, health, and

related problems; and international cultural and educational cooperation; and

c. universal respect for, and observance of, human rights and fundamental freedoms for all without distinction as to race, sex, language, or religion.

Article 56

All Members pledge themselves to take joint and separate action in co-operation with the Organization for the achievement of the purposes set forth in Article 55.

Article 57

1. The various specialized agencies, established by intergovernmental agreement and having wide international responsibilities, as defined in their basic instruments, in economic, social, cultural, educational, health, and related fields, shall be brought into relationship with the United Nations in accordance with the provisions of Article 63.

2. Such agencies thus brought into relationship with the United

Nations are hereinafter referred to as specialized agencies.

Article 58

The Organization shall make recommendations for the co-ordination of the policies and activities of the specialized agencies.

Article 59

The Organization shall, where appropriate, initiate negotiations among the states concerned for the creation of any new specialized agencies required for the accomplishment of the purposes set forth in Article 55.

Article 60

Responsibility for the discharge of the functions of the Organization set forth in this Chapter shall be vested in the General Assembly and, under the authority of the General Assembly, in the Economic and Social Council, which shall have for this purpose the powers set forth in Chapter X.

CHAPTER X:
THE ECONOMIC AND SOCIAL COUNCIL

COMPOSITION

Article 61

1. The Economic and Social Council shall consist of fifty-four Members of the United Nations elected by the General Assembly.

2. Subject to the provisions of paragraph 3, eighteen members of the Economic and Social Council shall be elected each year for a term of three years. A retiring member shall be eligible for immediate re-election.

3. At the first election after the increase in the membership of the Economic and Social Council from twenty-seven to fifty-four members, in addition to the members elected in place of the nine members whose term of office expires at the end of that year, twenty-seven additional members shall be elected. Of these twenty-seven additional members, the term of office of nine members so elected shall expire at the

end of one year, and of nine other members at the end of two years, in accordance with arrangements made by the General Assembly.

4. Each member of the Economic and Social Council shall have one representative.

FUNCTIONS and POWERS

Article 62

1. The Economic and Social Council may make or initiate studies and reports with respect to international economic, social, cultural, educational, health, and related matters and may make recommendations with respect to any such matters to the General Assembly to the Members of the United Nations, and to the specialized agencies concerned.

2. It may make recommendations for the purpose of promoting respect for, and observance of, human rights and fundamental freedoms for all.

3. It may prepare draft conventions for submission to the General Assembly, with respect to matters falling within its

competence.

4. It may call, in accordance with the rules prescribed by the United Nations, international conferences on matters falling within its competence.

Article 63

1. The Economic and Social Council may enter into agreements with any of the agencies referred to in Article 57, defining the terms on which the agency concerned shall be brought into relationship with the United Nations. Such agreements shall be subject to approval by the General Assembly.

2. It may co-ordinate the activities of the specialized agencies through consultation with and recommendations to such agencies and through recommendations to the General Assembly and to the Members of the United Nations.

Article 64

1. The Economic and Social Council may take appropriate steps to obtain regular reports from the specialized agencies.

It may make arrangements with the Members of the United Nations and with the specialized agencies to obtain reports on the steps taken to give effect to its own recommendations and to recommendations on matters falling within its competence made by the General Assembly.

2. It may communicate its observations on these reports to the General Assembly.

Article 65

The Economic and Social Council may furnish information to the Security Council and shall assist the Security Council upon its request.

Article 66

1. The Economic and Social Council shall perform such functions as fall within its competence in connection with the carrying out of the recommendations of the General Assembly.

2. It may, with the approval of the General Assembly, perform

services at the request of Members of the United Nations and at the request of specialized agencies.

3. It shall perform such other functions as are specified elsewhere in the present Charter or as may be assigned to it by the General Assembly.

VOTING

Article 67

1. Each member of the Economic and Social Council shall have one vote.

2. Decisions of the Economic and Social Council shall be made by a majority of the members present and voting.

PROCEDURE

Article 68

The Economic and Social Council shall set up commissions in economic and social fields and for the promotion of human rights, and such other commissions as may be required for the performance of its functions.

Article 69

The Economic and Social Council shall invite any Member of the United Nations to participate, without vote, in its deliberations on any matter of particular concern to that Member.

Article 70

The Economic and Social Council may make arrangements for representatives of the specialized agencies to participate, without vote, in its deliberations and in those of the commissions established by it, and for its representatives to participate in the deliberations of the specialized agencies.

Article 71

The Economic and Social Council may make suitable arrangements for consultation with non-governmental organizations which are concerned with matters within its competence. Such arrangements may be made with international organizations and, where appropriate, with national organizations after consultation with the Member of the United Nations concerned.

Article 72

1. The Economic and Social Council shall adopt its own rules of procedure, including the method of selecting its President.

2. The Economic and Social Council shall meet as required in accordance with its rules, which shall include provision for the convening of meetings on the request of a majority of its members.

CHAPTER XI: DECLARATION REGARDING NON-SELF-GOVERNING TERRITORIES

Article 73

Members of the United Nations which have or assume responsibilities for the administration of territories whose peoples have not yet attained a full measure of self-government recognize the principle that the interests of the inhabitants of these territories are paramount, and accept as a sacred trust the obligation to promote to the utmost, within the system of international peace and security established by the present Charter, the well-being of the inhabitants of these territories, and, to this end:

a. to ensure, with due respect for the culture of the peoples concerned, their political, economic, social, and educational advancement, their just treatment, and their protection against abuses;

b. to develop self-government, to take due account of the political aspirations of the peoples, and to assist them in the progressive development of their free political institutions, according to the particular circumstances of each territory and its peoples and their varying stages of advancement;

c. to further international peace and security;

d. to promote constructive measures of development, to encourage research, and to co-operate with one another and, when and where appropriate, with specialized international bodies with a view to the practical achievement of the social, economic, and scientific purposes set forth in this Article; and

e. to transmit regularly to the Secretary-General for information purposes, subject to such limitation as security and constitutional considerations may require, statistical and other information of a technical nature relating to economic, social, and educational conditions in the territories for which they are respectively responsible other than those territories to which Chapters XII and XIII apply.

Article 74

Members of the United Nations also agree that their policy in respect of the territories to which this Chapter applies, no less than in respect of their metropolitan areas, must be based on the general principle of good-neighbourliness, due account being taken of the interests and well-being of the rest of the world, in social, economic, and commercial matters.

CHAPTER XII:
INTERNATIONAL TRUSTEESHIP SYSTEM

Article 75

The United Nations shall establish under its authority an international trusteeship system for the administration and supervision of such territories as may be placed thereunder by subsequent individual agreements. These territories are hereinafter referred to as trust territories.

Article 76

The basic objectives of the trusteeship system, in accordance with the Purposes of the United Nations laid down in Article 1 of the present Charter, shall be:

a. to further international peace and security;

b. to promote the political, economic, social, and educational advancement of the inhabitants of the trust territories, and their progressive development towards self-government or independence as may be appropriate to the particular circumstances of each territory and its peoples and the freely expressed wishes of the peoples concerned, and as may be provided by the terms of each trusteeship agreement;

c. to encourage respect for human rights and for fundamental freedoms for all without distinction as to race, sex, language, or religion, and to encourage recognition of the interdependence of the peoples of the world; and

d. to ensure equal treatment in social, economic, and commercial matters for all Members of the United Nations and their nationals, and also equal treatment for the latter in the administration of justice, without prejudice to the attainment of the foregoing objectives and subject to the provisions of Article 80.

Article 77

1. The trusteeship system shall apply to such territories in the

following categories as may be placed thereunder by means of trusteeship agreements:

a. territories now held under mandate;

b. territories which may be detached from enemy states as a result of the Second World War; and

c. territories voluntarily placed under the system by states responsible for their administration.

2. It will be a matter for subsequent agreement as to which territories in the foregoing categories will be brought under the trusteeship system and upon what terms.

Article 78

The trusteeship system shall not apply to territories which have become Members of the United Nations, relationship among which shall be based on respect for the principle of sovereign equality.

Article 79

The terms of trusteeship for each territory to be placed under the trusteeship system, including any alteration or amendment, shall be agreed upon by the states directly concerned, including the mandatory power in the case of territories held under mandate by a Member of the United Nations, and shall be approved as provided for in Articles 83 and 85.

Article 80

1. Except as may be agreed upon in individual trusteeship agreements, made under Articles 77, 79, and 81, placing each territory under the trusteeship system, and until such agreements have been concluded, nothing in this Chapter shall be construed in or of itself to alter in any manner the rights whatsoever of any states or any peoples or the terms of existing international instruments to which Members of the United Nations may respectively be parties.

2. Paragraph 1 of this Article shall not be interpreted as giving grounds for delay or postponement of the negotiation and conclusion of agreements for placing mandated and other territories under the trusteeship system as provided for in Article 77.

Article 81

The trusteeship agreement shall in each case include the terms under which the trust territory will be administered and designate the authority which will exercise the administration of the trust territory. Such authority, hereinafter called the administering authority, may be one or more states or the Organization itself.

Article 82

There may be designated, in any trusteeship agreement, a strategic area or areas which may include part or all of the trust territory to which the agreement applies, without prejudice to any special agreement or agreements made under Article 43.

Article 83

1. All functions of the United Nations relating to strategic areas, including the approval of the terms of the trusteeship agreements and of their alteration or amendment shall be exercised by the Security Council.

2. The basic objectives set forth in Article 76 shall be applicable to the people of each strategic area.

3. The Security Council shall, subject to the provisions of the trusteeship agreements and without prejudice to security considerations, avail itself of the assistance of the Trusteeship Council to perform those functions of the United Nations under the trusteeship system relating to political, economic, social, and educational matters in the strategic areas.

Article 84

It shall be the duty of the administering authority to ensure that the trust territory shall play its part in the maintenance of international peace and security. To this end the administering authority may make use of volunteer forces, facilities, and assistance from the trust territory in carrying out the obligations towards the Security Council undertaken in this regard by the administering authority, as well as for local defence and the maintenance of law and order within the trust territory.

Article 85

1. The functions of the United Nations with regard to trusteeship agreements for all areas not designated as strategic, including the approval of the terms of the trusteeship agreements and of their alteration or amendment, shall be exercised by the General Assembly.

2. The Trusteeship Council, operating under the authority of the General Assembly shall assist the General Assembly in carrying out these functions.

CHAPTER XIII:
THE TRUSTEESHIP COUNCIL

COMPOSITION

Article 86

1. The Trusteeship Council shall consist of the following Members of the United Nations:

a. those Members administering trust territories;

b. such of those Members mentioned by name in Article 23 as are not administering trust territories; and

c. as many other Members elected for three-year terms by the General Assembly as may be necessary to ensure that the total number of members of the Trusteeship Council is equally divided between those Members of the United Nations which administer trust territories and those which do not.

2. Each member of the Trusteeship Council shall designate one specially qualified person to represent it therein.

FUNCTIONS and POWERS

Article 87

The General Assembly and, under its authority, the Trusteeship Council, in carrying out their functions, may:

a. consider reports submitted by the administering authority;

b. accept petitions and examine them in consultation with the administering authority;

c. provide for periodic visits to the respective trust territories at times agreed upon with the administering authority; and

d. take these and other actions in conformity with the terms of the trusteeship agreements.

Article 88

The Trusteeship Council shall formulate a questionnaire on the political, economic, social, and educational advancement of the inhabitants of each trust territory, and the administering authority for each trust territory within the competence of the General Assembly shall make an annual report to the General Assembly upon the basis of such questionnaire.

VOTING

Article 89

1. Each member of the Trusteeship Council shall have one vote.

2. Decisions of the Trusteeship Council shall be made by a

majority of the members present and voting.

PROCEDURE

Article 90

1. The Trusteeship Council shall adopt its own rules of procedure, including the method of selecting its President.

2. The Trusteeship Council shall meet as required in accordance with its rules, which shall include provision for the convening of meetings on the request of a majority of its members.

Article 91

The Trusteeship Council shall, when appropriate, avail itself of the assistance of the Economic and Social Council and of the specialized agencies in regard to matters with which they are respectively concerned.

CHAPTER XIV:
THE INTERNATIONAL COURT OF JUSTICE

Article 92

The International Court of Justice shall be the principal judicial organ of the United Nations. It shall function in accordance with the annexed Statute, which is based upon the Statute of the Permanent Court of International Justice and forms an integral part of the present Charter.

Article 93

1. All Members of the United Nations are ipso facto parties to the Statute of the International Court of Justice.

2. A state which is not a Member of the United Nations may become a party to the Statute of the International Court of Justice on conditions to be determined in each case by the General Assembly upon the recommendation of the Security Council.

Article 94

1. Each Member of the United Nations undertakes to comply with the decision of the International Court of Justice in any case to which it is a party.

2. If any party to a case fails to perform the obligations incumbent upon it under a judgment rendered by the Court, the other party may have recourse to the Security Council, which may, if it deems necessary, make recommendations or decide upon measures to be taken to give effect to the judgment.

Article 95

Nothing in the present Charter shall prevent Members of the United Nations from entrusting the solution of their differences to other tribunals by virtue of agreements already in existence or which may be concluded in the future.

Article 96

a. The General Assembly or the Security Council may request the International Court of Justice to give an advisory opinion on any legal question.

b. Other organs of the United Nations and specialized agencies, which may at any time be so authorized by the General Assembly, may also request advisory opinions of the Court on legal questions arising within the scope of their activities.

CHAPTER XV: THE SECRETARIAT

Article 97

The Secretariat shall comprise a Secretary-General and such staff as the Organization may require. The Secretary-General shall be appointed by the General Assembly upon the recommendation of the Security Council. He shall be the chief administrative officer of the Organization.

Article 98

The Secretary-General shall act in that capacity in all meetings of the General Assembly, of the Security Council, of the Economic and Social Council, and of the Trusteeship Council, and shall perform such other functions as are entrusted to him by these organs. The Secretary-General shall make an annual report to the General Assembly on the work of the Organization.

Article 99

The Secretary-General may bring to the attention of the Security Council any matter which in his opinion may threaten the maintenance of international peace and security.

Article 100

1. In the performance of their duties the Secretary-General and the staff shall not seek or receive instructions from any government or from any other authority external to the Organization. They shall refrain from any action which

might reflect on their position as international officials responsible only to the Organization.

2. Each Member of the United Nations undertakes to respect the exclusively international character of the responsibilities of the Secretary-General and the staff and not to seek to influence them in the discharge of their responsibilities.

Article 101

1. The staff shall be appointed by the Secretary-General under regulations established by the General Assembly.

2. Appropriate staffs shall be permanently assigned to the Economic and Social Council, the Trusteeship Council, and, as required, to other organs of the United Nations. These staffs shall form a part of the Secretariat.

3. The paramount consideration in the employment of the staff and in the determination of the conditions of service shall be the necessity of securing the highest standards of efficiency, competence, and integrity. Due regard shall be paid to the importance of recruiting the staff on as wide a geographical basis as possible.

CHAPTER XVI:
MISCELLANEOUS PROVISIONS

Article 102

1. Every treaty and every international agreement entered into by any Member of the United Nations after the present Charter comes into force shall as soon as possible be registered with the Secretariat and published by it.

2. No party to any such treaty or international agreement which has not been registered in accordance with the provisions of paragraph 1 of this Article may invoke that treaty or agreement before any organ of the United Nations.

Article 103

In the event of a conflict between the obligations of the Members of the United Nations under the present Charter and their obligations under any other international agreement, their obligations under the present Charter shall prevail.

Article 104

The Organization shall enjoy in the territory of each of its Members such legal capacity as may be necessary for the exercise of its functions and the fulfilment of its purposes.

Article 105

1. The Organization shall enjoy in the territory of each of its Members such privileges and immunities as are necessary for the fulfilment of its purposes.

2. Representatives of the Members of the United Nations and officials of the Organization shall similarly enjoy such privileges and immunities as are necessary for the independent exercise of their functions in connexion with the Organization.

3. The General Assembly may make recommendations with a view to determining the details of the application of paragraphs 1 and 2 of this Article or may propose conventions to the Members of the United Nations for this purpose.

CHAPTER XVII: TRANSITIONAL SECURITY ARRANGEMENTS

Article 106

Pending the coming into force of such special agreements referred to in Article 43 as in the opinion of the Security Council enable it to begin the exercise of its responsibilities under Article 42, the parties to the Four-Nation Declaration, signed at Moscow, 30 October 1943, and France, shall, in accordance with the provisions of paragraph 5 of that Declaration, consult with one another and as occasion requires with other Members of the United Nations with a view to such joint action on behalf of the Organization as may be necessary for the purpose of maintaining international peace and security.

Article 107

Nothing in the present Charter shall invalidate or preclude action, in relation to any state which during the Second World War has been an enemy of any signatory to the present Charter, taken or authorized as a result of that war by the Governments having responsibility for such action.

CHAPTER XVIII: AMENDMENTS

Article 108

Amendments to the present Charter shall come into force for all Members of the United Nations when they have been adopted by a vote of two thirds of the members of the General Assembly and ratified in accordance with their respective constitutional processes by two thirds of the Members of the United Nations, including all the permanent members of the Security Council.

Article 109

1. A General Conference of the Members of the United Nations for the purpose of reviewing the present Charter may be held at a date and place to be fixed by a two-thirds vote of the members of the General Assembly and by a vote of any

nine members of the Security Council. Each Member of the United Nations shall have one vote in the conference.

2. Any alteration of the present Charter recommended by a two-thirds vote of the conference shall take effect when ratified in accordance with their respective constitutional processes by two thirds of the Members of the United Nations including all the permanent members of the Security Council.

3. If such a conference has not been held before the tenth annual session of the General Assembly following the coming into force of the present Charter, the proposal to call such a conference shall be placed on the agenda of that session of the General Assembly, and the conference shall be held if so decided by a majority vote of the members of the General Assembly and by a vote of any seven members of the Security Council.

CHAPTER XIX:
RATIFICATION AND SIGNATURE

Article 110

1. The present Charter shall be ratified by the signatory states in accordance with their respective constitutional processes.

2. The ratifications shall be deposited with the Government of the United States of America, which shall notify all the signatory states of each deposit as well as the Secretary-General of the Organization when he has been appointed.

3. The present Charter shall come into force upon the deposit of ratifications by the Republic of China, France, the Union of Soviet Socialist Republics, the United Kingdom of Great Britain and Northern Ireland, and the United States of America, and by a majority of the other signatory states. A protocol of the ratifications deposited shall thereupon be drawn up by the Government of the United States of America which shall communicate copies thereof to all the signatory states.

4. The states signatory to the present Charter which ratify it

after it has come into force will become original Members of the United Nations on the date of the deposit of their respective ratifications.

Article 111

The present Charter, of which the Chinese, French, Russian, English, and Spanish texts are equally authentic, shall remain deposited in the archives of the Government of the United States of America. Duly certified copies thereof shall be transmitted by that Government to the Governments of the other signatory states.

IN FAITH WHEREOF the representatives of the Governments of the United Nations have signed the present Charter. DONE at the city of San Francisco the twenty-sixth day of June, one thousand nine hundred and forty-five.

찾아보기

인물 찾아보기
개념 찾아보기

| 일러두기 |

1. 편찬 체제

☞ 이 찾아보기의 편찬 체제는 다음의 차례를 따른다

> **표제어**^(어깨번호)(한자)원어
> ¶ 용례 쪽수

☞『영원한 평화』의 면수는 제2판(1796년 판)〔=B〕의 본문 면수이다.
☞ 칸트의 원주는 면수 뒤에 '주'라는 말을 별도로 붙인다

2. 약호 목록

¶   용례를 나타낸다
→   바로 뒤에 이어지는 표제어나 면수를 참조하라
←   바로 앞에 놓인 말을 참조하라
↔   반대말이나 대조되는 말을 나타낸다

| 인물 찾아보기 |

옮긴이

백종현(白琮鉉)

서울대학교 명예교수. 한국포스트휴먼연구소 소장.

서울대학교 철학과에서 학사 · 석사 과정 후 독일 프라이부르크 대학에서 철학박사 학위를 받았다. 인하대 · 서울대 철학과 교수, 서울대 철학사상연구소 소장, 서울대 인문학연구원 원장, 한국칸트학회 회장, 한국철학회 『철학』 편집인 · 철학용어정비위원장 · 회장 겸 이사장, 한국포스트휴먼학회 회장을 역임하였다.

주요 논문으로는 "Universality and Relativity of Culture"(*Humanitas Asiatica*, 1, Seoul 2000), "Kant's Theory of Transcendental Truth as Ontology"(*Kant-Studien*, 96, Berlin & New York 2005), "Reality and Knowledge"(*Philosophy and Culture*, 3, Seoul 2008) 등이 있으며, 주요 저서로는 *Phänomenologische Untersuchung zum Gegenstandsbegriff in Kants "Kritik der reinen Vernunft"*(Frankfurt/M. & New York 1985), 『독일철학과 20세기 한국의 철학』(1998/증보판 2000), 『존재와 진리―칸트 〈순수이성비판〉의 근본 문제』(2000/2003/전정판 2008), 『서양근대철학』(2001/증보판 2003), 『현대한국사회의 철학적 문제: 윤리 개념의 형성』(2003), 『현대한국사회의 철학적 문제: 사회 운영 원리』(2004), 『철학의 개념과 주요 문제』(2007), 『시대와의 대화: 칸트와 헤겔의 철학』(2010), 『칸트 이성철학 9서5제』(2012), 『동아시아의 칸트철학』(편저, 2014), 『한국 칸트철학 소사전』(2015), 『이성의 역사』(2017), 『인간이란 무엇인가―칸트 3대 비판서 특강』(2018), 『한국 칸트사전』(2019), 『인간은 무엇이어야 하는가―포스트휴먼 시대, 인간을 다시 묻다』(2021) 등이 있고, 역서로는 『칸트 비판철학의 형성과정과 체계』(F. 카울바흐, 1992)//『임마누엘 칸트―생애와 철학 체계』(2019), 『실천이성비판』(칸트, 2002/개정2판 2019), 『윤리형이상학 정초』(칸트, 2005/개정2판 2018), 『순수이성비판 1 · 2』(칸트, 2006), 『판단력비판』(칸트, 2009), 『이성의 한계 안에서의 종교』(칸트, 2011/개정판 2015), 『윤리형이상학』(칸트, 2012), 『형이상학 서설』(칸트, 2012), 『영원한 평화』(칸트, 2013), 『실용적 관점에서의 인간학』(칸트, 2014), 『교육학』(칸트, 2018), 『유작 I.1 · I.2』(칸트, 2020) 등이 있다.

한국어 칸트전집 제11권

영원한 평화

대우고전총서 034

1판 1쇄 펴냄 | 2013년 7월 03일
1판 3쇄 펴냄 | 2021년 5월 25일

지은이 | 임마누엘 칸트
옮긴이 | 백종현
펴낸이 | 김정호
펴낸곳 | 아카넷

출판등록 2000년 1월 24일(제406-2000-000012호)
10881 경기도 파주시 회동길 445-3
전화 031-955-9510(편집) · 031-955-9514(주문) | 팩시밀리 031-955-9519
책임편집 | 김일수
www.acanet.co.kr

철학, 서양철학, 독일철학, 칸트 KDC 165.2

Printed in Seoul, Korea.

ISBN 978-89-5733-299-3 94160
ISBN 978-89-89103-56-1 (세트)